芄野東南民族叢書

青藏高原的婚姻和土地

——引入兄弟共妻制的分析

上冊

何國強主編・堅贊才旦、許韶明　著

目次

總序

黃淑娉

　　青藏高原古稱「芫野」[1]，「喜馬拉雅」與「橫斷」兩條山脈在東南交匯，形成北半球地表褶皺最明顯而緊密的區域——縱橫千里，層巒疊嶂，忽而峽谷幽深、激流洶湧，忽而懸崖突兀、雪峰傲立。雄奇的景觀掩飾著嚴酷的自然。適宜耕種的土地集中在河谷，陡峭的高坡土層稀疏、岩石裸露、雜草叢生，經常發生泥石流。山川、植被、動物、村莊依季節交替呈現出各種姿態：旱季，塵土飛揚、風霜嚴寒、萬物蕭條；雨季，四野青翠、鳥語花香、人畜徜徉於雲端。

　　芫野東南素有「民族搖籃」之稱。在北緯 25°38'、東經 90°104' 的廣袤區域，由東至西，有金沙江、瀾滄江、怒江、獨龍江和雅魯藏布江，史前時代的漢羌之爭，造成部分羌人融為漢族，部分羌人西遷。[2]西遷的羌人一部分沿著江河古道北上甘青，另一部分南下川

1　《詩經‧小雅‧小明》曰：「明明上天，照臨下土。我征徂西，至於芫野。二月初吉，載離寒暑。心之憂矣，其毒大苦！……」大意為周天子令諸侯征伐氐羌係部落，西行到青藏高原，將士思鄉，無心戀戰，企圖班師回朝的情景。《說文解字》解「芫」，一為「遠荒」；一為草本植物，如「秦芫」——蘭花形，生長於黃土高原與青藏高原接壤地帶、海拔3,000米的荒野，愈往西愈密。故「芫野」指今青藏高原東部，即今川、青、滇、藏四個省（自治區）相交界的區域。

2　如〔南北朝〕范曄《後漢書‧卷八十七‧西羌傳第七十七》（景印文淵閣四庫全書本第252253冊）有「秦獻公初立，欲復穆公之跡，兵臨渭首，滅狄獂戎。忍季父印畏秦之威，將其種人附落而南，出賜支河曲西數千里，與眾羌絕遠，不復交通」的記載，說戰國初期（公元前475年）以「昂」為首的一支羌人迫於族群競爭的壓力，由今甘陝地區向西南徙遷至玉樹地區。

滇，到達今川、滇、藏交界區，更有一些部落進入了東南亞。他們南北行走的整套路線分佈的區域到公元前 4 世紀業已形成民族走廊。《史記》記載了張騫出使大夏（今阿富汗）見到四川特產的見聞漢朝的四川特產遠播大夏絕不可能走西域絲綢之路，那樣將徒增路程，最有可能的是走西南絲綢之路，起點為成都，終點為印度甚至波斯（今伊朗），中間點為夜郎（今貴州）、滇（今昆明）、南詔（今大理）、緬甸。這說明中西交通很早就貫通了。，那是公元前 2 世紀發生的事情。又過了兩個世紀，最後一批遷徙者沿著民族走廊進入東南亞。東晉、十六國時期（317-420 年），鮮卑族從大興安嶺西遷，抵達青海湖與當地羌人雜處，出現西羌、吐谷渾、白蘭、黨項、附國、吐蕃、姜人等古代部族，也有南遷的情況出現。各氏族部落在南遷路中定居、聯姻、繁衍，發生貿易、戰爭和宗教行為，經過千百年的基因採借與文化交匯，演變出藏族、門巴族、珞巴族、納西族、傈僳族、怒族、獨龍族、景頗（克欽）族、克倫族、驃族、緬族、撣族等境內外民族。[3]元明以降，封建國家的勢力先後侵及這片土地。目前，一塊歸中國，一塊歸印度，一塊歸緬甸。《芫野東南的民族叢書》就揭示了中國西南川、滇、藏和川、青、藏接壤地帶極具內涵的民族文化。這些民族是藏族、納西族、怒族、獨龍族和傈僳族。這些民族人們的體質特徵與三支種群有關：①蒙古北亞人，特徵是高身材、中頭型、高鼻型、前額平坦、黑眼珠，男人高大英俊，女人身材頎長；②蒙古南亞人，特徵是身材略矮、低頭型、前額微窄、褐色眼珠、低鼻型；③「藏彝走廊」型，介於前兩者之間，又自成一類，其特徵是中身材、中頭

3　參見〔五代〕劉昫《舊唐書》卷197列傳第147（景印文淵閣四庫全書本第268-271冊，臺灣商務印書館，1983年）和（宋）歐陽修《新唐書》卷222上列傳第147上下（景印文淵閣四庫全書本第272-276冊，臺灣商務印書館，1983年）關於南蠻、西南蠻和驃國的描述。

型、中鼻型，孩子的眼珠較黑，成人的眼珠泛褐。具體來說，怒族和獨龍族人帶有蒙古南亞人的體質特徵，藏族、納西族和傈僳族人帶有「藏彝走廊」型的體質特徵。由於藏族人的來源複雜，內部族群眾多，有的體質特徵偏向蒙古北亞人。例如，三岩藏族人的體質特徵與塔吉克族、維吾爾族、錫伯族、哈薩克族、蒙古族等北方民族關係密切些，跟藏彝類型的藏族關係疏遠些。[4]無論體質特徵如何，這 5 個民族的人民都有率真淳厚、健談好客、謙讓剛毅、吃苦耐勞的一面。人們因地制宜謀取生活資料，建造房屋，修建梯田，引水渡槽，高山放牧；人們也抽煙喝酒、唱歌跳舞，知足常樂。

新中國成立後，黨和政府組織集中進行民族識別（1953-1956 年）和少數民族語言與社會歷史調查（1956-1958 年）。根據 20 世紀 80 年代出版的《民族問題五種叢書》的描述，當時藏族、納西族、怒族、獨龍族和傈僳族等民族已出現社會分化：有的社會結構呈尖錐形，如藏族的農奴制、納西族的土司制；有的社會結構呈鈍錐形，如保留著原始公社殘餘的怒族和獨龍族。民族文化的保持與傳承是通過社會結構來實現的。獨龍江兩岸的村落出現了頭人、大小巫師（南木薩、龍薩）、工匠、平民、家奴。前三種人基本上是富裕的族人，他們擁有土地，蓄養奴隸，並未完全脫離勞動。奴隸來自債務和買賣，成為家庭的一員，由主人安排婚姻，給予經濟開支。奴隸在公共場合（如祭禮、公議、公斷等）與平民有身份界限。勞動過程中主僕地位不同，主人為奴隸提供生產資料（如土地、牲畜、農具、種子），並佔有全部收穫物。人們在社會結構中各居其位，各層次的差別不大，在血緣、地緣基礎上發生的共濟、共慶、換工等集體行為維持著內部平

4　參見何國強、楊曉芹、王天玉等《三岩藏族的體質特徵研究》，載《人類學學報》
　　2009年第4期，頁408-417。

等，原始宗教和基督教起到恐嚇叛逆者、安撫民眾、制止反抗的作用。舊的社會結構被打碎以後，新的社會結構逐步建立，其所傳承的文化與過去有著質的不同。

17 世紀，西方人陸續進入喜馬拉雅東部山區與橫斷山脈南部的多條河谷。早期的傳教士、探險家帶著獵奇的眼光看待這裏的風土人情。19 世紀伊始，民族學家、地理學家、行政人員、橋樑工程師開始進入這片地域上無人知曉、地圖上一片空白的沃野。到 20 世紀 40 年代末的 150 年間，他們記錄了大量寶貴的材料。英國、美國、印度三國學者的成績尤為突出，如果只見他們為殖民政府服務的一面而不見其科學記述的一面是不公平的。在此，我願意借鑒沙欽・羅伊的書單[5]，肯定 J. 馬肯齊、J. 布特勒、G.W. 貝雷斯福德、A.F. 查特爾、P.C. 巴釐、B.C. 戈海爾、M.D. 普格[6]等人的工作；我還要提到 F.M. 貝利、F.K. 沃德、維雷爾・埃爾溫、P.N.S. 古塔、馬駿達、N. 羅伊、B.C. 古哈和 S. 羅伊等人的努力，特別是約瑟夫・洛克、克里斯托夫・馮・菲尤勒—海門道夫和埃得蒙・利奇的奉獻。

洛克於 1922 年到達中國西南邊陲，在川、青、甘、滇接壤地帶考察，為美國農業部、國家地理協會和哈佛大學收集植物和飛禽標本，在麗江度過了 27 年。隨著時間的推移，洛克的研究興趣轉移到納西族的文化上。他的《納西英語百科詞典》收入了東巴教及瀕於消亡

5　參見〔印〕沙欽・羅伊著，李堅尚、叢曉明譯：《珞巴族阿迪人的文化》（拉薩市：西藏人民出版社，1991年），頁297-302。

6　他們的代表作分別為《孟加拉東北極邊地區山區部落記事》（1836年）、《阿薩姆山區部落概述》（1847年倫敦版）、《阿薩姆東北邊境記》（1881年西隆版、1906年重印）、《阿波爾的弔橋》（載《皇家工程師》1912年第16卷）、《阿薩姆山區部落的頭飾》（載《皇家孟加拉亞細亞學會會刊》1929年總字第25卷）、《阿波爾人的農業組織》（載《人類學系調查報告》1954年第3卷第2冊）、《東北邊境特區的娛樂活動》（1958年）等，這裏僅僅提到很少的一部分。

的古納西語，他撰寫的《中國西南古納西王國》敘述了當時甘青交界處、滇西北、川西南和西藏納西族居住區域的地理、歷史、物產和文化。1992 年，邁克爾·阿里斯在紐約出版了《喇嘛、土司和強盜》，以圖文並茂的形式回顧了洛克在川、滇、藏的田野研究經歷。[7]

　　第二次世界大戰期間，利奇在克欽山區打游擊。那個地區為中國的滇、藏和印度的阿薩姆邦三面環繞，有號稱「野人山」的莽莽叢林。利奇廣泛地接觸克欽人，於 1954 年出版《上緬甸諸政治體系》，提出社會轉變的動力學模型。幾乎在同一時期，克里斯托夫·馮·菲尤勒-海門道夫在印度調查了 10 年，期間以特派員的身份在阿薩姆地區工作兩年。他和妻子貝蒂·勃納多在調查阿帕塔尼人[8]的間隙中，專程到麥克馬洪線以南的斯皮峽谷，那裏距離西藏的瓦弄咫尺之遙。因物資供應不足，1944 年 4 月 2 日夫婦倆開始撤退，準備翌年再進行調查，後因印度政府決定推遲這項計劃，最終未能進入西藏察隅地區。海門道夫基於田野調查的 12 本書[9]對於青藏高原的研究極具參考價值。

7　參見Michael Aris et al. Lamas, Princes, and Brigands: Joseph Rock.s Photographs of the Tibetan Borderlands of China. China House Gallery, China Institute in America, 1992.

8　中國民族學界有一種觀點，認為阿帕塔尼人與珞巴族人同源，阿帕塔尼是珞巴族的組成部分。珞巴族包含20多個部落，如尼升、巴依、瑪雅、納、崩尼等，其經濟形態與獨龍族完全相同。

9　它們是《赤裸的那加人：阿薩姆邦的獵頭部落的戰爭與和平》（1939年第1版、1968年第2版、1976年第3版）、《蘇班西尼地區的民族學注釋》（1947年）、《喜馬拉雅山區未開化的民族》（1955年）、《阿帕塔尼人和他們的鄰族：喜馬拉雅山東部的一個原始社會》（1962年，有中譯本）、《尼泊爾的夏爾巴人：信佛的高地居民》（1964年）、《尼泊爾、印度和錫蘭的社會等級制度和血緣關係：對印度教與佛教相接觸地區的人類學研究》（1966年）、《尼泊爾人類學述略》（1974年）、《喜馬拉雅山區的貿易者：尼泊爾高地的生活》（1975年，前三章半有中譯本）、《喜馬拉雅山地部落：從牲畜交換到現金交易》（1980年）、《阿魯納恰爾邦的山地人》（1982年）、《西藏文明的復興》（1990年）和《在印度部落中生活：一位人類學家的自傳》（1990年中譯本）。

　　20 世紀 50 年代以後的民族學家，無論是美國人、英國人、法國人、印度人，還是中國人，都是在利用前人收集的原始資料、繪製的地圖、提煉的概念、闡述的命題和他們的民族識別、文化分類的成果，並汲取他們務實與求真的精神力量。

　　中國學者對青藏高原東南部的民族調查可追溯到抗日戰爭時期，左仁極、羊澤、朱剛夫、李式金、李中定、陶雲逵、黃舉安（以姓氏筆劃為序）等人曾赴三江（金沙江、瀾滄江、怒江）並流地區，調查成果雖然一鱗半爪，但科學精神不可低估。李霖燦、方國瑜、楊仲鴻對納西語的研究尤其值得一提。新中國成立後的幾十年間，我的同仁，如王輔仁、王曉義、孫宏開、劉龍初、劉芳賢、宋恩常、宋兆麟、吳從眾、李堅尚、楊毓襄、張江華、姚兆麟、龔佩華、譚克讓、蔡家騏、歐陽覺亞（以姓氏筆劃為序）等，跋涉於川、青、滇、藏交界區的山水之間，也提出批判地學習和吸收西方人類學的任務。[10] 1979年，西藏社會科學院資料情報研究所在北京成立，後遷至拉薩，組織翻譯了一批文獻，吳澤霖、費孝通都身體力行地做過譯介工作。[11]由於各種原因，我們的研究起步較晚，田野研究缺乏長期性、系統性，理論方法上也有故步自封的表現，偏重於社會經濟形態的素材，而較容易忽視社會組織、風俗制度與意識形態的素材。

　　改革開放以來，國內強調「補課」，出版了不少社會文化人類學（民族學）的理論著述，這是可喜可賀的。最近十幾年，獲得高級職稱的中青年學者也越來越多。但是，不可否認，一些民族學工作者欠缺實地調查的經歷，學界對田野調查的要求放鬆，對邊陲少數民族的研究遠遠不夠，市面上田野研究的著述稀少。有人說，目前田野工作

---

10 參見林耀華〈序〉，見黃淑娉、龔佩華《文化人類學理論方法研究》（廣州市：廣東高等教育出版社，2004年）。

11 參見《費孝通譯文集・前言》（上冊）（北京市：群言出版社，2002年），頁2。

的條件（如交通、通訊、住宿、飲食、醫療、安全、語言溝通、調查工具和手段等）較之 20 世紀五六十年代不知改善了多少，可如今的實地調查與書齋研究的比例較之於過去不知減少了多少。[12]本人深有同感。我雖然退休多年，但也知道一點外面的情況。現在科研的資助力度每年都在增大，下達的課題也在增多，出版界欣欣向榮，民族類的期刊、書籍相當多；但是，深入紮實的調查研究沒有跟上來。由於辛勤收集第一手資料和認真提煉、精巧構思並以樸實平正的筆調敘述的作品不太為社會所賞識和鼓勵，因此田野作品越來越少。這種情況與歷史的發展很不合拍。就青藏高原東南部而言，隨著旅遊的開發，三江並流自然景觀被列入《世界遺產名錄》，社會對非物質文化的保護意識被帶動起來了，國內外迫切需要瞭解這一區域的民族現狀，搶救、整理和保存當地的原生態文化迫在眉睫。但經常到農牧區做調查的人不多。原因何在？這恐怕與投入和產出的衡量標準有關。譬如，有些環境陌生而艱苦，原創性作品生產周期長，即使出得來，社會反應也需要一定時間，不如「跟風」成效快。「不可否認，學界急功近利的浮躁之風，評判成果室內室外一刀切的做法，都是使田野調查邊緣化的原因。」[13]我認為，端正調查之風、調整激勵機制勢在必行，否則民族學研究將難以為繼，更談不上以良好的姿態服務於社會。

西北川、青、藏交界區，以及西南邊陲川、滇、藏接壤地區，民族學資源異常豐富，吸引著以何國強教授為首的研究團隊不畏艱苦、鍥而不捨地調研。這套由 7 部專著組成的叢書即有選擇性地介紹了那裏的民族文化。分冊和作者名依次為《青藏高原的婚姻和土地：引入

---

12 參見郝時遠主編：《田野調查實錄：民族調查回憶・前言》（北京市：社會科學文獻出版社，1999年），頁3。

13 英國皇家人類學會編訂，周雲水、許韶明、譚青松等譯：《人類學的詢問與記錄・序言》（北京市：國際炎黃文化出版社，2009年），頁13-14。

兄弟共妻制的分析》（堅贊才旦、許韶明）、《碧羅雪山兩麓人民的生
計模式》（李何春、李亞鋒）、《整體稀缺與文化適應：三岩的帕措、
紅教和民俗》（許韶明、堅贊才旦）、《獨龍江文化史綱：俅人及其鄰
族的社會變遷研究》（張勁夫、羅波）、《青藏高原東部的喪葬制度研
究》（葉遠飄）、《婦女何在？三江並流諸峽谷區的性別政治》（王天
玉）、《滇藏瀾滄江谷地的教派衝突》（王曉、高薇茗、魏樂平）。翻開
細細品味，看得出作者們長期研究的積纍。主編何國強教授是我的學
生，也是這個研究團隊的組織者。他 17 年來堅持探索漢藏區域文化，
主張多學科相結合，調查素材、史志和理論三點互補，中外資料融會
貫通，以及漢族區域和少數民族區域的文化現象互為襯托的研究思
路。自 1996 年夏天至今，他已 11 次踏上青藏高原。擔任博士生導師
以後，他努力尋求基金會的支持[14]，推動每一屆研究生到青藏高原東
部和東南部選題作論文，秉承老一輩民族學家研究西南民族的傳統，
深入偏遠的高山峽谷。據我所知，另外 10 位中青年作者在跟隨他學習
期間，除極少數人之外，皆有 1 年左右的調查經歷，目前分別在高校
或科研部門工作。他們的成果與書齋式的研究不同，每一本書都充滿
鮮活的材料，講理論、重實際，穿插縱橫（時空）比較和跨文化研究
（類型）比較，散發著田野的芬芳。

　　調查員根據已有的知識草擬提綱，到當地觀察、詢問和感受，苦
學語言，一絲不苟地記錄，孜孜不倦地追尋文化變遷的足跡，修正調
查提綱和理論預設。他們入鄉隨俗、遵循當地禮節，與村民建立互

14 本研究相關課題獲得4次資助，即「青藏高原的兄弟共妻制研究：以衛藏和康的五
　　個社區為例」（香港中山大學高等學術研究基金，2004-2005年）、「青藏高原東部三
　　江並流地區民族文化的歷史人類學研究」（教育部人文社會科學基金，2006-2008
　　年）、「三江並流峽谷的民族文化和社會結構變遷研究」（國家社會科學基金，2007-
　　2009年）、「川青滇藏交界區民族文化多樣性的動力學研究」（國家社會科學基金，
　　2012-2014年）。

信，由此獲得可信的感知材料。但這套叢書不是田野材料的機械堆砌，而是在科學方法和理論模組引導下的分析、綜合與描述，不僅揭示了該地區存在的一些問題——如風俗制度的動力和機制、傳統生計的命運、社會轉型時期婦女的角色變遷等——而且對這些問題做出了切合實際的解答。

這套叢書堅持了民族學研究偏遠之地的優良傳統，同時強調多維視角，突出科研的前沿性、創新性及應用性，對於邊疆少數民族的研究具有彌足珍貴的作用，同時給東南亞乃至世界的民族學提供了參考價值；在搶救和整理瀕臨絕境的原生態文化方面，體現了學術研究在增進國民福祉及促進社會和諧過程中的作用，在為西部開發提供決策依據並帶動民族文化的保護性研究等方面均有不可忽視的意義。

這套叢書還凸顯了「好料做好菜」的訣竅。前期 4 個課題資助，10 餘年田野調查取得的第一手資料絕不會自動轉化為社會公認的產品，需要緊扣「民族特色」提煉選題，科學搭配，形成整體效應。編者先是將婚姻與喪葬制度、血緣組織、傳統生計、本地宗教和外來宗教（東巴教、藏傳佛教和天主教）的碰撞、婦女地位、先進民族的幫助與後進民族的發展等選題集合在一個總題目下共同反映特定區域的文化，「好菜」就做了一半；繼而在中山大學出版社的鼎力協助下申請國家出版基金資助專案，爭取新的資源來整合後續工作。這樣，整道「菜」就做好了。以上兩點在何國強教授與中山大學出版社的通力合作中可見端倪，同時專家的支持[15]也相當重要。在這個基礎上，各分冊的作者和責任編輯保持良好的互動，認真審稿，精益求精地修改文本、補充資料、優化結構，本著為人民高度負責的精神對待自己的

---

15 這套叢書於2011年入選「十二五」國家重點圖書出版規劃專案，2012年入選國家出版基金資助專案。兩次申報工作，均得到四川省社會科學院任新建研究員和中國人民大學胡鴻保教授的極力推薦。

職業。凡此皆說明學術界與出版界的精誠合作對於完成科研成果轉換的重要作用。

自序

　　經歷了十餘年的田野工作，交替著短暫的文獻收集和持續的寫作，為著追求取材豐富、立論沉穩的目標而反覆磨礪，今天終於迎來本書脫稿的佳期。

　　雖然之前我們在不同的民族學刊物上陸續發表了七、八篇調查報告、論文和譯文，但這部書絕非「舊瓶裝新酒」，將刊登過的文章拿來加點新材料，而是另起爐灶、從頭做起，把全部材料集合在一個總題目下面，分門別類，提煉問題，凝聚論點，考慮敘述的思路。因此，本書利用的素材和文獻，引入的理論、觀點和方法，題目打算闡發的深度和廣度，在國內外同類研究中雖不敢說居於前列，但也決不能說僅達交差的水準而已。

　　這本書是兩位作者前後默默耕耘了十七年的勞動結晶。在研究的肇始階段，我們的起步先後有別，對這個題目的發凡各有因緣。遠因雖然各異，近緣卻基本相同，那就是好奇心、專業薰陶與時運的機緣湊巧。凡讀過一些文化人類學原著的人，大約都知道兄弟共妻制的比例之低僅次於姊妹共夫制。它在地球上是那麼的罕見，卻在青藏高原屢見不鮮。此外，兄弟共妻這一婚制結構複雜，其所依賴的自然與社會條件獨特，故一百五十年來持續引起一些文人學者的高度關注。作為民族學工作者，最基本的素質之一就是對異文化的好奇心，這種好奇心與尋常人的獵奇心態截然不同。科學始於興趣，原創來自上下求索。這種好奇心給予我們的感情帶來頻繁的碰撞，引導著我們的思想步步深入。

　　我之所以選擇婚姻家庭做研究，首先是受黃淑娉先生的影響。黃先生不止一次地強調，婚姻家庭親屬關係是人類學的核心，僅從民俗學角度去分析研究是遠遠不夠的。她身體力行，對國內外民族的婚姻家庭都有研究。我從先生那裏學到做學問的基本態度。其次，我之所以選擇西藏，更重要的是中山大學人類學研究傳統的影響。楊成志教授的研究對象全是少數民族。他說：「我認為在中國搞人類學，非到少數民族地區調查就很難成功。」此話表明了研究的重點，也暗示了研究的方法：相對於漢族社會而言，許多少數民族的社會形態都比較簡單明瞭，要認清漢族社會的諸種複雜關係，最好先研究簡單社會。不可否認，由於我和許韶明的師生關係，我在某種程度上將自己的研究興趣傳染了他，起到先行後續的引導作用。

　　說到遠因，就本人而論，已很朦朧，講起來別人可能會覺得渺茫。但總比講不出來要好一些。思慮再三，還得歸功於文學的點撥。記得二十世紀五〇年代有一部名叫《我們播種愛情》的小說，六〇年代有一部叫《崑崙山上一棵草》的電影。前者以一個農業技術推廣站為引導，敘述了一群漢藏人士的勞作，牽出不甘心失敗的敵對勢力，漢族青年與藏族姑娘的邂逅等，加上雪山、帳篷、牛羊，寺廟、民族語言和服飾的點綴，推出一個萬花筒般的世界。我從中得知了一種叫做兄弟共妻的婚俗。後者以一位女畢業生進藏途中的思想波動為主線，敘述了有志者事竟成的平凡哲理。兩部作品被繪製成連環畫，鼓勵小朋友志在四方，長大後到邊疆去。我是深受影響者之一。現在反省起來，盡可說它們是模式化創作，故弄玄虛，著墨偏頗，民族味道淡薄，可是還得承認它們為小學生展開幻想的天地，引起有益的遐想，我便是受益者之一，很早就產生了想見識藏族風俗習慣的衝動。

　　三十年後的一個夏季，我實現了少年時代的理想。當時京港有兩個機構的合作專案啟動，朋友推薦我到西藏山南地區做問卷調查。這

是個千載難逢的機會，完成任務以後，沒有什麼緊要事可做，我想順便做一次摸底調查，就這樣來到了傑德秀鎮，住進一戶藏人家，盡力打聽各種情況。當這家人的兒子帶領我走進一條偏僻的山谷，我看見每一個村莊都有一些兄弟共妻的家庭，就像地質隊員發現礦脈一樣，心情久久不能平靜。我打定主意，這次先做一次普通調查，將來再回來深入調研。待返回來時，已是三年之後。翌年秋天我又去了一次。

　　做任何研究都要清楚前人的成就與覆轍，捨此則無從揚長避短。屈指算來，青藏高原的兄弟共妻制從進入外界視野到實證研究，可追溯到三百年前，再回返到第二次世界大戰爆發。

　　這個階段可稱為實證研究前期，又分為兩個亞期：

薈萃直觀材料

　　一七一六年，意大利修士德西德里抵達拉薩，到沙拉寺學佛，一七二一年因蒙古軍隊進藏而離開，他回到羅馬敘述了西藏的經歷，包括兄弟共妻等風俗，帶動了一些外國旅行家、探險家和傳教士來西藏。直到二十世紀初，進藏的外來人員絡繹不絕，他們留下了很多的記錄。此外，大清駐藏的百名臣子、趙爾豐的隨軍人員，民國的駐藏官員也寫下一些旅途軼聞。它們有的成為當時學者立論的依據，韋斯特馬克在《人類婚姻史》中就用過幾則。殊不知記錄者未經專業訓練，所錄之事多憑主觀印象，以至道聽塗說，一廂情願地猜測，很多是靠不住的，即使有真實的成分，大多一鱗半爪，不足於形成立論的根據。

嘗試性的研究

　　抗日戰爭時期，淪陷區的學者疏散到西南、西北邊疆，少數人沿康藏邊境旅行，運用古典進化論的觀點解釋沿途觀感。與此同時，英

國、印度學者到位於喜馬拉雅山脈東南的山區調查。

第二次世界大戰結束至二十世紀末，迎來了兄弟共妻制的實證研究時期，可細分為兩個亞期：

（1）用科學的田野調查方法收集材料。一九四五至一九六九年，英國、美國、印度學者在印藏邊境調研，國內學者在、川、青、滇、藏調研，收集到一些兄弟共妻制的材料，由於缺乏學術交流的平臺，各自的材料無法匯總，中外學者亦無法共用資料。外國學者把獲得的資料與他們對世界其它民族的同類研究作對比，取得矚目的成果。國內的調查材料放在抽屜裏，無人問津，更沒有及時撰文發表。

（2）繼續調研時期。一九七○至一九九九年，國內外學者發表了一些論著，但各有不足，國外的研究水準雖然較高，但由於不能進藏，只能到毗鄰西藏周邊的國家或地區做調查，或者是調查外逃的西藏難民，材料不夠全面，限制了成果的科學性。國內到八○年代中期，民族學研究才轉入正軌，在消化舊材料的基礎上做一些新調查，寫出了幾篇文章，但基本上是對某個村落或社區的孤證式研究，未將各個調查點上的資料匯總到面上分析，得出較為普遍的結論。

在這條長達三世紀的軌跡上，尤其是最近一個世紀，研究者的積重難返已是公開的秘密。本人無意渲染，只從客觀的角度一一道來，好讓讀者拭目以待，本書在多大程度上克服了以往的局限，又在多大程度上成功地脫離窠臼。

說到局限，首推國外學者，他們長期被隔絕於國門之外，鮮有人獲准入境做田野調查。這種條件下很難說他們的感性認識全面而真實。他們倒是對西藏境外行多偶婚的族群做過實證研究，想出許多理論預設，創立了許多模組，歸納出一些誘人的結論，很值得我們去消化。但它們能否生搬套用到青藏高原，尚須嘗試，並在運用中加以修正或改良。

　　國內學者受到的局限主要來自時代，先是戰爭引起的社會動盪，繼而是政治運動，組織體制、評價機制等方面也存在消極的影響。雖然研究者有時不我待的緊迫感，最終還是在種種影響之下難以平心靜氣地調查研究。他們有時受領導意志的主宰，參與「包餃子」或「打殲滅戰」，有時因領導對業務無暇過問而放任自流，混日子的大有人在。這種情形下，即使是做田野研究，也難做到紮實、縝密。例如，某科研機構長期未做田野工作，突然組織三巴（珞巴、門巴和傔巴）調查，雖然取得第一手材料，並未達到預期，出版成果時挪用了別人的照片也不注明。此外，時興學俄語，懂英語的人少，而俄文刊物基本不發相關文章，研究婚姻的英國、美國、印度人士居多，國內很少看到他們的論著，缺乏跨文化比較的材料。加之單線進化論、單因素論（強調經濟基礎，忽視上層建築）的思維模式占上風，給文化人類學簡單地貼上階級標籤，導致分析的利器不足，雖有一些真實的田野材料，難以深入解釋。至於藏族聚居區某些地方受到「左」的政策干擾，兄弟共妻制遭到破壞，調查者不容易看到原生態的東西，則是另一個問題。

　　所以說，國內外對青藏高原的兄弟共妻制的研究均遠未達到理想水準。二十一世紀以來，這一局面有所改觀，但外國學者仍然缺少進藏調查的機會，原有的不利仍舊是他們的弱項，國內學者開始走向農牧區獲取感性材料，提高英語能力，接觸世界其它民族的婚俗材料，學習國外同行調查、分析、解釋的理論、觀點和方法。逐漸拋棄簡單化的做法，如把法律當理論，將兄弟共妻制置於對立面，冠以陋俗的名稱等。

　　科學研究猶如田徑場上的接力賽。時代賦予我們新的研究平臺，前人受到的某些局限已不復存在，以往的經驗教訓值得借鑒，田野研究的艱苦依然存在，中外學者不畏困難、紮實縝密的作風尤其值得學習。

　　我們不是婚姻研究專家，當產生一念之差去承攬這個題目的時候，說實話，對兄弟共妻制有興趣而無能力，為什麼竟「膽大包天」走上了研究之路？在這個問題上我們沒有想得太多，畢竟新生事物都是從幼小開始壯大的。從來就沒有天生的「專家」。只須下定決心，不辭勞苦，誠如鄭板橋所說的「咬定青山不放鬆」，總有一天會在這個問題上擁有發言權。

　　搞人類學研究必須做田野調查，即使搞學術史，至少也要做一次系統的田野調查，否則怎能理解「讀萬卷書不如行萬里路」的道理。然而，不少文章甚至於論著都帶有「理論多而材料少」的弊端，與「論從史出」相悖。此處把「史」理解成親自調查獲得的材料和利用別人發表的調查材料，似乎也未嘗不可。為了克服「以論代史」的毛病，我們不僅要在材料和觀點的比例上要前者壓倒後者，而且在直接材料和間接材料的比例上也要步調一致。正所謂「務求新，必求真」，故多做田野調查研究是必要的。本書堅持用民族志的體裁來寫，最重要的就是要有靠得住的材料，讓事實說話、理論才好襯托。為了知曉同行的研究，學習先進，克服落後，多讀文獻也是很重要的。總之，做好田野調查和文獻梳理兩方面的工作，才能深入分析，形成預設，並檢驗或修正之。

　　二〇〇一年秋，我利用訪學的機會向外界報告了江雄河谷的研究進展，介紹了調查員很少看到兄弟共妻家庭的暴力現象，甚至很少看到丈夫間故意尋事、挑毛病、強烈口角的現象，如果說，兄弟共妻制不會引起丈夫間的嫉妒是說不過去的，問題在於藏族文化中存在著某種機制，嫉妒在萌芽狀態或者剛產生，還來不及擴大就受到風俗習慣的限制和疏導而消除了，不會影響社會內部的團結，因此，藏族人的價值觀中肯定存在同質的因素，它們遏制了個性的發展，同時形成強大的社會內聚力來杜絕違反社會常規的行為。

聽眾中有一位美國人類學同行，他也介紹了自己在安第斯山區做調查時碰到的類似婚俗，討論者認為不排除兩地（喜馬拉雅山和安第斯山）環境相似的因素。那年冬天，我還跟凱斯・西方儲備大學（CWRU）的戈爾斯坦教授通過幾封電子郵件，得知他輔導了一篇研究西藏兄弟共妻制復興的博士論文。本書導論第四部分的一個注腳已經指出，直到二〇一二年七月，這篇論文的中譯本才面世，國內讀者可領略裏面的丰采。

我在國外加緊收集英文資料，他山之石，可以攻玉，後來證明這些資料很有價值。二〇〇四年，許韶明加盟這項研究，並在本人的指導下完成了他的博士論文。我們倆的調查把重點從雅魯藏布江流域轉移到三江並流（金沙江、瀾滄江、怒江）地區；研究上，堅持「在參與觀察中收集材料並增加感悟，用理論模型指導整個研究過程，以跨文化比較來延伸認識，從結構功能的維角凝聚與剖析現象」的原則；在繁重的工作之餘堅持翻譯，走「教學、科研、翻譯」三結合的道路。

我們力圖在三個層次尋求效果：宏觀上把握全域，考慮在世界婚姻總量中一妻多夫制的比例和集中分佈的區域，確定青藏高原兄弟共妻制的地位；中觀上在雅魯藏布江流域和三江並流區域選取若干調查點，開展多樣本的研究，由點到面地形成認識；微觀上以系統論的方式彰顯兄弟共妻制的結構性事件，釐清各種要素構成的合力，推動著人們適應自然與社會。我們希望對青藏高原的兄弟共妻制形成一個概貌性的認識。

最後迎來了寫作階段。當直接材料與間接材料差不多時，如何使用這些來之不易的資料？每個寫過文章的人都有經驗，通常用兩種途徑來解決：一是擬定寫作提綱，三四層樓（章、節、目、點），反覆修改，使之結構合理、邏輯順暢，然後邊寫邊割取材料，猶如砌牆建

房，拉好基準線，立好門窗框架，雙手協調動作，一邊加泥灰沙漿，一邊添磚加瓦。這種做法必須資料相當充分。這對我們來說是不行的，就算是田野調查做了十幾年，文獻上廣泛地扒梳剔抉，材料仍然沒有餘地。聯繫毛澤東在〈反對黨八股〉一文中講過「看菜吃飯、量體裁衣」、「到什麼山上唱什麼歌」[1]的話，就是要以材料為出發點，先整理出來，再反覆看，邊看邊琢磨，盡可能地熟悉，達到融會貫通，繼而提煉問題，並把問題按邏輯歸類，再來確定提綱並動手寫作。有時候，即使材料較多，但由於別人有較多的論述，也可以少寫或不寫，這樣的提綱並不是很勻稱的，會有厚此薄彼的現象，但正是論著所需要的，因為文章最怕的就是一刀切。

這樣做等於帶著問題去探索，但不失為卓有成效的研究方法，既可以為研究積累動力，又可以為研究提供指引。下面試舉我們所碰到問題的一小部分：

兄弟共妻制究竟是對自然環境的適應，還是對傳統生產方式的適應？它究竟是圍繞社會分層體系而存在（換言之，僅僅是貧窮人家行此婚俗呢，還是也有富裕人家踐行）？還是伴隨著生產方式和社會地位而分佈？封建農奴制對兄弟共妻制起到什麼作用？實行這一婚制只是對家庭本身有益呢，還是對整個社區有益？兄弟共妻制控制人口的秘密在哪裏？在節制人口方面，是丈夫犧牲大，還是妻子，或者是過剩的婦女及其孩子？藏傳佛教在加重過剩婦女數量的結果時，有沒有消化她們的機制？多偶婚家庭（兄弟共妻或姊妹共夫）和單偶婚家庭有沒有各自獨立的親屬稱謂系統？如果沒有，他們的親屬關係怎麼稱呼？在一個流行兄弟共妻制的社區，怎麼測定婦女的地位？兄弟共妻制家庭的運作模式如何？兄弟共妻婚的傳播模式如何？兄弟共妻制有

---

1 《毛澤東選集》第三卷（北京市：人民出版社，1953年），頁791。

無獨特的婚儀？兄弟共妻制家庭的生命周期如何？兄弟共妻制的類別與形式如何？兄弟共妻制家庭的財產繼承模式如何？性關係在婚姻與家庭中的地位與作用怎麼樣？父母撫養孩子的方式怎麼樣？西藏的兄弟共妻制和印度的多妻多夫制是什麼關係？婚姻與家庭之外的性關係補充機制何在？兄弟共妻制家庭成員的心理狀態怎麼樣？社會輿論對兄弟共妻制家庭的評價如何？兄弟共妻制的動力學模式如何？

上述問題作為寫作時的座標，既是我們把握對象的一道道環節，也是對這一婚制感興趣的人們容易碰到的，或者說這些問題會啟發他們的思考，我們的嘗試性回答提供了參考性的答案，儘管人們各自忙於生計，垂注這一珍稀婚姻形態的人日漸稀少，包括獵奇者，但是，只要他們專注於此，肯定會問題連連，深掘類似的題目依然大有可為。

本書是一場毅力的較量，我們行走在凹凸不平小徑上，小心翼翼地接受研究對象的考驗。正所謂「路遙知馬力，日久見人心」。如果說我們真誠地熱愛藏文化，決意宣揚漢藏民族的理解和友誼，此乃研究的動機和寫作的動力，那麼努力做好這件事就是我們的責任，也就追求到自身價值的體現和自身做人的尊嚴。科學要講真話，放箭須對準靶心。寫書的過程猶如弓弩手尋找遠方的目標，隨時準備張弓搭箭。書既已寫成，就像滿月弓送出流星箭，隨著箭鈴聲的遠去，能夠射到多少環，最好讓書本身來說話，作者用不著再畫蛇添足，糾纏不休了。是為序。

堅贊才旦

2013年9月9日

於中山大學大榕樹寒舍

緒言

　　青藏高原東部是喜馬拉雅山脈與橫斷山脈相交的地區，涵蓋川、青、滇、藏四個省（自治區）級行政區，是多條江河的發源與流經地，自古為重要的民族走廊。

　　我國西南邊疆的某些民族——如藏、門巴、珞巴、夏爾巴[1]、納西、普米、獨龍等——主要行一夫一妻制的單偶婚，其中也有不少人行兄弟共妻或姊妹共夫式的多偶婚。婚姻與特定的生產方式、歷史傳統和意識形態相連，是人類適應環境的基本形式。研究任何一種婚制，把握它的形成、維持、分解和效用，不僅是自身理解的必要，也是認識人類物質生活資料的生產和人口生產的入口。

　　在青藏高原東南部，凡是勞力不足、資源匱乏、風習單純的村落，均可見兄弟共妻、姊妹共夫和一夫一妻三位一體的現象，但比例有所不同。假設婚姻總量為百分之百，三種婚制，一夫一妻婚比例最高，兄弟共妻婚次之，姊妹共夫婚較為罕見。根據對貢嘎、江達、左貢、芒康和德欽五縣二十多個村莊的調查，三者之比約為92%:7.5%:0.5%，襯出當地民族的婚姻選擇和走勢。

　　任何婚制都要依託家庭（family），甚至於家戶（household）。這兩個概念很重要，家庭存在於家戶中，幾個有血緣關係的家庭聚在一

1　「夏爾巴」或「舍爾巴」，英文都寫為sherpa。他們居住在喜馬拉雅山兩麓，南麓散居於多吉嶺等地，有七、八萬人，其中一些人聚居在珠峰附近與西藏接壤的昆布—索盧地區。過去我國民族學界習慣把北麓西藏境內的稱為「夏爾巴人」，而稱南麓為「舍爾巴人」，實際上是同一個群體。

起形成一個有「家名」的戶頭，二者為包含或包含於關係。聯姻規則必然突破家庭而涉及家戶。由此觀之，兄弟共妻制是一個地方的人們長期選擇和發展起來的，具有較大的適應性。

　　青藏高原是地球上一塊凸顯的區域，清代以寧靜山[2]等處劃界，界樁以東為康地，以西為藏地[3]。康地為康巴人居住，民國十四年（1925）為西康行政區[4]，民國十七年（1928）建省，新中國成立後，一九五五年將西康省割歸川、青、滇、藏[5]。藏地（衛藏）為藏巴人所世居。「巴」在藏語中即「人」的意思。這兩大地域為藏族的主要源頭——古羌人和古藏人的棲息地。藏巴的先民在舊石器時代已生活在青藏高原。康巴的先民則是新石器時代由黃河上游地區西挺青藏高原東部，繼而南移的一支氐羌系統的原始居民；公元前四世紀，又一支稱為「昂」的羌人迫於族際競爭而西遷，融入先前那支氐羌。康巴和藏巴分別是以上述新舊石器時代的兩大源流為核心載體逐漸形成的，同時吸收了其它古代民族的成分，文化來源廣泛。到公元六二

2　光緒二十二年（1898）十二月，清廷會同川、滇、藏三方官員在寧靜山、邦木塘（巴塘）、達拉寺（今貢覺縣敏都鄉過拉山的更慶寺）等處勘界，以明確轄區，防止孳生邊界糾紛，此舉為收回雍正四年（1726）布施給達賴的香火地、清廷勢力西擴的表現。

3　參見任乃強：《西康圖經‧境域篇》，載《任乃強藏學文集》（上冊）（北京市：中國藏學出版社，2009年），頁48。

4　清末，西康稱「川滇邊區」，設邊務大臣總理之，政府駐地巴安。民國二年（1913），北京政府改川滇邊區為川邊特別區，置縣三十三個，設川邊道及川鎮守使各一人。民國十四年（1925），段祺瑞改川邊鎮守使為西康屯墾使，將川邊改稱西康行政區。參見陳重為：《西康問題‧第三部第八目》，民國十九年（1930），載馬大正主編：《民國邊政史料續編》第30冊（北京市：北京圖書館出版社，2010年），頁188-189。

5　即今之玉樹、甘孜、甘南、迪慶四個藏族自治州，以及涼山彝族自治州及西藏昌都和林芝的部分區域。

九年吐蕃王朝建立時已形成統一的民族[6]。早先國外曾將寧靜山以東的藏族稱為東藏人（Hsifan），以西的藏族稱為西藏人（Tibetan），相當於古羌人的後裔康巴，古藏人的後裔藏巴。

藏族分佈在遼闊的青藏高原，一個族體，多元特徵，各地居民與外來文化的接觸不同。康巴諸部落在西漢建立了旄牛、莋、邛、白狼、白馬等酋邦，東漢即與中土溝通[7]；隋朝（581-618）與附國、党項、多彌、蘇毗和羊同等氐羌系部族交融，並與中原聯繫，若即若離，唐末倒向吐蕃[8]；宋朝出現茶馬互市，中原與西藏聯繫密切；至元九年（1272），忽必烈在藏東（吐蕃西〔川〕界立寧河站）設宣慰司，至元二十年（1283），又充實吐蕃招討司[9]；清始經營其地，軍事、政治力量逐漸深入西藏之「衛」、「康」、「藏」和「阿里」四部[10]。康巴受漢文化陶冶較早，又保留獨立的文化成分。藏巴諸部落接受印度文明的影響較早，直到松贊干布時期，才與中原正式交往，吸取漢族的生產技術和政治文化。

自七世紀始，佛教從印度和內地分別入藏，與青藏高原的原始信仰——苯教既爭奪又融合，到十世紀形成了藏傳佛教。但無論苯教還是佛教，均對整合藏族發揮了積極的作用，出於信眾和貢賦的需要，宗教也異常關注人口的穩定增長。無論藏巴還是康巴，都奉行兄弟共

---

6 參見石碩：〈藏族族源「西羌說」的緣起及其不成立性〉，載《青藏高原的歷史與文明》（北京市：中國藏學出版社，2007年），頁29-40。

7 參見《後漢書》卷八十六（北京市：中華書局，1965年），頁2844、2854-2555、2858-2859。

8 參見《新唐書》卷二百一十六上和卷二百一十六下（北京市：中華書局，1975年），頁6071-6110。

9 參見《元史》卷六十（北京市：中華書局，1976年），頁1432、1434。

10 參見趙爾巽等撰：《清史稿》卷八十七，載《續修四庫全書（二九六‧史部‧正史類）》（上海市：上海古籍出版社，1995年），頁139-140。

妻制。有人主張這一婚制來源於康巴先民的棲息地——東女國，之後
傳給藏巴人；有人則認為，這種婚制是從古印度傳入青藏高原，在藏
巴人接受了之後，再傳給康巴人的。[11]

　　吐蕃的文字出現於松贊干布時期，是根據於田與天竺等文字創造
的，以後發展成藏文。有了文字，多偶婚的稽考便有信史可依。藏文
對兄弟共妻制的最早記載是苯教敘述一個神仙婚配的故事：相傳天神
九姊妹的大姊南期貢傑先後嫁給苯教護法神「堡塞五尊」的瓦爾塞安
巴、拉管托巴和早喬咯巴，一妻三夫。[12]

　　五世達賴記載了兩則兄弟共妻之事：「俄咯哲城地方長官棻巴讓
波有兩子，其二子贊壙貢棻和貢協，共娶雅隴納廓的女公子名棻喜季
謨為妻，生有三子……（仲・仁青伯）從炯傑地方娶得桑傑瑪夫人，
生子有仁青倫波、倫珠巴、棻西降稱、恩珠、貢珠巴共五人。……他
們諸兄弟共娶得仁繃的女公子拉謨卻炯為妻，生子兩人。」[13]這兩件
事情大約發生在十四世紀早期。《續藏史鑒》也記載了兩則兄弟共妻
之事，這兩件事情發生在十五至十六世紀。[14]

　　不論青藏高原的兄弟共妻制是外來的還是自生的，其特點是不容
抹殺的：一、配偶只是一方為複數個體，另一方為單數個體。兄弟共
妻如此，姊妹共夫亦如此，共妻的兄弟為複數，共夫的姊妹亦為複
數，與世界其它地區有所不同例如，北印度是西藏的鄰邦，當地的多
偶婚有兩種情形，一是上述那種表現，一是存在一定比例的多夫多妻

11　參見堅贊才旦、許韶明：〈論青藏高原和南亞一妻多夫制的起源〉，載《中山大學學
　　報》2006年第1期，頁54-61。

12　參見王堯著：《藏學概論》（太原市：山西教育出版社，2004年），頁162。

13　第五世達賴喇嘛著，郭和卿譯：《西藏王臣記》（北京市：民族出版社，1982年），
　　頁158-159。

14　參見華西邊疆研究所著，劉立千譯：《續藏史鑒》（成都市：華西邊疆研究所，1984
　　年），頁59。

制，即兄弟先娶一妻，待條件成熟時再續娶一妻，共同分享之。；
二、作為複數個體的婚姻當事人，多數是兩個人，三人以上的情況隨
著人口的增多而逐漸遞減，複數個體彼此間具有親近的同胞關係，沒
有血親關係的男女是不能共妻或共夫的，這就排斥了朋友共妻（共
夫）的現象，說到底行多偶婚儼然是兩個家庭或家戶之間的事情，絕
對不可能涉及三個以上的家庭。

　　長期以來，研究者一直在尋找恰當的理論說明由一個女子，兩個
或者兩個以上的男子組成婚姻實體的複雜行為。我們為了弄清問題，
寫了一些文章表達觀點。可是並未掃除心靈的陰霾，反而留下更多的
困惑，表明兄弟共妻制的研究還是比較深奧的。即使如此，我們沒有
氣餒，繼續孜孜不倦地探討，力圖對其成因提出令人信服的解釋，對
其運作和傳承作出科學的說明。

　　根據默多克的意見，藏族是世界上行共妻婚人數最多的民族[15]。
藏族的主體在青藏高原，少數生活在周邊的接觸地帶。[16]除了藏族，
還有一些毗鄰的民族，如門巴、珞巴、夏爾巴、納西、普米、獨龍
等，他們的一部分成員也行共妻婚。青藏高原相對隔絕，有利於保留
獨特的文化形式，外部傳入的文化因素可與當地原生因素調和成新的
文化形式。青藏高原東南部的婚姻雜糅現象十分明顯，一個村莊就有
數種婚姻，它們彼此拱衛、共同發揮著農牧民求生存的作用。若從多
偶制切入，吸收相關前沿研究成果，不僅可彰顯青藏高原的文化適應
問題，而且可放大可持續發展的一些特異方式，這正是婚姻研究者嚮
往青藏高原的目的之一。

---

15 Murdock, G. P. *Ethnographic Atlas*. Pittsburgh: University of Pittsburgh Press, 1969:46-
50.

16 藏族分佈在西藏自治區（前藏、後藏和阿里）、康區和安木多藏區（今甘肅甘南藏
族自治州、天祝藏族自治縣、青海省除玉樹以外的藏族自治州，四川省阿壩州）。
甘南、天祝、阿壩處於青藏高原邊緣。

　　婚姻與家庭是人類生活的主題，社會氣象萬千，婚姻與家庭也不可能是單一的。青藏高原的多偶制雖然流行甚廣，但數量上還是稀少的。許多人知其然，不知其所以然，帶著疑竇與獵奇的心理，常常詢問：「實行這一婚制的人群是否性別比例失調？」更有我族中心主義者離開具體條件侈談變遷，簡單地將婚姻割裂為新與舊、先進與落後、陋俗與良俗。常人的這些態度是可以理解的，但民族學工作者則應該從尊重少數民族風俗習慣的實際出發，少發空論，多做細緻的觀察和記錄，學會尊重當地人的感情，珍惜他們長期實踐的結果，充分考慮婚姻的生態條件。

　　經驗證明傳統是與現代化可以並行不悖的。事物往往會在高級階段重複低級階段的某些特徵。例如西方社會，連續處於離婚與結婚狀態的男女日漸增多，某些替代性的家庭結構與多偶制貌合神離。[17]一個人合法地離婚與結婚而不斷置換性伴侶，可視為單偶制的變體，也可看做多偶制的改頭換面，暗示了民族學方法對於研究迅猛發展的社會也有借鑒作用。

　　婚姻家庭是個完整的系統。探討特殊的婚制，有助於人們理解單一法制和多樣婚俗的關係，從民族學的視角去拓寬人們的眼界，協助人們全面瞭解兩性關係的規則和使命，把各種婚俗看成互相映照的鏡子，避免孤證式的研究，更好地洞察婚姻家庭的全貌。

　　本書致力於弄清以下問題：一、不同區域的兄弟共妻制的主要差異，兄弟共妻制家庭的動因和發展軌跡；二、兄弟共妻制的共性，支配它們的深層結構和解釋模型；三、在外力衝擊下該婚制的變遷與適應。

---

17 Gaulin S, Boster J. "Dowry as Female Competition". *American Anthropologist*, 1992, 92:994-1005.

　　為了弄清上述問題，堅贊和韶明在青藏高原東部展開調查。那裏北靠青海省玉樹州，東鄰四川省甘孜州，東南是喜馬拉雅山脈和橫斷山相切的區域，山高壑深，原生態文化保留較多，而且農區、牧區、半農半牧區、鹽區都有，不僅如此，有三條茶馬古道（川藏兩條、滇藏一條）經過。但是在聚焦於「川青滇藏交界區」之前好幾年，調查範圍卻是在藏巴人居住的山南地區，後來才轉移到康巴人居住的昌都地區。

　　兩位調查員挑選了貢嘎、江達、芒康、左貢、德欽五縣，均在青藏高原的東南部。其中，貢嘎偏西，江達偏北，芒康、左貢、德欽偏東南，都處在茶馬古道交易圈的範圍內。五縣當中，一縣選三鄉，一縣選二鄉，三縣各選一鄉，共調查八個鄉。其中，貢嘎在雅魯藏布江流域，該縣的三個鄉（鎮）都在江雄河谷，調查時以一鄉為主、二鄉為從。另外四縣五鄉處在北緯二十九度至北緯三十一度、東經九十度至東經九十六度的「三江並流」諸峽谷，其中芒康、左貢、德欽三縣四鄉位於川、滇、藏交界地，江達位於川、青、藏交界地，總體上代表了川、青、滇、藏交界區。八個樣本，與純牧業生產類型相連的有一個，與半農半牧相連的有六個，與農牧鹽業相連的有一個。各鄉經濟水準有差異，其兄弟共妻制的強度也不同，但到處都是不同婚制的雜糅。他們的實地調查以一個村落為主，周邊村落為輔，考慮好局部（點、線、面）和全域（總體）的關係。最後匯總各調查點的資料，青藏高原東南部的兄弟共妻制概貌即浮現出來。

　　各鄉調查的次數和時間不同。一九九六年至二〇〇一年，堅贊才旦獨自在雅魯藏布江流域做調查。二〇〇三年至二〇〇七年，許韶明參加進來，兩人開始在金沙江、瀾滄江和玉曲河諸峽谷做調查，時而結伴前往，時而分頭行動。調查分別在春、夏、秋、冬四個季節實施，以夏季居多，各鄉平均去過二次，每次在村中居住一個月左右。

江雄河谷的調查持續時間最長，從一九九六年至二○○○年，共去了
三次。我們在前期調查的十一年中，搜集到大量第一手資料，掌握了
極具內涵的婚俗文化，獲得深切的感受，為後期的理論分析、文本建
構打下堅實的基礎。

本書除緒言外共有九章，各章安排如下：

第一章是導論，介紹一妻多夫制的世界分佈，旨在凸顯青藏高原
在這一研究中的資源優勢；在介紹一些解釋模組的基礎上給予適當的
評論，說明這項研究的理論背景；展示青藏高原東部兄弟共妻制的研
究現狀，闡述全書的研究傾向。

第二章，以江雄河谷為例，結合青藏高原的客觀條件（如高寒山
區、原野荒蕪、土地珍貴、土壤貧瘠、地塊零碎、缺乏水源、人口壓
力大），引出主觀選擇（如積蓄勞力、統一使用、多種經營）的必
要，分析兄弟共妻制家庭的結構，介紹支配這一婚制的概率因素，說
明它給社會帶來多餘婦女的問題以及社會的調節機制，以便得出這種
婚制與半農半牧生產方式的緊密聯繫。

第三章至第五章聚焦於芒康山南北兩麓。北麓的宗西鄉兄弟共妻
婚的比例較大，南麓的納西民族鄉（鹽井）則相反，故以「高度型」
與「低度型」命之，通過情景概述，進行案例介紹與分析，最後比較
兩鄉的歷史傳統、交通狀況、教育水準、生計模式和宗教形式，說明
維繫這一婚制的綜合力量。

第六章介紹川、青、藏交界區的一個牧業村落，由九個自然村構
成，當地牧民的祖先是十七世紀蒙古部落的南遷者，後來融入藏族，
成為德格土司的屬民。本章描述了當地主要的生產活動，介紹兄弟共
妻婚的傳說，解釋這一婚制與親屬稱謂的關係，以及夫妻生活、情人
風俗和宗教對兩性關係的控制等內容。

第七、八章以川、滇、藏交界的梅裏雪山為紐帶，連起西北麓碧

土鄉的龍西村和東南麓雲嶺鄉的雨崩村。龍西村一度既有兄弟共妻婚，又有姊妹共夫婚，剩餘婦女的問題並不明顯，在兩種婚姻形態的共存中，姊妹共夫婚逐漸衰落，兄弟共妻婚依然存在，第七章描述了龍西村兄弟共妻婚與生計模式、家居生活和藏傳佛教的互動。第八章描述了改革開放前後雨崩村兄弟共妻制的軌跡，自從村裏發展旅遊業，村民為了爭奪資源，分家現象增多，家庭規模變小，原來的兄弟共妻制萎縮了。雨崩與龍西一山之隔，省屬關係、交通狀況、經濟發展水準都不同，多偶婚的走勢表明引數與因變數的關係，凸顯出經濟、血緣、外來文化的作用力。

第九章是比較與結論，首先回顧了整個研究過程，點出川、青、滇、藏交界區的兄弟共妻制的同一與殊異。繼而追尋兄弟共妻婚的動因，指出兄弟共妻制以降低人口、多種經營、不分家產等方式來適應青藏高原的脆弱生態條件和藏族的長子繼承制度，以儲備勞力的方式來應付封建農奴制對稅賦、軍役等的需求，以入贅和出家的形式來調整共妻者的人數，以衛星家庭的形式庇護人生境遇生活中的各種單身人士（如離婚者、喪偶者、殘疾人、在家事佛者等）。兄弟共妻制犧牲了丈夫的某些自由與權利，喚醒了人性的基本要求，為其它制度性的風俗（如情人風、對待私生子的寬容心、雙邊家庭、藏傳佛教的分享觀念等）起到推波助瀾的作用，從而反映出這一婚制的動因和內在需求。最後得出一總八分的結論。

在自然的婚姻實驗室裏，各種因素相輔相成，研究一妻多夫制可依賴四條路徑：一、從土地繼承制和勞役制來分析婚姻的成因；二、從選擇性伴侶和配偶的禁忌來分析婚姻形態如何被接受；三、分析一妻多夫制的家庭生活與人際關係，以及這種家庭對鄰里、村落、社區的影響；四、將藏族的兄弟共妻制與世界其它民族的同類婚制比較，可以彰顯共性和結構性差異。四者不可偏廢。

一妻多夫制的起因、擴散、社會結構與功能至今未能徹底解決，激勵著我們拓寬視野，加深認識，提出與驗證假設，修正原有的觀點，保持與外界對話的任務。在研究中要防止經驗主義和唯心主義的偏向，提倡既講理論又重實際的精神。即使如此，我們在研究上拓寬視野也是有限的，有些東西就沒法專門探討，私生子便是一例。在我們所調查的村莊，這一現象是不難發現的，無論人們怎麼刻意隱瞞。我們甚至發現了私生子比例逆向移動的特點，其數量隨著一夫一妻制家庭比例的增加而減少，反過來說也就是隨著兄弟共妻制家庭的增加而增加。但我們並不認為兄弟共妻制是私生子產生的動因，在這一點上我們的觀點跟弗列羅夫斯基的觀點一致[18]，嚴酷的自然條件和貧窮、道德鬆弛的社會條件才是最有力的動力，本來這樣的行為就不該歸咎於兄弟共妻制，既然這兩類動因是具體的，因此也要隨著歷史的、民族的、階級的發展而逐步消除。

藏族文化蘊涵著無限的寶藏，不管研究者的傾向多麼不同，功夫不負有心人。一些人注重原創性，願意充當採集者；一些人願意當加工者，利用現成的資料，加以整理、美化並植入科技成分。兩者都不能走極端，但兩者相比，純粹的採集者要優於純粹的加工者，因為後者容易走上轉述、炒賣的歧途。住在城裏的自由撰稿人，害怕到偏遠的農牧區搞調查，又缺乏理論分析的利器，往往從他人的材料和結論入手，隨意裁剪、拼湊成文，美其名曰「崇尚書齋建設」，這種現象不僅在舞臺上、影視作品中大行其道，而且在學術著述中也是屢見不鮮的。

科學崇尚原創，要求不畏險阻，盡可能貼近對象考察，集思廣益，融多種有價值的成分於一爐共冶，精益求精。本書離這些要求相

---

18 參見〔俄〕思・弗列羅夫斯基（瓦・瓦・別爾維），陳瑞銘譯：《俄國工人階級狀況》（北京市：商務印書館，2007年），頁548-558。

差甚遠，但對兄弟共妻制的研究能起彌足珍貴的作用。法律工作者、行政人員、民族幹部拓寬視野可賴此書，青年人滿足好奇心、彌補知識盲點亦可借助本書。常人可消除單純用政策或法律透視婚姻、家庭所帶來的偏見，對於加深理解文化的多樣性有著積極的意義。另外，由於本書素材豐富多樣，觀點切合實際，模型新穎別致，經過實地驗證，又跟國際前沿對話，展示了多偶制的研究視角，無疑為課堂教學提供了生動的案例，有利於促進理論與實際的結合，因而對教學科研大有裨益，在培養人才、提倡多學科的融合與借鑒方面尤具價值；同時對於促進非物質文化遺產的保護和建設，鞏固與拓展民族學的傳統陣地亦有不可忽視的意義。

第一章
導論

　　一妻多夫制指兩個（或者兩個以上）男性配偶共同擁有一妻，夫婦共同勞動、共同盡子女的養育之責、共同承擔贍養父母以及共同享有和傳遞家財的婚姻制度。它有若干類型，若以丈夫們的血緣關係劃分，主要有兄弟共妻（fraternal polyandry）和非兄弟共妻（nonadelphic polyandry）兩種。前者，丈夫來自平輩同胞，特殊情形下涵蓋從表兄弟。後者，丈夫既指非血親關係的男性，也涵蓋異輩近親，如叔侄、舅甥、父子等共用一妻，但原因、形式和內容都比較特殊，不能簡單地以常理來衡量。實行一妻多夫婚的家庭在保持、配置資源方面佔有其它婚姻形態所不能比擬的優勢，能夠維持較好的生存條件，保護家產的完整，但代價（家庭的和社會的）也是明顯的。青藏高原的一妻多夫婚主要是兄弟共妻。

一　一妻多夫制的分佈

　　全世界的婚姻形態可分為單偶制和多偶制。前者指兩個男女之間合乎法律（或風俗）的性與生育關係；後者指至少三個男女之間的這種關係，又分為一夫多妻制和一妻多夫制。默多克在《世界民族圖志》裏統計了一一七〇個社會。其中，八五〇個社會行一夫多妻婚[1]，而那些嚴格實行一夫一妻制的社會也經常遺有一夫多妻婚的殘餘[2]。儘管如此，在世界婚姻總量中，大量存在的是一夫一妻婚，占75.42%，一夫多妻婚占 24.28%，這兩種婚制主要出現於人口高度分層、婦女創造的經濟價值較低、實行聘禮和嫁妝的社會。至於一妻多夫婚，只得到少數社會的認可，比例相當低，僅占 0.3%。

　　人類主要居住在北半球，故一妻多夫制分佈於北半球。圖中的黑點代表目前仍在行此婚制的族群分佈區，主要是南亞（以印度和斯里蘭卡為最）、青藏高原和北極地區，這些族群主要是藏族人、托達人、科達人、納亞爾人、那恩人、馬克薩斯人、僧伽羅人，在北極洲有愛斯基摩人[3]。有些區域的過去存在一妻多夫制，由於外來文化的擠壓而消亡。例如，非洲的瓦哈馬人，北美印第安人的波尼、猶他、白刃、肖肖尼、北排玉特、科曼奇‧阿里卡拉、韋奇塔和凱柴等部落[4]。

　　第一區域為「北美與愛斯基摩區」，大體位於北極圈內（北緯 60°以北）的亞、歐和美洲大陸瀕海的廣袤土地上，以及北美中部、東南部少部分地區。主要是一些零星分佈的愛斯基摩人和北美的一些印第

1　Murdock, G. P.*Ethnographic Atlas* Pittsburgh: University of Pittsburgh Press, 1969:47.

2　Fox, R. *Reproduction and Succession* New Brunswick:Transaction Publishers, 1993.55..

3　這些族群的英語名稱為Tibetan, Toda, Kota, Nayar, Nair, Marquesans, Sinhala和Eskimo。

4　即Wahuma,Pawnee ,Ute, white knife, Shoshoni, Northern Paiute, Comanche Arikara, Wichita和Kitsai。

安族群如肖肖尼人、特林吉特人、阿留申人和派尤特人，以及阿拉斯加沿岸分佈的卡尼亞格繆人等。

第二區域為「喜馬拉雅與青藏高原區」，大體位於北緯二十七度四十三分和東經七十五度九十五分之間，地形以喜馬拉雅山區與青藏高原為主。行共妻制有眾多的族群與民族，其中有喜馬拉雅山系南坡廣闊地區的多個民族與族群。例如，印度、不丹、錫金、尼泊爾和拉達克等國家與地區分佈的菩提亞人、雷布查人和拉達克人等，尼泊爾的寧巴人、夏爾巴人，北印度的巴哈里族群等，以及喜馬拉雅山系南坡和青藏高原的藏、門巴、珞巴等民族[5]與部分納西人[6]。

第三區域為「南亞次大陸區」，大體位於北緯七度二十一分和東經七十八度八十二分（南亞次大陸東南部），行共妻制的民族與族群主要有托達人、納爾亞人，斯里蘭卡人和僧伽羅人等。

世界上行一妻多夫婚的民族不在少數。例如，第一區域的愛斯基摩人和北美的一些印第安族群，又如肖肖尼人、特林吉特人、阿留申人和派尤特人以及阿拉斯加沿岸分佈的卡尼亞格繆人等；第二區域喜馬拉雅山系南坡的印度、不丹、錫金、尼泊爾和拉達克等國家與地區分佈的菩提亞人、巴哈裏人、雷布查人、拉達克人、寧巴人、夏爾巴人等；第三區域的托達人、納爾亞人、斯里蘭卡人和僧伽羅人等。西藏屬於第二區域，流行的一妻多夫制主要是兄弟型，非兄弟型不太流行，朋友型更是少見。

5　參見中國社會科學院民族研究所著《西藏墨脫縣門巴族社會歷史調查報告：門巴族調查材料之一》（內部資料），1978年油印本，頁49-50；見中國社會科學院民族研究所著《西藏錯那縣勒布區門巴族社會歷史調查報告：門巴族調查材料之二》（內部資料），1978年油印本，頁29。

6　參見劉龍初：〈四川省木裏縣俄亞納西族一妻多夫制婚姻家庭試析〉，載《民族研究》1986年第4期，頁25-32。

二 關於一妻多夫制的理論模型

人類學家對一妻多夫制進行了鍥而不捨的探討，揭示了它的起源、結構、動因和功能，提出許多有價值的觀點，也有一些臆想的成分，這些猜測和爭論為後人提供了理論營養。

(一) 進化論之爭

一百五十年前，古典進化論者巴霍芬、麥克倫南、摩爾根、拉伯克等人啟動了探討人類婚姻的學術歷程，巴霍芬和摩爾根各自在進化表的開端設立了一個起點，即無法分類的原始雜婚狀態，之後才是分階段的進化，類別也逐漸明晰。由於沒有田野調查材料的支撐，多數人的分類都是武斷的。

麥克倫南最早問鼎一妻多夫制，他在一八六五年出版的《原始婚姻》一書中提出一個假說：原始社會早期，男性作用大於女性，因食物匱乏，不能養活全部新生兒，須用棄嬰、墮胎的方式排除一些；到了高級野蠻人那裏，這種棄嬰行為賦予了性選擇的意義，針對女嬰而實施，結果導致婦女稀少，下一步就是男性爭奪配偶，就這樣因引起果，果復成因，出現了搶劫婚。搶來的婦女為一群男子共用，這種制度化的風俗又強化了搶婚行為。此乃「生存壓力→殺嬰→性別比例失調→搶婚→共妻制」的公式。十一年之後，麥氏在原書基礎上添加了幾篇論文，以《古代史研究，包括原始婚姻一書的重印本》[7]為名再版，對上述觀點仍舊不捨。

一八七七年，摩爾根在倫敦出版《古代社會》。付梓之前，他得

7　McLennan, J. R. *Studies in Ancient History Comprising a Reprint of "Primitive Marriage An Inquiry into the Origin of the Form of Capture in Marriage Ceremonies"*. London and New York, 1876:124-125.

到麥克倫南的《原始婚姻》新版本，讀後發現在一篇題為「類別式親屬稱謂」的文章中，麥氏用了一節（41頁）的篇幅攻擊他，另用了一節（36頁）來闡發麥氏自己對這個問題的看法。為了迅速反擊對手，以正視聽，摩爾根寫成〈回駁約・弗・麥克倫南先生的〈原始婚姻〉〉作為附錄收入《古代社會》第三編之後。在這篇論戰性的文章中，摩爾根對麥克倫南的許多觀點進行激辯。其中之一是，麥氏認為南印度尼爾吉裏山區的托達人和青藏高原的西藏人實行的多夫制在婚姻進化的過程中具有普遍性，這種婚制是最原始的婚姻形態，可以用來說明類別式親屬制的起源。摩爾根指出：「麥克倫南先生似乎根本不知道這些多夫制形式不過是例外情形，即使在尼爾吉裏山或西藏，它們也不曾成為普遍現象。如果平均三個男人共有一個妻（尼爾人以十二個丈夫共有一妻為限，第147頁），而這是部落內的普遍現象，那麼就有三分之二的可婚女子沒有丈夫，我敢於斷言這種現象從來不曾在人類部落中存在過……殺女嬰也不能被誇大為足以使多夫制上陞為普遍流行的形式。我們更不能斷言多夫制曾給人類的事業帶來普遍的影響。」[8]

　　早在一八七〇年，約・拉伯克就在倫敦出版了《文明的起源和人的原始狀態》一書，參加了婚姻進化的討論，至今仍可在彌勒的《美洲原始宗教史》、麥克倫南的《原始婚姻》、巴霍芬的《母權論》以及凱姆斯的《人類史》中看到這場筆戰的刀光劍影。拉伯克在其著作的第七十頁中評述了麥氏關於兄弟共妻制衍生出寡婦內醮制（大哥死後大嫂由二弟收繼，二弟死後二嫂由三弟收繼，以下依次照此辦理）。從此，在一些人的眼裏，一些部落就發展成內婚制部落，另一些部落

8　參見〔美〕路易士・亨利・摩爾根著，楊東蓴、馬雍、馬巨譯：《古代社會》（下冊）（北京市：商務印書館，1995年），頁524。

則發展成外婚制部落；並且外婚制較內婚制古老，因其建立在殺嬰基礎之上並導致搶劫婚。

　　一八八〇年年底到一八八一年年初，馬克思對《古代社會》作了詳細的摘錄，夾帶著許多符號和評語。一八八二年，他又讀了《文明的起源和人的原始狀態》一書，在筆記本裏寫下八頁摘要，包括拉伯克評述麥克倫南的「殺嬰導致搶劫婚，繼而多個丈夫（他們彼此為兄弟）共用一妻，進而是寡婦內醮」的婚姻圖式。[9]他看重這幾句話：「內婚制和有規則的多夫制，儘管是常見的，但我（指拉伯克——注）把它們看作例外，不在正常發展進程之內（第 70 頁）。甚至在群婚制度下，一個戰士在一次掠奪性的出征中搶來一個漂亮姑娘，他就會要求獨自佔有她的權利，而且在有可能的時候，他會置風俗習慣於不顧（！）……也還有其它一些兩種婚姻制度並存的情況。」[10]

　　馬克思關於民族學的幾篇摘要[11]激發起恩格斯的研究熱忱，為了實現馬克思的遺志，他寫了《家庭、私有制和國家的起源》一書，此書有一個重要的觀點——不同的技術形式與不同的婚姻家庭形式相聯繫。蒙昧階段，不存在私有財產觀念，因而不存在經濟不平等現象，婚姻形態建立在母系繼嗣上的群婚（或普那路亞婚）。野蠻階段，男性取得了生產領域的支配權，出現對偶婚。文明階段早期，在印歐某

9　參見馬克思：〈約・拉伯克《文明的起源和人的原始狀態》（1870年倫敦版）一書摘要〉，載《馬克思恩格斯全集》第45卷（北京市：人民出版社，1985年），頁661。

10　參見馬克思：〈約・拉伯克《文明的起源和人的原始狀態》（1870年倫敦版）一書摘要〉，載《馬克思恩格斯全集》第45卷（北京市：人民出版社，1985年），頁661-662。

11　主要是馬・柯瓦列夫斯基的〈《公社土地佔有制，其解體的原因、進程和結果》（第一冊，1879年莫斯科版）一書摘要〉、〈路易士・亨・摩爾根《古代社會》一書摘要〉、〈亨利・薩姆納・梅恩《古代法制史講演錄》（1875年倫敦版）一書摘要〉和〈約・拉伯克《文明的起源和人的原始狀態（1870年倫敦版）》一書摘要〉，這四篇摘要均收入《馬克思恩格斯全集》第45卷。

些地方出現了父權制家庭，這種婚姻家庭形式不太普遍；幾乎是同時，出現了一夫一妻制的個體婚，婦女依附於日益以男性為主導的經濟體系。

（二）功能論之爭

韋斯特馬克是進化論者，但喜歡從功能的視角來考慮問題，他指出一妻多夫制的五個起因：第一，男性的過剩。他舉了若干旅行家記錄的數位來證明男性多於女性的現象與兄弟共妻的現象相連，並且補充說，這些記錄雖然不免有些臆斷，但其中定有若干不容懷疑的成分。第二，經濟的貧困。高寒山區耕地有限，必須節制人口；財產有限，兄弟無力各娶一妻。故兄弟共妻是阻止人口增加、避免分家析產的最佳選擇。第三，丈夫經常外出。或放牧，或搬運，或狩獵，或從事軍役，或為謀生長年在外奔波，不能應付妻子一人獨留家中，被人侵襲的危險與生活困難。第四，生子的欲念。由於主夫的原因，致使妻子未生子，遂不惜與兄弟乃至他人共妻，以期得到後嗣。第五，道德鬆弛。婦女享有充分的性自由，社會縱容她們追求生理的滿足。韋氏還從「動機—手段—目的」的連續性考察，指出兄弟共妻制對三者都不失為理想的選擇。[12]

希臘和丹麥的彼德王子在南亞做過田野調查，曾受訓於馬林諾夫斯基[13]，他在傳世之作——《一妻多夫制研究》中全方位地探討了這一婚姻與家庭制度，也提出「五因說」（即歷史、人口、社會、經濟和性欲）。他認為「五因」各有長短：一、歷史原因——差強人意；

---

12 參見〔芬蘭〕韋斯特馬克著，王亞南譯：《人類婚姻史》（上海市：上海文藝出版社，1988年影印），頁202-205。

13 〔英〕參見克里斯托夫・馮・菲尤勒—海門道夫著，何國強譯：《在印度部落中生活：一位人類學家的自傳》（北京市：國際炎黃文化出版社，2009年），頁11。

二、人口統計學——糟糕蹩腳；三、社會學原因——隔靴搔癢；四、
經濟原因——最讓人滿意；五、個人欲望——暫不評論。換言之，彼
德王子認為五因當中經濟才是最實在的，其它則似是而非，經濟壓力
增強了兄弟之情，限制了兄弟之爭，導致一種受壓制的亂倫渴望，通
過共妻得到部分滿足。[14]

史蒂芬認為，共妻制對妻子具有明顯的生育優勢，因為兩個或多
個丈夫能夠給家庭帶來更加豐富的勞力資源，保證養育後代的任務得
以完成，與此同時，丈夫的生育力受到限制；但在不同的文化交匯地
帶，由於職業分化，社會一定會出現多餘男性，他們處於社會底層的
「游離地帶」，或從軍或做勞役或落草為寇，甚至充當流浪漢，這些
人員的生育選擇極其有限，當其被遣往土著地區墾植時，為瞭解決婚
配，自然以土著女性為首選，這就給土著男性的擇偶帶來壓力。由於
獲取當地資源的能力有限，男人養家的能力受到制約，於是促使了客
籍和本地這兩種不同社會背景的男性共用一妻，確保各自的後裔獲得
更佳的生存資源。[15]

依功能論的觀點，共妻制涉及社會與文化內部諸多因素。例如，
愛斯基摩人行共妻婚，同時也有溺嬰的習俗，當然主要是溺女嬰，結
果造成女性不足。[16]又如，從社會等級來解釋，居於社會高層的人行
一夫多妻制，導致可婚女子減少，居於社會底層的人被迫共妻。[17]再
如，從家庭尋求內部凝聚力來解釋，行共妻制或者共夫制便成為一個

14 Prince Peter of Greece and Denmark, H.R.H..*A Study of Polyandry.* The Hague: Mouton. 1963:552-568.

15 Stephens, M.E. Half of a Wife Is Better Than None: A Practical Approach to Nonadelphic Polyandry. *Current Anthropology*, 1988 (2):354-356.

16 Garber, C. M.Eskimo Infanticide. *Scientific Monthly*, 1947 (2):101.

17 Van den Berghe, P.L, Barash, P. D.Inclusive Fitness and Human Family Structure. *American Anthropologist*, 1977 (4):811.

主要的原因，拉德克利夫—布朗力主這一觀點[18]。

　　艾德蒙・利奇認為，雙係繼嗣制度下，「如兩兄合娶一妻，則他們的子嗣皆出自同一個母親。因此，兄弟共妻制從經濟維度而言，傾向於加強弟兄團結而不是使他們疏遠。要是兩兄各娶一妻，他們的孩子各有歸依，經濟利益亦不同，這將無法完整地傳遞祖產。」[19]

（三）意識形態決定論

　　一是從宗教原因來解釋，此處有三例：日本僧人河口慧海於一八九七年和一九〇四年兩度進藏，感到兄弟共妻的婚俗比較古老，於是提出起源苯教的觀點。[20]

　　徐益棠根據一九三九年他在西康北部（今四川甘孜州）旅行的觀感，借比較其它民族的婚俗，質疑了洛克希爾和貝爾追隨韋斯特馬克強調經濟原因（和諧家庭須保全家產，避免代代分割）和男性過剩的言論。[21]他指出：「康藏一妻多夫制之產生，以余觀之，不在於耕地狹

18　Radcliffe-Brown The Study of Kinship Systems. *Journal of Royal Anthropology Institute of Great Britain and Ireland*, 1941:7.

19　Leach, E.R.Polyandry, Inheritance and the Definition of Marriage: with Particular Reference to Sinhalese Customary Law. *Man*, 1955 (4):185.

20　參見〔日〕河口慧海著，孫濃清譯：《西藏秘行》（烏魯木齊市：新疆人民出版社，1998年），頁231-236。

21　洛克希爾・威廉姆・伍德維爾（William Woodville Rockhill 1854-1914），又譯作「羅克希爾」，漢名「柔克義」，曾任美國駐大清國公使（1905-1909）。他兩次遊歷西藏（1911-1912）之後，向美國政府提交建議，堅持對中國實施門戶開放政策，承認中國對西藏的主權。著有《拉薩的達賴喇嘛和大清國的韃靼皇帝的關係》（*The Dalai Lamas of Lhasa and their Relations with the Manchu Emperors of China*），還編纂了兩卷本《西藏：從中國原始資料得來的地理學、民族志和歷史學見解》（*Tibet: A Geographical, Ethnographical, and Historical Sketch, Derived from Chinese Sources*）。嗣後被稱為「西藏高原的外交官與學者」（Scholar-Diplomat of the Tibetan Highlands）。貝爾・查理斯・阿爾夫（Charles Alfed Bell 1870-1945），曾任印英政府

小，不在於人口上性比例之不平衡，亦不在於聘金之繁重，而在於宗教勢力之偉大。此偉大之宗教勢力，一切社會均受影響也。」[22]徐氏的宗教指藏傳佛教。

　　一九五一年，W. 道格拉斯在與西藏毗鄰的拉達克地區調查，發現平民中流行這一婚制獲得喇嘛階層的肯定，卻飽受官方苛責。為什麼神權（藏傳佛教）讚美它，而世俗政權（噶廈）卻貶低它呢？原來喇嘛需要農民承擔賦稅和徭役，故希望一種能夠抑制人口增長的婚制免於民眾過度貧困而遷怒於佛教，同時寺廟需要不滿世俗生活的人離家來當僧尼，兄弟共妻家庭能夠經常產生一些不滿分子。[23]官方不喜歡它是擔心它攪亂了血緣關係，進而破壞社會秩序。於是他下結論說，該婚制為佛教和喇嘛提供了後援。

　　一是從深層心理意識，如亂倫禁忌、親屬結構（藏族的骨系與肉系）的婚配規則來解釋。南茜・萊文在尼泊爾北部的藏族難民聚集區──寧巴做過田野調查。她駁斥以物質為根本原因的觀點，認為在相對封閉和排外的社會，內婚原則滲透普遍，此係一妻多夫制流行的根本原因。換言之，她主張相對封閉、資源匱乏的社區需要控制人口的增長，兄弟共妻是控制生育的有效策略之一。[24]

駐錫金政務官，1904年隨英國遠征軍赴西藏，1910年達賴奔走印度時他充任聯絡官，1913-1914年參加西拉姆會議。其著作《西藏志》為董之學、傅勤家所譯，商務印書館民國二十五年（1936）出版。

22 參見徐益棠：〈康藏一妻多夫制之又一解釋〉，載《邊政公論》第1卷第2期（1941年9月），頁22。

23 Steward, E. W. *Evovlving Life Styles: An Introduction to Cultural Anthropology*. New York: McGraw Hill Inc. 1973.p.268.

24 Levine, N. E. *The Dynamics of Polyandry: Kinship, Domesticity, and Population on the Tibetan Border*. Chicago and London: The University of Chicago Press, 1988.

（四）多重博弈系統論

　　青藏高原的人口增長率很低。原因固然很多，威克認為兄弟共妻制扮演了十分重要的角色。[25]南茜提出一妻多夫制的雙重作用——「既可避免分家析產，又可限制人口增長」[26]。但戈爾斯坦反唇相譏，認為他們忽視了藏族寬容私生子的傳統觀念，行一妻多夫婚的某夫可另找情人生育子女，在一個流行兄弟共妻制的村落，非婚婦女同樣可以參加人口生產，只不過她們的孩子量較少而已。[27]這是因為人口與資源的反比關係，當人們所需要的資源而實用機會很少時，人們熱衷於實行兄弟共妻制，當實用機會增加時，一妻多夫制便受到挑戰，推動一夫一妻婚的增加並引起生育率的提高，進而造成有限資源的壓力，於是分家的壓力便回歸到原點，輿論又開始鼓勵選擇一妻多夫婚的行為。[28]

　　戈爾斯坦的觀點可以概括為「生育—人口—資源—財產—繼承」系統論。五個因素互相搭配，形成合力，推動兄弟共妻的婚俗。

　　他在〈兄弟共妻制和尼泊爾西北角喜馬拉雅高海拔峽谷的生育力〉一文中討論了兄弟共妻制對生育力所產生的影響，主題是考慮人口增長與環境承載力之間那種經常而持久的聯繫。他以尼泊爾西北部利米峽谷的田野觀感和資料來駁斥以往的兩種觀點——溺殺女嬰的習俗與貧窮，認為共妻制主觀上與行婚者發家致富的動機有關，客觀上

25 Wake, C. S. *The Development of Marriage and Kinship*. London: G. Redeay, 1889:xliii-xlvii..

26 Levine, N. E. *The Dynamics of Polyandry: Kinship, Domesticity, and Population on the Tibetan Border*. Chicago and London: The University of Chicago Press, 1988:67.

27 Goldstein, C. M. New Perspective on Tibetan Fertility and Population Decline. *American Ethnology*, 1981 (8):721-738.

28 Goldstein, C. M. Pahari and Tibetan Polyandry Revisited. *Ethnology*, 1978 (3):325-337.

與控制人口增長的結果有關，並且建構了一個模型來表達這一婚制控制人口的動態過程。[29]

他在〈衛藏的社會分層、一妻多夫制和家庭結構〉一文中分析了資源、財產和繼承之間的關係。[30]又在〈巴哈裏和西藏的一妻多夫制〉一文中比較了印度、西藏兩地的一妻多夫制家庭，並把西藏的兄弟共妻家庭和日本的主幹家庭以及歐洲的長子繼承制的家庭拿來對比，指出四者（印、藏、日、歐）都與經濟有關，是聚集家財適應各自環境的策略，差別在於西藏的兄弟共妻制緊密地圍繞社會分層體系，而差巴關於「差巴」，請看後幾頁的敘述，為了避免重複，此處不再解釋。是實行該婚制人口最多的階層，他們具有世代維護家庭和財富的需要，故兄弟共妻制是對生產力和經濟水準所導致的社會條件的重要適應手段。[31]我國也有人持此觀點，認為兄弟共妻制與西藏農奴制的推波助瀾有關。[32]

比爾・辛西婭和戈爾斯坦在《尼泊爾藏族的兄弟共妻制：一項社會生物學理論的試驗》中提出一套復式的假設——實行兄弟共妻制的婚姻可能會增加藏族人對環境的總體適應能力，繼而力圖通過丈夫總體適應能力的提高，帶來他們單個人的勞動所得的提高，以歸謬法的形式來解決共妻兄弟的個體適應能力會減少的悖論。但人口統計資料

---

29 原文先載於《人類生態學》1976年第4期第3號，頁223-233，題為"Fraternal Polyandry and Fertility in a High Himalayan Valley in Northsest Nepal". *Human Ecology*. 1976 (3):223-233. 後轉載於《西藏社會報告》1977年第11期第10號，頁12-19，題目改為"Fraternal Polyandry and Fertility in the Himalayas of N. W. Nepal". *The Tibet Society Bulletin*, 1977 (10):12-19.

30 Goldstein, M. C.Stratification, Polyandry, and Family Structure in Central Tibet. *Southwestern Journal of Anthropology*, 1971 (1):64-74.

31 Goldstein, C. M. Pahari and Tibetan Polyandry Revisited. *Ethnology*, 1978 (3):325-337.

32 參見張權武：〈近代西藏特殊家庭婚姻種種試析〉，載《西藏研究》1988年第2期，頁95。

最終說明，西藏的兄弟共妻制度並沒有表現出增強共妻兄弟的個體適應能力，反而會導致他們生殖行為上的重大犧牲。因此，兄弟共妻制的長期存在，強烈地暗示出導致共妻兄弟的生殖犧牲，即減少他們的個體適應能力及總體適應能力的有關社會文化、經濟和政治的因素也將長期存在。[33]

戈爾斯坦還在一篇文章中總結了他對兄弟共妻制的動因和利弊的看法。[34]

（五）簡短的評論

馬克思在分析資本主義生產方式時經常涉及古代社會，晚年更加關注古老的社會形態。恩格斯同樣熱衷於瞭解資本主義以前的社會形態，他肯定了摩爾根所謂「印度和西藏的多夫制」在人類婚姻史上「是個例外」、「是歷史的奢侈品」[35]的觀點。其實，當時許多人都有這樣的觀點，即以實行者的數目判斷婚姻家庭制度是常態還是異態。拉伯克、摩爾根傾向於這條標準，馬克思和恩格斯也不例外，但他們並未對這件「奢侈品」作深入的研究。馬克思和恩格斯提出人類的基本問題，他們關注的方式主要屬於哲學人類學的範疇，而不屬於社會文化人類學的範疇。

自麥氏的公式問世後不到一個世紀，又有兩個人站出來重彈性別

---

33 Beall, C. M, Goldstein, M. C. Tibetan Fraternal Polyandry: A Test of Sociobiological *Theory*. *American Anthropologist*, 1981 (1):5-12.

34 Goldstein, M. C. When Brothers Share a Wife: Among Tibetans, the Good Life Relegates Many Women to Spinsterhood, in *Anthropology*: 95/96. *The Dushkin Publishing Group*, 1933:116-119. 此文的中譯文為《當兄弟們共用一個妻子時：藏人的好生活與許多婦女的獨身休戚相關》，黨措譯，載《世界民族》2005年第2期。

35 參見恩格斯：〈家庭、私有制和國家的起源〉，載《馬克思恩格斯選集》第4卷（北京市：人民出版社，1995年），頁56。

比例不平衡的舊調。一位是哥倫比亞大學的林頓教授，一九三九年，他報導了太平洋中部波利尼西亞群島的馬貴斯人（Marquesans）行非兄弟型一妻多夫婚的事實，這篇民族志收入心理學家卡迪納的編著——《個人及其社會》中。[36]林頓說：在馬貴斯人居住的群島，一妻多夫制像其它婚制般穩定，一個顯著的事實是男女比例為 2.5:1。又說：馬貴斯人的生存異常艱難，島嶼不是遭受乾旱，便是颱風影響，淡水資源短缺，農作物（主要是薯芋）經常陷入滅頂之災，人們受飢饉所困，食人俗流行；海上捕魚也不容易，海岸陡然傾斜，水中礁石林立，風高浪急，危機四伏。所以，農作無足輕重，麵包樹、椰子果及香蕉等成為人們重要的食物來源[37]。另一位是加利福尼亞大學伯克利分校的傑瑞爾德·白雷曼，一九六二年，他以從喜馬拉雅山脈南坡的巴哈裏山區採集到的田野資料證明，當地的一妻多夫制是由兩性比例不平衡引起的。[38]這兩位美國人類學家都沒有直言性別比例不平衡的原因，但從林頓的描述中似乎可以看到馬貴斯人實行性選擇的可能性。

　　麥克倫南的推理邏輯上成立，卻不符合歷史，也不具有普遍性。某些行共妻婚的地方確有殺嬰習俗，但流行這一習俗的其它地方沒有共妻制。雖然麥氏是說原始社會，但既然作為人類適應環境的一種公式，那麼農業社會也有可能出現。我國某些地區一直保留著棄嬰、溺嬰的陋俗，二十世紀五〇年代和八〇年代，情況嚴重到引起了報刊

36 參見Abram Kardiner. *The Individual and His Society*. New York: Columbia University Press, 1939:137-196.

37 Abram Kardiner. *The Individual and His Society*. New York: Columbia University Press, 1939:158.

38 Berreman, G. D. Pahari Polyandry: *A Comparison. American Anthropologist*, 1962 (1):71-72.

的批評。[39]然而行為相同，原因卻不同[40]，也沒有導致一妻多夫婚的結果。

　　主張社會生物學和結構功能論的學者的解釋顧及到許多相關現象，克服了文獻缺乏的局限，這樣的研究堪稱全面，但仍不具有普遍性與可比性。

　　例如，韋斯特馬克的「五因」論，除了歷史原因未深究，探討了生態、生理和心理原因，值得肯定。但與藏族聚居區的情況有些不符。在西藏，各地男女比例大體上是平衡的，甚少出現男性過剩。經濟原因同樣站不住腳，因為藏族行共妻婚的兄弟，很多屬於殷實之家，貧窮人家反而不多。丈夫必須外出時，保護家庭與財產的責任自然落到兄弟肩上，故讓兄弟染指妻子實屬近情，這樣做似乎保障了妻子的地位。然而，韋氏認為兄弟共用妻子有先後之分，無異於說，先為嫂後為妻，或先為叔後為夫，此與藏族聚居區的情形大為不同。藏族聚居區的風俗規定，妻子自迎娶入門之時，便屬於眾兄弟共同所有，不必執著於「真正的共妻」[41]還是「虛假的共妻」。由於主夫的原因不惜與別人分享一妻，這種情況實屬罕見，故韋氏的解釋有局限

---

39 見「嚴屬制止殺嬰兒的犯罪行為」、「制止溺嬰行為」、「制止殘害女嬰的違法行為」、「範湖公社制止殘害女嬰的行為」、「嚴禁溺斃女嬰」和「丟棄女嬰的現象說明了什麼？」等等（分別載於《南方日報》1951年12月16日，第3頁； 1957年10月14日第3版；1983年1月27日第3版；1983年2月7日第2版；1981年1月18日第2版）。

40 溺嬰表面上是香火意識操縱下的性別選擇，實際反映了深刻的社會矛盾。生育造成人口壓力，男丁在農業社會又是那麼重要，一旦吃糧困難，女嬰便成了犧牲品，男嬰僥倖活下來。舊社會，貧窮家庭多以生女為賠錢貨，孩子落地即用灶灰封口鼻，使其窒息而死，隨即拋屍溪河。有的父母捨不得弄死孩子，遂將女嬰安放於小木盆中，推入溪流，讓其隨波飄到下游。有時溺嬰被蒙上迷信的面紗。堅贊長期在粵東農村調查，記得有位元老年報導人堅稱，大人難產流血過多而死去，是嬰兒「八字」不好，「克死」母親，因此不能養大，要把小孩活生生地放進棺材給母親殉葬。

41 參見張建世：〈康區藏族的一妻多夫制家庭〉，載於《西藏研究》2000年第1期，頁79。

性，不能夠圓滿地說明現象。道德鬆懈的說法有積極的意義。例如，藏傳佛教不如伊斯蘭教、天主教和基督教那樣明令禁止一妻多夫制，但這種說法事先就作出價值判斷，認為是「不道德」的產物，有先定論之嫌。總而言之，韋氏把人視做巴甫洛夫式刺激反應的動物，忽略了人的實踐能動性。

林頓和白雷曼認為，一妻多夫制是兩性比例不平衡引起的，這個論點引起爭鳴。即使反映了波利尼西亞群島、喜馬拉雅南坡的巴哈裏山區一時的情況，也不能避免以特殊代替普遍的詬病，至少流行共妻風俗的青藏高原沒有發現兩性比例失調的問題。凱薩琳‧高夫在印度西南部的馬拉巴爾做過田野工作，她在同年發表的兩篇論文中隻字未提性比例不平衡的問題[42]；戈爾斯坦繼白雷曼之後也去過巴哈裏做田野調查，並未提到男多女少的現象[43]。或許局部地區確實如林頓和白雷曼所說的那樣，其它地區則未必。我國也有人認為性別比例失調和結婚成本高（娶妻聘禮重、嫁女嫁妝多）是其產生的原因。[44]

彼德王子的觀點貌似全面，卻迴避了一個事實：為何地理條件、經濟模式與文化特質相似的地區，一些人選擇一妻多夫制，另外一些人選擇一妻一夫制？並且兩個同樣採納共妻制的族群，其表現形式卻

---

42 Gough, E. K.Changing Kinship Usages in the Setting of Political and Economic Change Among the Nayars of Malabar（發生在印度西南部馬拉巴爾海岸地區納亞爾人中間的政治、經濟變動狀態中的親屬關係使用情況的變化）. *Journal of the Royal Anthropological Institute of Great Britain and Ireland*, 1952 (1):71-88.

Gough, E. K. A Comparison of Incest Prohibitions and the Rules of Exogamy in three Matrilineal Groups of the Malabar Coast（馬拉巴爾海岸三個母系社會通婚過程中的亂倫禁忌和通婚規則的比較研究. Internationales Archiv Fèur Ethnographie, 1952(1):82-105.

43 參見戈爾斯坦，何國強譯：〈巴哈裏與西藏的一妻多夫制度新探〉，載《西藏研究》2003年第2期，頁107-119。

44 參見陳照遠著：《中國婚姻史》（上海市：上海文藝出版社，1987年影印），頁71。

有著天壤之別，這又是為什麼？例如，納亞爾人與托達人是兩個比鄰而居的民族，都行共妻婚，但納亞爾人講究母系血緣，托達人信奉父系血緣，他們計算世系的方式截然不同、經濟背景的差異也很大，所有這些差異點相加不足以成為他們均採用同一種婚姻形態的解釋。[45]

戈爾斯坦的經濟決定論似乎鏗鏘有力，同樣忽視了婚姻選擇上個人的主動性和價值體系的客觀作用。例如，在文化與經濟條件大體相同的地方，既有甲戶的兄弟選擇共妻，又有乙戶的兄弟選擇分家，還有丙戶的幾個兄弟組成一個共妻圈而另外幾個兄弟分家各娶一妻，總之各種情形都有。因此，單憑經濟因素來概括多樣性的情況就會顯得缺乏說服力。

至於宗教等方面的解釋，結論大多過於武斷。目前只能認為，宗教原因能夠助長共妻制的發展，卻不是導致其產生的直接原因。

三　我國的研究現狀

自意大利修士德西德里德西德里[46]向西方宣告藏族行共妻婚之始，一七七五年法國修士波格爾緊隨其後[47]，逐漸使外人看到青藏高原多偶婚的豐富資源。清末趙爾豐在青藏高原東南部改土歸流，其幕僚對軍隊所過之處，如鹽井、察隅、貢覺、三岩等地的婚俗也做了一

---

45 參見〔法〕安德列·比爾基埃、克利斯蒂亞娜·克拉比什-朱伯爾、瑪爾蒂娜·雪伽蘭、弗朗索瓦茲·佐納邦德主編，袁樹仁、姚靜、肖桂譯：《家庭史（共三卷）：遙遠的世界，古老的世界》（北京市：三聯書店，2003年），頁89。

46 得西德里（Ippolito Desideri, 1684-1733）於一七一三年離開歐洲，一七一六年抵達拉薩，在沙拉寺學佛，一七二一年因蒙古軍隊入藏而放棄繼續呆在拉薩的願望，離開了西藏。他回到梵蒂岡的時候受到教皇的接見。

47 參見〔法〕蜜雪兒·泰勒，耿升譯：《發現西藏》（北京市：中國藏學出版社，2005年），頁67。

些實錄，其中傅嵩秌錄有趙爾豐勸阻藏族群眾勿行多偶婚時為其所窘，漢番各執一辭的對話，乃文化相對主義的範例[48]。總體上，這些中外赴藏人員的記錄都是很零星而隨意的，遠未及科學水準。

　　一九二九年，任乃強赴西康考察，各種材料皆統攬之，著《西康圖經》，該書「民俗篇（上篇）」有一些多偶婚的零碎記錄。[49]

　　抗日戰爭時期，內地教學科研機構轉移到西南和西北，一批有志於田野調查的學者拉開了邊疆研究的序幕，青藏高原東部的兄弟共妻製成為題中之議。《邊政》、《邊政公論》等刊物上登載了幾篇專論，如徐益棠的《康藏一妻多夫制之又一解釋》、譚英華的《康人農業家庭組織的研究》，蒙藏委員會也組織了一批人到玉樹、迪慶及康南八縣（稻城、鄉城、得榮等）調查，出版報告分冊。但紮實、有分量的報告寥寥無幾，一般介紹居多，甚至有嘩眾取寵的作品。[50]

　　一九五一年，國內開始進行民族識別和少數民族社會歷史調查，川、滇、青甘的藏區先行一步，西藏到一九五九年才鋪開。大多數參加者是大專院校文史哲專業的畢業生，經過簡單培訓。按當時規定的經濟基礎是調查的重點，宗教、婚姻等不調查，偶有涉足也很少過細詢問，但仍收集到一些多偶婚（如兄弟、父子、舅甥共妻，姊妹共夫）的材料。[51]經過整理，寫成報告，於二十世紀八〇年代陸續出版。

48　參見傅嵩秌：《西康建省記・說康人弟兄同妻》，載馬大正主編《民國邊政史料彙編》第25冊（北京市：國家圖書館出版社，2009年），頁538-542。

49　參見任乃強：《任乃強藏學文集》（上冊）（北京市：中國藏學出版社，2009年），頁297-299。

50　如陳文瀚〈共妻頂妻讓妻換妻〉，載《康導月刊》第2卷第3期，實屬此類。

51　參見國家民委民族問題五種叢書（《中國少數民族社會歷史調查資料叢刊》部分），四川省編輯組著《四川省阿壩州藏族社會歷史調查》（成都市：四川省社會科學出版社，1985年），頁64-65；嚴汝嫻、宋兆麟：《永寧納西族的母系制》（昆明市：雲南人民出版社，1983年），頁300-351。

　　一九八五年，日本教授榎一雄以吳從眾和仁真洛色的文章為例[52]，批評二人調查草率，未吸取最新成果便漫然下筆，將粗糙的材料削足適履地塞進陳舊的公式，把兄弟共妻制解釋為對偶婚殘餘，在進化表上處於家庭公社由母系向父系轉化的中介。[53]稍遲發表的兩篇文章同樣持有群婚殘餘的觀點[54]，只不過榎一雄當時未曾看到。批評聲顯然不止一人，反映了中外學者缺乏溝通，彼此不瞭解對方的工作。例如，國內一篇綜述性的文章涉及四十六種論著，其中外文譯著有六本（13%），外文五篇（10.87%），二者共占 23.9%，這一比例是遠遠不夠的[55]，直接依靠外文的比例更少。國內許多文章幾乎沒有外文，拒斥與國外前沿研究對話，研究結論難以突破模式，經常是「自言自語」或「閉塞眼睛捉麻雀」。而國外對於中國學者的研究也視而不見，加之帶著偏見，凡是沾上古典進化論的言論一概不好，因此評論有失公允。例如，榎一雄不惜推薦早期進藏人士的旅行筆記（如德西德里和河口慧海的手記）。這些宗教人士沒有經過人類學訓練，道聽塗說，耳聞目睹，不具有和專業調查員對比的基準，何況一兩百年前的事情，時過境遷，今日之言和昨日之言怎可同日而語？

　　但批評聲確有肯切之處，國內許多調查相當草率，乃我之不足。

---

52 參見吳從眾：〈民主改革前西藏藏族的婚姻與家庭——兼論農奴制度下存在群婚殘餘的原因〉，載《民族研究》1981年第4期，頁27-35；仁真洛色：〈試論康區藏族中的一妻多夫制〉，載《民族學研究》第7輯，頁142-152。

53 參見〔日〕榎一雄：〈康區藏族的一妻多夫制〉（座談會紀要），載日本學術期刊《東方學》第七十輯，1985年7月出版，此文收入《榎一雄著作集》第3卷，序號第59篇（東京：汲古書院，1993年）。

54 參見歐潮泉：〈論藏族的一妻多夫〉，載《西藏研究》1985年第2期，頁80-83；參見劉龍初：〈略述木裏縣俄亞鄉納西族的群婚殘餘〉，載《雲南社會科學》1986年第5期，頁85-90。

55 參見張建世：〈20世紀藏族多偶家庭調查研究述論〉（文獻參考），載《中國藏學》2002年第1期，頁110-112。

其中主客觀原因皆有。抗日戰爭時期，偌大一個國家擱不下一張課桌，不能奢望學者撇開家人，呆在偏僻村莊參與觀察。二十世紀五〇至六〇年代的民族識別和少數民族的社會歷史調查是為了落實《共同綱領》賦予的憲法權利，搞清楚國內究竟有多少民族，處於什麼樣的社會發展階段，好給國家機關提供決策依據。這兩次大規模的社會調查是政治任務，而不是學術研究。政治的緊迫性難免使調查出現走過場、打殲滅戰的做法。即使當時，一村一寨的蹲點式調查也是有的，只不過較為稀少。二十世紀八〇年代以來，研究者繼續走調查之路，利用五〇至六〇年代的資料，穿插史料和經典作家的言論，劉龍初的一篇文章反映了調查的縝密性[56]，由於理論面狹窄，不少基於豐富素材寫成的文章都貼上了「原始群婚殘餘」的標籤，結論與實際不相符合。

　　九〇年代，一妻多夫的研究沒有偃旗息鼓，繼續在國內幾所院校深化。中央民族大學的研究者根據一九九七年夏天在昌都地區的調查，著重於經濟基礎的家庭結構分析。[57]北京大學讓西藏大學的藏族學生暑假攜問卷返鄉調查，聚焦於兄弟共妻婚的起因，聯繫藏族的婚姻禁忌和婦女地位等因素來解釋。[58]中山大學和西南民族學院的學者側重於兄弟共妻制個案研究，有一篇綜述概括了後兩校的研究[59]。總的來說，九〇年代的研究特點是實證與理論並重，個案分析的比重攀升。

---

56 參見劉龍初：〈四川省木裏縣俄亞納西族一妻多夫制婚姻家庭試析〉，載《民族研究》1986年第4期，頁25-32。

57 參見王文長：〈對藏東藏族家庭婚姻結構的經濟分析〉，載《西藏研究》2000年第2期，頁56-60。

58 參見馬戎：〈試論藏族的「一妻多夫」婚姻〉，載《民族研究》2000年第6期，頁3344。

59 參見劉永青：〈一妻多夫婚研究〉，載瞿明安主編《當代中國文化人類學》（下冊）（昆明市：雲南出版集團公司／雲南人民出版社，2008年），頁789-792。

　　實證研究分兩端：一端側重於某一村社兄弟共妻制家庭的運行形式，如堅贊才旦對真曲河谷的研究，先分析當地該婚制的發生率、結婚成本與主體選擇、家庭生活、社會調節多餘婦女的機制以及這一婚制與生產方式的聯繫，[60]繼而介紹該婚制與房屋建築、家庭結構、夫妻生活、丈夫或兄弟間的關聯以及人口生產以及子女對父親的稱謂；[61]另一端力圖通過掃描諸多個事例來探索兄弟共妻制的原因，如張建世等人一九九七年夏沿川藏公路的走訪，收集到昌都縣妥壩、俄洛等鄉，左貢縣東壩、中林卡等鄉的資料，加上對芒康、類烏齊、丁青三縣的隨訪材料，描述了該婚制在康區的分佈特點、內部關係及血親禁婚規則。[62]他認為康區藏族的一妻多夫家庭均為娶妻婚，尚未發現幾兄弟入贅女方家的情況，實際上這類情況是有的，本書第四章講了幾例兩兄弟入贅女方家的事例，倒是兄弟共同娶姊妹的事例（即同一代人中，某家的兄弟和另一家的姊妹結合），沒有看到。

　　理論探討方面側重於該婚制的起源與起因。堅贊才旦和許韶明介紹了青藏高原和南亞一妻多夫制起源的記載，採用了新進化論的生態人類學、曼徹斯特學派的後結構功能論，威斯勒的文化叢觀點，以及一度在中國遭到冷遇的傳播論和跨文化比較等方法，配合個案輔證，力證一妻多夫制在印度、西藏兩個區域的同根關係。他們提出：一、一妻多夫制是文明時代的產物，其起源應晚於個體婚；二、它的本質不是對生態的適應，而是對生產方式的適應；三、一妻多夫制最先出現在南亞大陸，青藏高原的人們很可能受其啟發，接受了這一婚

60　參見堅贊才旦：〈論兄弟型限制性一妻多夫家庭組織與生態動因——以真曲河谷為案例的實證研究〉，載《西藏研究》2000年第2期，頁922。

61　參見堅贊才旦：〈真曲河谷一妻多夫家庭組織探微〉和〈真曲河谷親屬稱謂制探微〉，兩篇文章分別載《西藏研究》2001年第3期和2001年第4期。

62　參見張建世：〈康區藏族的一妻多夫制〉，載《西藏研究》2000年第1期，頁78-82。

俗。[63]上述觀點頗有原創，仍處於胚芽階段，尚需更多的史料和田野個案來填補，以更好的模型來支撐。

近年出現了三篇基於田野研究的博士論文，較好地把個案分析與理論結合起來，其中一篇專門論述了婦女問題[64]，三篇都表明民族志受到青睞。

二十世紀國內兄弟共妻制的研究援引外文資料少，理論涉及面狹窄，調查研究缺乏學科規範，本書應該對此有所彌補。我們閱讀了大量文獻，計列入參考書目的有：專著（含厚實的調查報告）一百二十八本，其中英文類三十五本（27%）、譯著三十本（28 本為英譯，其餘為印度文和日文譯作），共占二十三%，以上兩者相加已占專著的一半；論文六十九篇，其中英文四十篇（57.8%），譯文四篇（3 篇英文譯作、1 篇日文譯作，共占 5.8%），兩者相加已占論文的六成強。剩餘的是中文類的論著，計著作六十三本，論文二十五篇。在田野調查中我們採用了喬治・瑪律庫斯提出的「多點研究」方法[65]，在單一地理環境下選擇若干不同的區域參與觀察，系統地採集資料，增加感

---

63 參見堅贊才旦、許韶明：〈論青藏高原和南亞一妻多夫的起源〉，載《中山大學學報》2006年第1期，頁54-61。

64 參見王天玉《論多偶婚制度下藏族婦女的角色與地位：以滇西北德欽縣尼村為例》（中山大學人類學系2012年博士論文的緒論部分），許韶明的《差異與動因──青藏高原東部三江並流地區兄弟型一妻多夫研究》（中山大學人類學系2009年博士論文），頁245-246也涉及了一點。還有一篇是美國俄亥俄州凱斯・西部保留地大學（Case Western Reserve University, 又譯為「凱斯・西方儲備大學」）2001年通過的博士論文，作者是西藏社會科學院的藏族人班覺，英文題目為 Socio-economic and Cultural Factors Underlying the contemporary Revival of Fraternal Polyandry in Tibet 該文譯成中文於2012年7月由北京中國藏學出版社出版，書名變為《太陽下的日子：西藏農區典型婚姻的人類學研究》。本來英文名與論文內容相一致，是講兄弟共妻制的復活，中文名卻擴大了題目，好像是全方位考察該婚制。

65 Marcus, George E. *Ethnography through Thick and Thin*, Princeton: Princeton University Press. 1998:3-4.

悟，克服只見樹木不見森林的弱點。我們運用了許多理論模組來指導自己的調研，提出以生產方式考察兄弟共妻婚的分佈，半農半牧區域與該婚制的聯繫最強等新觀點，證實了國內外學者的某些觀點，也質疑和修正了他們的某些結論或材料。

四 本書的研究傾向

（一）研究的立腳點

我們的研究基礎是具體的實在，而不是抽象的虛無。語言學揭示了一條原理，叫做「有其名必有其實」。藏族支系眾多，方言複雜，均可歸入拉薩話和昌都話，這兩大方言對於不同的婚姻形態均有專稱[66]。除專稱之外，有的方言相當準確，根據共妻兄弟的多寡賦予不同的稱謂，把特徵描述出來，如二兄共妻、三兄共妻……語言學的這條原理說明兄弟共妻制是不爭的客觀事實。

跨文化方法揭示親屬關係在中國、美國、印度三種主流文化模式的影響下會呈現出「優勢親屬關係」的屬性。就藏族而論，青藏高原的自然條件嚴酷，社會分層的張力顯著，這些外力會使兄弟關係更加親密，兄弟從小在一起，長大不分家，共妻制特別適合他們的關係。藏族又有崇拜自然神的「文化取向」，有助於人們看淡血緣關係，使韋斯特馬克關於亂倫禁忌的假說——「因親密同居而發生性交的嫌

---

66 例如，根據田野材料，以昌都藏話的宗西方言腔發音，以漢語普通話和英語國際音標記音，一夫一妻為「熱昌尼（〔ra:ˈtʃɑn:ˈli:〕）」或「麼惹杜諾惹格（〔merei:ˈdu:rorei:ˈge〕）」，兄弟共妻為「布本昌麻拉馬急（〔benˈbu:tʃɑnˈmala:ma:ji〕）」，姊妹共夫為「密西昌麻馬白急（〔mi:ˈʃi:tʃɑnma:beˈji:〕）」。如果是稱呼這三種婚俗制度，則在上述稱謂後面加上「盧水（〔lu:ʃu:ˈei:〕）」，「盧水」是「婚俗」或「制度」的意思。

惡」[67]——形同虛設，這些內力會瓦解多偶婚的心理阻抗。[68]以上賴以分析的條件也是觀察存在的。

在當前全球化衝擊下，兄弟共妻制並沒有呈現出減弱的跡象，反而在某些地方得到了加強。[69]為此有必要繼續研究，通過各種事實，展現人們的生活經歷，揭示兄弟共妻制在政治、經濟與意識形態作用下的連貫性，以及該婚制對當地社會公眾的含義，特別是藏族聚居區的家庭與個人如何在新的時代背景下適應變遷、調整家庭結構以及社會人際關係的整個動態的過程。

（二）研究的路徑依賴

緒言提到的四條路徑不是並列的，生產關係最為重要，個人選擇和血親關係居其次，家庭生活和人際關係排在末尾。我們的研究既要考慮重點，又要兼顧全面。

西藏的兄弟共妻制，一方面屬於生產方式的範疇，另一方面又與上層建築相連，它代表人類在兩種生產（物質生活資料與人口）上的選擇，它不是對生態環境的被動適應，而是對生產方式的主動適應，因此要考慮到環境、土地和社會三者之間的相互作用。在生產方式中，生產力是基礎，生產關係是形式。由於生產力體現了人與自然的關係，因此解釋這一婚制時從生態環境出發，就是透過生產力來看其作用的對象。

---

67 〔芬蘭〕韋斯特馬克，王亞南譯：《人類婚姻史》（上海市：上海文藝出版社，1988年），頁77。

68 〔芬蘭〕韋斯特馬克，王亞南譯：《人類婚姻史》（上海市：上海文藝出版社，1988年），頁77。

69 Ben Jiao. *Socio.economic and Cultural Factors Underlying the Contemporary Revival of Fraternal Polyandry in Tibet* (doctoral dissertation). Case Western Reserve University, 2001.

　　青藏高原東南部，地表褶皺明顯，垂直落差大，造成土壤、氣候、植被的差異，從下往上依次為：乾旱河谷有刺灌叢帶、山地亞熱帶常綠闊葉林帶、山地暖溫帶常綠闊葉與針葉混交林帶、山地溫帶針葉混交林帶，以及高山亞寒帶灌叢高山草甸帶等。

　　海拔二千六百公尺以下低矮避風的河谷，或離居民點較近的亞高山草原草甸，或沼澤草甸，均為冬春牧場。離居民點較近的高山灌叢草甸帶（3800-4500 公尺），包括部分林間草地和割草地為夏秋牧場，海拔四千五百公尺以上、遠離居民點的高山無人區為夏季臨時性放牧草場。四千八百公尺以上的泥石灘植被和凍土地帶，也是夏秋草場，但因植被覆蓋度較低，有毒草增加，可食草產量較低。

　　川、青、滇、藏交界區的地表可分為山谷、山頂和山巒丘陵。山谷為農作區，山頂為牧場；山巒為多種經營區，不是補充放牧的草地，就是開墾為種植作物的坡地，或者保留了灌叢及樹林。畜牧業與農業在那裏很好地結合。人們使用畜力耕作和打穀，畜糞作為肥料的來源，同時用殘存的農產品如草穀科植物和豌豆的殘梗餵養家畜，許多地方還種植苜蓿之類的青飼料。草原上的牛羊則依靠天然牧場，有些地方還割下牧草儲存起來供畜群過冬。

　　江雄河谷在岡底斯山脈與喜馬拉雅山脈之間，海拔大多在四千公尺以下，河谷裏是農業區，山腰和山麓有良好的牧場。橫斷山脈形成南北走向的高山深谷，北高南低。北部海拔五千二百公尺左右，山頂平緩；南部海拔四千公尺上下，山勢陡峻。山頂與谷底高差可達二千五百公尺，南部谷底與山嶺的相對高度在一千五百公尺左右。山頂長年白雪，山腰森林密佈，山麓田園春色。

　　川、滇、藏交界區的高山地帶熱天多雷雨和冰雹，河谷地帶有崇山峻嶺阻擋寒流，又有印度洋濕潤的季風，氣候較為溫和濕潤。例如，江雄河谷平均氣溫八度左右，最冷月（1 月）平均氣溫在零度以

下，最熱月（7月）平均氣溫十六度，全年無霜期為四十五個月。年均降水量由西向東為一千一百至二千公釐。每年六至九月為雨季，降水量占全年降水量的百分之九十；從十月到次年五月為旱季，多西風和偏北風。天然牧場占該區總面積四成強，除了降水（雨、雪、霜、冰雹），高山冰雪也是可以利用的水源。各種因素合成發展農牧業的良好條件。

　　農牧業是川、青、滇、藏交界區的兩個主要生產門類，在八個調查點中，農業和畜牧業混合在一起，農牧的比重輕重明顯。江達縣青泥洞鄉的所日村的「牧」大於「農」，故稱「半牧半農」。夏天，人們在牧場裏放牧牲畜，品種主要是藏系綿羊、山羊和犛牛、犏牛、黃牛、毛驢等。冬天，把畜群趕回村莊圈養。牧民有小塊農場，耕種小塊土地，夏季留一些人看守莊稼。除了所日村，其餘七個樣本都是半農半牧，農業成分大，牧業成分小。其農作物是耐寒耐旱、生長期較短的青稞以及豌豆、蠶豆、小麥、蕎麥等，一年一熟，在海拔低的河谷地帶種植越冬作物可以一年兩熟。二十世紀六〇年代以來，擴種冬小麥、冬青稞，獲得高產，草原推廣種元根，川青滇藏交界區的農牧業發生了巨大的變化。

　　農業以集約型的勞動為主，包括耕耘、播種、收穫、打場等；以零散型的勞動為輔，包括割草、餵養家畜、施肥等，利用土地、水資源，為人們提供生活必需品，滿足人口的繁衍。可以毫不誇張地說，土地是最重要的生產資料，也是社會結構的基礎，婚姻與家庭基於其上。

　　人們不僅採取半農半牧的生計，而且間有貿易和做工。同一個村落就有兩三種人，一些人作為農民居於低地，其它人則生活在海拔較高的牧場上，還有一些人做手藝或出賣勞力，但農民和牧民始終都是人數最多的。甚至同一個家庭的不同成員形成專職分工，有的一年到

頭務農，有的專事放牧，有的經常外出經商。分工的發達促使了產品交換的發達，在應付勞力需要（務農與放牧）方面，多偶制家庭的出現極其自然，特別是家庭成員需要外出（如服徭役、兵役、經商、打工等）時，兄弟共妻制的優勢比姊妹共夫制突出。前者還有節育的作用，後者的男勞力少，孩子出生率高，養家不易。

如果說務農者可以兼顧家庭，經商者可以定期出動，其一年當中也有一段時日在家照料，那麼放牧者則根本顧不了家。牲畜隨時需要看護，稍微不慎就有可能走失或跌落深谷。牧人隨季節變化從山谷中的冬季住所（2200-2700 公尺）向高山上的夏季牧場轉移。一年變換三次住所，四月從冬季營地遷入第一個夏季營地（3300-4200 公尺），七月遷入第二個夏季營地（42005000 公尺），九月底復下山回到河谷地帶的冬季住所。他們的生活區，即永久性的村莊，設立在山腰處（2700-3300 公尺）。河谷地帶設立了生產基地，作為臨時性的村莊；山頂宿營地僅供夏天使用，非常簡陋。如果一個牧群有二百頭犛牛、五百隻綿羊，可能是一個富裕農戶的，也可能是幾家人的牛羊合在一起，那麼幾位放牧者必須全年跟著牲畜。如果他們的家裏還有田地需要耕作，那麼實行兄弟共妻制無疑是他們上佳的選擇。

（三）土地制度、神權政治和家產繼承的影響

兄弟共妻制涉及婚姻形態、家庭類型與規模、生育能力、生計手段、財產與名號的繼承形式、家庭親情、個人選擇自由等問題，在古典西藏，不可避免地與領主制發生關係，因此，有必要認識那個社會的性質。

正如馬克思在談到南亞次大陸的古國（莫臥爾、印度斯坦、喀什米爾等王國）時所強調的，「因為國王是國中全部土地的唯一所有者……一切現象的基礎是不存在土地私有制，這甚至是瞭解東方天國

的一把真正的鑰匙」[70]。舊西藏，土地名義上歸神所有；藏傳佛教為
法定的意識形態，君權神授，「神」的化身為活佛。神有多位元，呈
等級結構，活佛與之對應，也有多位，每位都是靈童轉世。十五世紀
以後，達賴喇嘛為最高神靈的地上顯現。土地名義上歸神所有，即歸
達賴所有，實際上是國有，以達賴之名賞賜給貴族和僧侶，他們再以
採地或份地等方式分派給屬下，後者必須承擔某種義務。

　　吐蕃時代，西藏的人口已經達到一定數量。自佛教傳入至清朝，
一千二百年間，藏族人口在減少，大約減少了八百萬人。從清朝到解
放軍進藏的一九五○年，三百年間再減少了八十萬人。一九五三年中
國人口首次普查，達賴喇嘛為首的西藏地方政府（噶廈）申報總人口
為一百萬。[71]

　　西藏社會有五個特徵：一、農村人口占總人口的一大半；二、農
村人口中有的一半從事農牧業；三、城鎮人口僅占總人口的百分之
五，城鄉存在對立；四、在三大領主勢力影響的範圍內，居民依地緣
關係組織，血族關係退居次要地位，而在領主勢力範圍以外，居民依
血緣關係組織，同時受地域關係的支配；五、農民家戶是基本的生產
單位，家戶之外的勞力意義不大，因為雇工、手工、建築等均成為家
戶組織勞動的附屬部分。[72]西藏的農牧民與部落民不同，他們和外界
有聯繫，一方面維持家庭，另一方面必須為領主提供產品和勞役。

　　這個社會的結構呈等級制，共有三個等級：

---

70 參見〈馬克思致恩格斯（1853年6月2日）〉，載《馬克思恩格斯全集》第28卷（北京
　　市：人民出版社，1973年），頁256。

71 參見〔美〕沈己堯（I-Yao Shen):《西藏問題探索》（內部發行）（廣州市：中山大學
　　亞太研究中心，2002年），頁5。

72 Thorner, D. Peasant Economy as a Category in Economic History, in Shanin, T. (ed.).
　　Peasants and Peasant Societies, Penguin Books, 1971:217.

農奴主階級，即僧侶、貴族和官員（三大領主）[73]，他們連同家屬占西藏總人口的百分之五，卻佔有全部土地、山林和大部分牲畜、農具、房屋、其它生產資料。

平民階級，占總人口的百分之九十，人身依附於農奴主。[74]內部可分為三個階層：一、侍巴（納稅人），或稱「卡卜羅歐巴」，由「松成」或者「松巴」身份的富裕農奴構成，他們從封地頭人那裏領取到小塊土地，只能使用或轉租，不能轉讓；二、差巴（實際佃租人），相當於中等農奴，有繳納實物稅、支差、服勞役的義務，侍巴和差巴之間有輕微的區別，其標誌是佔有土地的多寡；三、堆窮（半自耕農），相當於下等農奴，是耕種農奴主及其代理人分給的少量土地，並為其支差的農奴，「差巴」和「堆窮」是農奴階級的主要組成部分。

奴隸和賤民，占總人口的百分之五。前者來自破產的農奴，稱「麼朗」或「佛朗」，既無生產資料又無人身權利，為貴族和僧侶家族（尚戈斯）佔有，用於家內勞役，類似於古印度的「首托羅」。後者由鐵匠、陶瓷匠、屠夫、天葬師、獵戶、漁夫和乞丐等構成，他們被誣衊為「黑骨頭」，類似於古印度的「不可接觸者」。

在格魯派（黃教）[75]占統治時期，達賴喇嘛把西藏的土地賜予三大領主，目的在於稅收（貢賦、徭役是二者的變形）。封地頭人與農牧民的關係最為密切，土地與稅收是二者的中介，後者從前者那裏領

---

73 參見〔美〕皮德羅·卡拉斯科著，陳永國譯：《西藏的土地與政體》（拉薩市：西藏社會科學院西藏學漢文文獻編輯室，1985年），頁226。

74 這種依附關係藏語稱「米雜」（mi-rtsa，直譯為「人根」），意思是說每個農奴都要有「根」，即都要依附於每個領主之下，農奴只能俯首聽命，甘受領主統治。

75 藏傳佛教在傳播過程中先後形成了寧瑪派（形成於公元11世紀，是藏傳佛教中最早產生的一個教派）、噶當派（創建於1056年）、薩迦派（創始於1073年）、噶舉派（創始於11世紀）和格魯派（創建於1409年）五大教派。十四世達賴喇嘛只是格魯派十四輩活佛中的一個活佛。

取土地並提供稅務。土地從上往下層層瓜分，稅收從下往上層層遞交。土地的終端使用者為農牧民，也就是平民階級中的第二三階層。藏傳佛教首先扮演了降低人口的重要作用。寺庵要求每戶有一名僧尼出家，他們不能生育，不從事生產。從十六世紀至一九五〇年，僧尼占總人口的四分之一，而四分之三的農奴、奴隸和賤民卻是無力撫育兒女成長的大眾，其中一部分人為了生活選擇了不分家的策略，所以說兄弟共妻制大量集中在他們中間。也可以說，在佛教的帶動下，兄弟共妻制參與了降低人口的角色扮演。

西藏傳統社會的關係簡單明瞭，人們以血緣和地緣關係組織，家與家、戶與戶、村與村之間的關係具有長期的穩定性。土地國有、稅收（貢賦和徭役），還有僧侶生活、兄弟共妻制，它們在減少人口生產、制止財產分化上共同起作用。

家庭是最強大的功能組織，兄弟共妻制能夠保持家財完整，降低生產成本，因而具有重要的作用。在家庭生生息息的過程中，其形式和數量在起變化，但組織原則沒有顯著變化，勞力根據年齡和身體狀況而定，每代人都力圖使財產增值，至少要延緩其衰落，並且設法把房屋和土地完整地交給下一代人。家庭一般是直系親屬在一起，無論主幹家庭、擴大家庭，還是聯闔家庭均如此。由於家族觀念深入人心，一個人在不得已的時候，投奔親屬，寄人籬下是常有的現象，親戚也有收養他的義務。當某家出現了旁系親屬，或者雖是直系親屬，但已過而立之年，卻呆在家裏不走，或者已經娶妻或出嫁，又返回來生活的直系親屬，這個家庭便稱為「衛星家庭」，一個親屬便喻為「一顆衛星」，任何家庭都有可能遇到類似的事情，本書後面還將提及此類親屬或家庭。

幾乎每村都有衛星家庭。一些未婚的成年人和他們已婚的兄弟或姊妹一起生活，有的甚至作為家長。這些成年人多數是女性，她們結

婚的概率很低，各種原因都有：客觀方面除經濟因素之外，一部分青
年男子出家去了，一部分青年男子合娶一妻，增加了擇偶難度；主觀
方面，生活挫折、生理缺陷、性格孤僻等都會使她們立志終身不嫁。
一夫多妻制只是在家長的結髮妻子不能生育時才被允許，並不是吸納
過剩婦女的「容器」。未婚的成年女子孑然一身，她們生活在父母或
兄弟家裏，孩子們稱之為「姑母」，當其年老時，由於為家戶作出巨
大的犧牲而贏得全家人的敬重。

　　家戶是基本的生產單位，也是完糧納稅的單位，幾個有血緣關係
的家庭聚居一起，以年老的父母為核心，成家的兒女和寄人籬下的親
屬構成圈子，大家共同防禦、共同使用生產資料，搭配勞力，男子從
事建築（房屋、水渠）、修理田地圍牆、犁地、收割、運輸、堆糧垛
等，女子從事播種、除草、施肥、脫粒、擠奶、紡織等。

　　如果說保持土地和牲畜的完整是家庭傳遞的內在邏輯，那麼，風
俗制度則是外在的邏輯。領主控制農民的手段多種多樣，如以佛教麻
痹他們，以飢餓（通過土地等生產資料）威脅他們，以家法和寺廟裁
判規範他們。就後者而言，風俗是裁判的法理依據。[76] 由於領主、官
員、僧侶依賴於稅收生活，故他們不能斷絕稅源，而人口關係到賦稅
的豐吝，因此，他們不會幹破壞農牧民婚姻的傻事。

　　藏族接近於全民信佛，僧尼隨處可見，聖俗水乳交融。一家如有
兩個以上的兒子，通常有一人要出家當喇嘛，每個家庭在寺廟內有一
個小房間以供家裏的修行者居住。這些家庭從使用的耕地中割出一塊
以維持那個出家人的生活。這塊依附家庭的土地稱為「喇嘛地」，由
家人代耕，喇嘛提供種子並獲得全部收穫物，無須交稅。農忙季節，
喇嘛們告假離開寺廟回到故鄉幫家人幹活。喇嘛死後家庭自動收回這

---

76 參見Razi Zvi, Smith R. (eds). *Medieval Society and the Manor Court*, Oxford, 1996.

塊田地。也有一些喇嘛放棄這塊田地，與兄弟共產，即家庭提供他微薄的生活所需，這樣做有利於兄弟的家產積纍。一個年輕人進入寺廟時，其引進者和訓導人往往是家裏的老喇嘛，通常是他的叔叔。在允許喇嘛結婚的教派（如寧瑪派——紅教），可以在家裏修行，只是定期去寺廟居住。這些在家居士，男性稱「紮巴」，女性稱「覺嫫」，他們是「衛星家庭」的主要成分。

　　除了男性出家者的數目增加，有時候頻繁的械鬥也是促成兄弟共妻的動因。馬克思摘錄過摩爾根的一句話：「由於武器的改良和戰爭的誘因增強，野蠻人的戰爭比蒙昧人的戰爭要毀滅更多人的生命；總是由男人承擔戰鬥的任務；這就使女人過剩；這就加強了群婚所造成的婚姻制度，阻礙了對偶制家庭的發展。」[77]川藏交界的金沙江三岩峽谷尤為明顯，藏族的兄弟共妻婚和姊妹共夫婚，必須要由當地的血族（帕措或戈巴）來說明。它們是大男子主義情結的根基，家庭必須生男孩，否則丈夫另娶。血族周而復始的械鬥和復仇一方面增加了對男性的渴求，另一方面增加了男性的風險。

　　那是一個父權制的社會。只有長子才有權娶妻當家長，婚事以他的名義操辦，他向岳父或新娘最親的男性親屬（如父亡後把她帶大的叔伯）償付彩禮。如果他有一位弟弟，那麼，後者自動成為這位新娘的丈夫，所以，行兄弟共妻婚的家庭裏面是沒有「嫂子」的。如果當兄長的人有兩位以上的弟弟（即他們是四兄弟），三位弟弟當中有一位必須離開家庭。他或入贅，或出家，因為共妻的圈子一般只能容納三個兄弟。妻子所生的全部孩子名義上都是家長的。佛教的修行制度使一部分男子獨身，造成多餘的婦女；佛教的供養制度需要家庭提供

77　馬克思：〈路易士・亨利・摩爾根《古代社會》一書摘要〉，見《馬克思恩格斯全集》第45卷（北京市：人民出版社，1985年），頁363。

僧尼的生活來源，而多偶制在抵禦勞力缺少、保持家庭經濟增長上有
一定的作用。

　　土地和牧畜是農牧民基本的生存資源，民間流行「無土地，無牲
畜，即無婚姻」的說法。二者當中，土地更加重要。如果考慮到婚姻
的基礎是土地，那麼，土地市場與兄弟共妻家庭的生命周期就產生了
互動。

　　人們之所以選擇兄弟共妻制，主要是為了鞏固家庭或家戶的社會
地位。這裏不能不界定一下社會地位這個術語。拉爾夫・林頓認為，
社會地位「不過是權利和義務的集合……它的動態層面表現就是角
色」，地位和角色都「源於社會類型且是這些類型的有機組成部分」
[78]。據此理解，三大領主有接受貢賦的權利，差巴和堆窮只有上稅、
服役的義務，不同的階級和階層、不同類型和群體，成員們的社會地
位不大一致，因此他們對待同一種婚俗——如兄弟共妻制——接受程
度是不一樣的，該婚制之所以盛行於差巴和堆窮階層，就是由於它能
夠幫助他們完成義務，鞏固社會地位。

　　可見，行兄弟共妻婚是相當功利的[79]：即為了維護老家的生產資
源，使財產原封不動地世代相傳。通過這一手段，避免家產在眾多男

---

78 Ralph Linton. *The Study of Man: An Introduction.* New York: Appleton.Century.Crofts,
　　1936:113

79 參看戈爾斯坦的四篇英文文章：①Stratification, Polyandry, and Family Structure in
　　Central Tibet. *Southwestern Journal of Anthropology*, 1971 (1):64-74.②Tibetan Speaking
　　Agro.pastoralists of Limi: A Cultural Ecological Overview of High Altitude Adaptation in
　　the Northwest Himalayan. *The Tibet Society Bulletin*, 1976 (10):17-28.③Population,
　　Social Structure and Strategic Behaviour: An Essay on Polyandry, Fertility and Change in
　　Limi Panchayat. *TINAS Journal*, 1977 (4):47-62.④Culture, Population, Ecology and
　　Development: A View From Northwest Nepal. Proceedings of the 1976 C. N. R. S.
　　International Conference on the Ethnology of the Himalayas. Paris, 1976:481-489. 以及
　　彼德王子於1963年出版的代表作——《一妻多夫制研究》(*A Study of Polyandry*)。

性繼承人之間瓜分，積聚家庭勞力、擴大再生產。人們相信，任何家庭，如果同一代人中間並存著兩個或者兩個以上的婚姻單位，即兩個或者兩個以上的兄弟各娶一妻，婚後不分家，這種家庭是不穩定的。其實，在漢人社會也可以看到一個健全的大家庭，由於姑娌不和、家庭不睦導致兄弟爭產而瓦解的。這種家庭出現惡性事件的比率高於其它家庭。一方面，由於孩子多，他們是不同夫妻生育的後嗣，孩子間的矛盾常常引發姑娌間的糾紛；另一方面，資源在大家庭內部的各個小家庭間的分配不均衡，進一步引起姑娌間的摩擦，從而引發兄弟之間的矛盾。姑娌來自不同家庭，原本沒有血緣關係，在同一個屋簷下生活，往往缺乏忍讓精神。於是人們普遍認為，上述現象是導致家庭失和，甚至引起家庭分裂、財產分割的因素。反之，在一妻多夫的制度下，家庭的同一代男性所有的孩子出自同一個妻子。從一根枝幹產生後嗣的方式避免了家產繼承過程的不穩定局面，所以人們願意選擇這種制度。

一個村子中，也有一些人不行兄弟共妻婚。他們有些屬於貧窮戶，由於沒有什麼家當可以分割，不怕代代遭受分家的折磨；有些屬於富裕戶，家長們實行另一套策略，即把長子留在家裏繼承土地，讓年輕的兄弟離家——走入贅或出家獨身之路。這套策略可看作兄弟共妻制的反襯，如果說是兄弟共妻制所引起的也未嘗不可，因為婚姻是一個生態系統，各種糅雜在一起的婚姻形態相互競爭，目的是使人們在社會的陞降梯上不跌落到積木的底層，因此，某種婚制會促成另一種婚制的出現或消亡，即尋常所說的此消彼長。以上是一種情形。第二種情形，長子繼承制容易激起家庭矛盾，從而引發社會的動盪，除非有足夠多的純女戶來吸收他們。如果幾兄弟入贅一個家庭，同樣複製出共妻的婚姻家庭。

家庭是個動態的過程，既有生長或擴大，又有萎縮或消亡。在第

一種情形下，即在長子繼承制下，弟弟出家當喇嘛，哥哥成家後不幸早亡，寡嫂無力支撐家庭、侄子年齡小，因此，喇嘛弟弟的還俗勢在必行，收繼婚是挽救家庭的希望。要是這個家庭原來就是共妻制的，大丈夫死去，還有二丈夫，為了彌補家庭勞力，出家的弟弟仍然可以還俗，參加共妻圈。只是在這兩種情形下，才有「嫂子」的稱謂，而且是留給弟弟喊的；一旦弟弟加入到婚姻體當中，成為新丈夫，「嫂子」的稱呼也就結束了。

　　一般來說，共妻制家庭的人口多於普通家庭，家庭存在於家戶中，一戶人家，如果有共妻家庭，這個家戶的人口也就多於普通家戶。在田野調查中，我們看見四代同堂的大家庭，規模從二十人到三十人不等。稅收的豐吝通常按照土地的情況（如面積、肥沃程度、水源）來確定，收穫上繳之後，所剩必須維持家庭全體成員生活，若無相當規模的土地是不行的。因此，土地不能輕易地分割。有些雜稅則是按照戶數來確定，與土地無關。在此情形下，規模不同的家庭所承擔的稅務是一樣的，大家庭的優越性顯示出來，而小家庭則要交同樣多的稅收。於是，兄弟共妻制不僅維持著家庭土地的完整，而且減輕了家戶承擔的勞動義務。在土地貧瘠的地區，家庭每年要付出更多的勞動才能獲得與富饒地區相等的產量，無形中增加了兄弟共妻制的壓力；甚至非兄弟共妻也出現在這些地區，父子、舅甥、叔侄共娶一妻，維持著基本的生活條件。

　　新中國把西藏大多數人從農奴制度下解放出來，六十多年來對藏族聚居區實行特殊政策；在基礎建設、教育和文化發展方面大力支持，人們生活條件改善，享受免費醫療，西藏人均壽命從一九五一年的三十六歲提高到目前的六十六歲；在農牧區未實行計劃生育，限制了住寺僧尼的人數，使更多人過世俗生活，因此人口發展很快。一九五九年西藏實行民主改革（川、青、甘、滇的藏族自治州、自治縣的

土地改革，則要早），其中一部分土地是中央政府支付了四千五百多萬元向農奴主（含寺廟）收買來再分出去的，造成傳統社會結構的重大變化。一九六五年成立了人民公社，土地充公，兄弟共妻制的經濟基礎發生了變化。在政策導向下，有些地區禁止多偶婚。二十世紀八〇年代後期，實行家庭聯產責任制，恢復了傳統的土地利用方式，兄弟共妻制復活了[80]。九〇年代中期，在開發西部的政策引導下，各種外在的社會、政治與經濟力量加強了對藏族聚居區傳統社會的衝擊。把這兩百年間作為一個整體看待，環境、土地和社會三者對婚姻的影響絕不是無足輕重的。

---

80 參見Ben Jiao. *Social-economic and Cultural Factors Underlying the Revival Fraternal Polyandry in Contemporary Tibet.* Case Western Reserve University, 2001:xii. 又見班覺，班覺、王旭輝譯：《太陽下的日子：西藏農區典型婚姻的人類學研究》（北京市：中國藏學出版社，2012年），頁162-165。

第二章
江雄：岡底斯山脈的半農半牧峽谷

　　平緩東流的雅魯藏布江進入山南地區貢嘎縣的轄界，遇到一條湍急的支流，它因發源於羊卓雍湖附近的江雄山而得名。江雄河位於喜馬拉雅山脈與岡底斯山脈之間，河谷由一條主谷和若干條叉谷組成。主谷呈南北走向，蜿蜒曲折，全長約四十二公里。谷底平均海拔約三千八百公尺。整條河谷劃分為三部分：上部海拔四千二百公尺，是朗傑學鄉的轄地；下部至雅魯藏布江邊，海拔三千四百公尺，歸傑德秀鎮；中部海拔三千八百公尺，屬克西鄉。堅贊三次獨自到這裏開展田野工作，第一次是一九九六年七至八月，第二次是一九九九年八至九月，第三次是二〇〇〇年九至十月，獲得了許多珍貴的資料。

一　一谷三鄉的多偶婚家庭

　　江雄河谷南高北低，兩邊的群山高出谷底一千公尺左右。夏天陽光強烈，氣候濕潤，雨水和山頂融化的雪水溢滿河道，由南向北奔流，注入雅魯藏布江；秋冬乾燥寒冷，河床露底。出谷口南行二公里抵達江邊，二百公里長的拉（薩）—澤（當）公路穿過谷口。由此東行九十公里是澤當——山南地區行署所在地；西行十一公里是貢嘎縣城，又行三公里是西藏最大的航空港——貢嘎機場，再行九十公里便到達拉薩市。江雄河谷內部各大村落依靠簡易公路溝通。

　　河谷頂端狹窄，中部坦蕩寬廣，最寬處達八公里，到了谷口又略微收窄。中部斜刺裏叉出兩條山谷，一左一右與主谷相連。左叉谷稱「果傑」，西南至東北走向；右叉谷為「秀吾」，西東走向。於是，中部就有三個谷段：果傑谷、秀吾谷和主谷中段，克西鄉的三個行政村，正好各居一谷，每個行政村下轄五至六個村組。[1]其中，果傑行政村的六個村組佔據果傑谷，克西行政村的六個村組分佈於江雄河左岸和右側山坳，秀吾行政村的五個村組則佔據秀吾谷。

　　江雄河谷有二五〇四戶、一四四四一人（男 7180 人、女 7261 人），男女之比為 100:100.56。兄弟共妻家庭四十五戶[2]，姊妹共夫家庭四戶，多偶制共四十九戶，占總戶數的 1.96%；其餘是一夫一妻制家庭。多偶家庭主要分佈於克西鄉（兄弟共妻家庭 32 戶、姊妹共夫家庭 2 戶），而秀吾行政村就有二十三戶。相比之下，上部的朗傑學鄉有九戶兄弟共妻家庭、一戶姊妹共夫家庭；下部傑德秀鎮有四戶兄

1　行政村為基層建設的單位，它可為一個大村，也可分為若干稱作「組」的小村，其下為自然村。每一個行政村設村民委員會，每一個小村設村民小組。

2　計算標準為只要一個家庭有一代人行一妻多夫婚，該家庭就算一妻多夫戶，不論該家庭其它代際的親屬是否行一妻多夫婚。

弟共妻家庭、一戶姊妹共夫家庭。傑德秀鎮有人口二八六二人、五九三戶，男女比例為 100:102.12。朗傑學鄉的人口比傑德秀鎮多得多，性別比例同樣是女性略多於男性。江雄河谷的男女比例是平衡的，不存在性別比例失調的問題，由於河谷是一個自然單元，即使存在少量的性別不平衡，也可以在內部消化，但是，為什麼會出現兄弟共妻婚呢？為什麼集中在秀吾谷呢？於是，克西鄉成為調查的重點。

克西鄉 3 個行政村的兄弟共妻家庭所依託的人口資料見表 2-1。

表 2-1　克西鄉人口、家戶、勞力、性別關係
（1999 年單位：口、戶、%）

項目 行政村	口數	戶數	戶均 人口	戶均 勞力	人口性別 比例	勞力性別 比例	兄弟共妻 戶數	%
克西	1591	258	6.17	2.94	100:93.7	100:93	6	2.30
果傑	1481	305	6.36	3.16	100:104.8	100:109	3	0.98
秀吾	1584	237	6.68	2.34	100:10:104.1	100:108	23	9.70
總數	4656	800	—	—	—	—	32	4.00
平均值	1972	266.7	6.40	2.81	100:100.9	100:103	10.7	4.30

注：①勞力是指1659歲、身體無殘疾的成人；
　　②性別比例按男左女右區位排列。

表 2-1 的資料至少反映出以下三種情況：

第一，兄弟共妻家庭的數量與勞力的多寡有關。三個行政村，凡是戶均勞力少的，兄弟共妻家庭的數量就多；反之，凡是戶均勞力多的，兄弟共妻家庭的數量就少。表明兄弟共妻家庭是應付勞力缺乏的一種形式，因為村中勞力越稀少，家庭積聚內部勞力的壓力就會增大，促使兄弟共妻戶增多。況且，凡是兄弟共妻戶數多的村子，戶均

人口相應就多；反之，兄弟共妻戶數少的村子，戶均人口就少。秀吾村與果傑村正好處在兩極，前者兄弟共妻家庭數量多、戶均人口多，後者兄弟共妻家庭數量少、戶均人口也少。

第二，江雄河谷的兄弟共妻家庭與婦女缺乏無關。「就全世界來說，出生的男孩略多於女孩。出生性別比例平均為 105 男性比 100 女性。」[3]在三個行政村當中，克西鄉的兩性比例最接近上述比值，果傑與秀吾的性別比例則是向這一比值的反方向偏離。整個克西鄉的性別比值也是這樣，與前述傑德秀鎮和朗傑學鄉的情形相同。這就排除了江雄河谷的兄弟共妻制是由於缺乏婦女、男性過剩所致的推測。

江雄河谷的資料和一九四七年李安宅取得的德格藏族的資料[4]，以及一九九〇年第四次全國人口普查在西藏取得的資料[5]相近。據李安宅說德格藏族的性別比為 100.22（每 100 個女性對應於 100.22 個男性）。他進而解釋：「藏族的性別比基本上是平衡的，現實中性別比的不平衡主要是宗教因素所造成，因為出家者當中，男性遠遠超過女性。」[6]據第四次全國人口普查資料顯示，西藏自治區藏族人口的性別比為 97.45（每 100 個女性對應於 97.45 個男性），屬於正常範圍內的偏低水準，全國藏族一九八九年出生嬰兒性別比為 103.9（每 100

3　〔美〕馬文・哈里斯著，李培茱、高地譯：《文化人類學》（北京市：東方出版社，1988年），頁222。

4　Li An-Che. Dege: A Study of Tibetan Population. *Southwestern Journal of Anthropology*, 1947. (4):279-293. Winter, Published by the University of New Mexico and Laboratory of Anthropology, Albuquerque.

5　參見西藏自治區統計局編《西藏統計年鑒（1990）》（北京市：中國統計年鑒出版社，1991年），頁155。

6　Li An-Che. Dege: A Study of Tibetan Population. *Southwestern Journal of Anthropology*, 1947. (4):288. Winter, Published by the University of New Mexico and Laboratory of Anthropology, Albuquerque.

個女嬰對應於 103.9 個男嬰）。[7]可見，不僅江雄河谷，就連整個藏族聚居區的兄弟共妻制均與婦女缺乏的假設無關。此外，女多男少的性別比例並沒有導致大量的姊妹共夫家庭，克西鄉的姊妹共夫家庭，僅占兄弟共妻家庭的 6%。

第三，在克西鄉的家庭總數中，兄弟共妻家庭比例不高（僅占4.3%）。要是算入上部的傑德秀和下部的朗傑學這兩個鄉的兄弟共妻家庭，在整條河谷中，兄弟共妻家庭的比例更小（只達 1.8%）。如果考慮到江雄河谷的共妻家庭集中在秀吾叉谷，占秀吾行政村家庭總量的 9.7%，其比例的重要性就凸顯了。

江雄河谷兄弟共妻家庭的分佈，與一定範圍內的人群傳播有關。

在四十五個共妻家庭中，有三十二個家庭的夫方或妻方，甚至雙方的長輩或平輩親屬有行此婚的記錄，占總數的百分之七十一，只有十三個家庭夫妻雙方的親戚沒有行此婚的記錄。這說明共妻制的傳播具有定向性，並非對一切人都有效。一個家庭，如果既沒遠親也無近鄰行兄弟共妻婚，該家庭的子女就不大容易行這種婚制。

不過，採納其它婚制的人們沒有把兄弟共妻制看作異類，反而認為這一婚制具有許多價值，但認同是一回事，實行是另一回事。受過教育的人不看婚姻的功能，而從社會發展方向看問題，認為這種婚制不好，是舊習俗的回潮。有人私下跟堅贊說，村子裏的共產黨員、共青團員應該帶頭加以抵制。持肯定態度的評價構成社會輿論的主流，對選擇這一婚制的人們起到一種安慰與鼓舞作用。

無論是行此婚還是不行此婚的藏族人，對這一婚制均持肯定的態度，其評價傾向是功利的，與他們的價值標準保持一致。

7　參見孫懷陽、李希如：〈中國藏族人口的演變與現狀〉，載《中國人口科學》1995年第6期，頁36-37。

　　首先，他們相信兄弟共妻制具有明顯的經濟優勢。能夠維護共同的家庭單位中的生產性資源（如土地、牲畜等），不僅減少了家產隨時面臨被分割的遭遇（正如主幹家庭的遭遇一樣），而且承襲了聯闔家庭的一個優點，即把勞力積聚在家庭中，使家庭能夠應付多種需要。把生產潛力增至最大極限，同時也推動了個人獲得社會利益和社會威信。因此，保證財產的完整統一、維持家庭的生活水準和社會地位是至關重要的因素之一。

　　其次，他們看到，各娶一妻的兄弟雖然可以通過組成聯闔家庭來達到上述目的，但代價是昂貴的。因為任何家庭，如果同一代人中間並存著兩個或者兩個以上的婚姻單位（兄弟婚後不分家），這種家庭是不穩定的。孩子眾多，他們是不同夫妻生育的嫡嗣，孩子間的矛盾常常引髮妻子間的糾紛；資源在大家庭內部的各個小家庭之間分配不均衡，使妯娌之間出現摩擦，進而引發兄弟之間的矛盾。最終的解決辦法依然是家庭分裂和財產分割。要是兄弟婚後就分家，大家庭的元氣受到傷害，小家庭擁有的資源和勞力不利於競爭。反之，在兄弟共妻制度下，從一根枝幹產生後嗣（每一代的所有孩子都是嫡系，都是出自同一個母親）的方式避免了家產繼承過程的不穩定局面。[8]

　　最後，藏族群眾提倡同胞的團結高於一切，恪守公正無私。這一信條與藏族崇尚分享，講究謙讓的集體意識相一致。在兄弟共妻家庭中，丈夫必須謙讓，妻子必須公平，她不僅要勤儉持家，而且要公平合理地處理丈夫間的關係。於是，意識形態便助長了兄弟共妻制的實行。

　　儘管江雄河谷的居民知道兄弟共妻制的益處，但也清楚這一婚制的弊端，主要是限制個人自由。由於家庭以兄為主、弟為從，弟不得

8　參見〔美〕C. 戈爾斯坦，何國強譯：〈巴哈裏與西藏的一妻多夫制度新探〉，載於《西藏研究》2003年第2期，頁108。

不屈就於兄，他們對改變自己的地位希望渺茫。即便如此，一些兄弟
仍然會表現出叛逆的性格和自私的言行。一旦發生這樣的事情，兄弟
之間的關係便趨於緊張，進而導致家庭危機四伏。如果說，權威分配
不均是一妻多夫家庭關係緊張的一極，那麼，夫妻關係以及兄弟間圍
繞著妻子而發生的性與其它關係處理不當則是家庭出現緊張的另一
極。雖然兩種緊張與衝突都比較隱蔽，但是在婚姻當事人的年齡差距
較大的家庭中，偏離倫常的行為依然容易發生。因此，在沒有多少家
產可以保持的村民那裏，對不堪忍受家族內部爭鬥的年輕兄弟而言，
實行共妻制實在沒有多大的吸引力。

二　共妻制與生產方式

為什麼河谷中部克西鄉的兄弟共妻家庭偏多，並且主要見之於該
鄉的秀吾行政村呢？

前面已經指出，在三個鄉當中，傑德秀鎮扼拉（薩）—澤（當）
公路和雅魯藏布江要衝，地處交通樞紐位置，能夠跟外界廣泛聯繫；
而河谷中部和上部的克西鄉和朗傑學鄉，則交通閉塞，出入不便。據
說一九五〇年沒有通公路以前，傑德秀鎮的兄弟共妻家庭還是比較多
的，但當時河谷中部和上部村莊的共妻家庭數量更多，表明地理位置
與文化接觸的關係。傑德秀鎮始終是一個受外來文化的輻射大於克西
鄉和朗傑學鄉的村群，即使在不通公路的情形下，這裏依然要比河谷
中部和上部人流多。一九五二年修通公路，一九五九年政權更替。一
九六五至一九七五年，是政治運動與文化運動比較多的時期，兄弟共
妻制度在傑德秀鎮一蹶不振，但在克西鄉和朗傑學鄉仍然有所保留。
到二〇〇〇年，傑德秀鎮僅有四個兄弟共妻家庭，克西鄉卻出現三十
二個類似的家庭，朗傑學鄉有九個，後兩者分別是前者的八倍和二點

二五倍。根據文化傳播的規則，一個地方的居民同外界的接觸頻率與他們接受或放棄某種文化特質的人數呈正比。傑德秀鎮的藏族群眾與外來文化的接觸較多，有一種壓力促使他們避免實行兄弟共妻婚。克西鄉和朗傑學鄉缺乏與外界廣泛接觸的條件，所以兄弟共妻制在那里保留下來。至於為何後兩鄉的兄弟共妻家庭的數量差異較大，不能僅從交通條件解釋，要看它們的自然資源和生產要素的差距，甚至還要考慮更多的因素。

西藏現在有工、農、牧和半農半牧四種生產方式，兄弟共妻制與後三種生產方式都有聯繫，但與半農半牧生產方式的聯繫最強。因為半農半牧區域的地理位置比較偏僻，農牧兩個生產門類都需要專人照顧，而且隨著牧業成分的加重，多夫家庭的數量也會增加，這主要體現在三個層面上。

第一個層面，宏觀地將西藏劃分為農、牧和半農半牧區域。不言而喻，農區與牧區的生產方式比較單一，家庭分工不細。農區專事農作，兼養少量牲畜。牧區專事畜牧，兼種小塊土地。有一種農區，山上草場甚廣，居民農牧兼營，家庭分工細密。根據吳從眾和歐潮泉等人於一九五九至一九六二年的調查資料可知，在他們調查的農區、牧區與半農半牧區一〇四個、二六七個和一〇四個家庭中，共有六十四個兄弟共妻家庭。在三個抽樣資料中，農區和牧區的兄弟共妻家庭均沒有超過百分之十一，半農半牧區則達到百分之二十五。換言之，在六十四個兄弟共妻家庭中，依賴於純農業有十戶，依賴於純牧業有二十八戶，農牧兼營有二十六戶，但純牧區的抽樣數量是純農區與半農半牧區的二點五七倍，如果扣除抽樣的倍數，使三個區域的抽樣數量相等，兄弟共妻制與半農半牧生產方式的穩固聯繫就很清楚了。

一九九七年十一月，前面提到的凱斯・西部保留地大學與西藏自治區社會科學院的合作小組在拉薩市的林周縣卡責鄉和墨竹工卡縣絷

糧鄉以及日喀則市的白朗縣麥格鄉和洛榮鄉調查，這個團隊包括梅爾文·戈爾斯坦、辛西亞·比爾、班覺和平措次仁。據他們發表的文章——《中國改革政策對西藏農村的影響》稱，有一〇六〇位已婚藏族婦女接受調查，其中百分之八十一點六行一夫一妻婚，百分之十五點八行兄弟共妻婚，百分之一點九行姊妹共夫婚。[9]。這組資料可作為兄弟共妻制與農業和牧業生產方式聯繫較強的佐證。

　　第二個層面，中觀地對照傑德秀鎮、克西鄉和朗傑學鄉，傑德秀鎮的經濟為複合型，農牧工商皆有，小店鋪達六十餘家，二十世紀九〇年代末，全鎮年收入位居貢嘎縣各鄉（鎮）前列。年總產值的結構：農業占四成，牧業占三成，手工紡織占兩成，商業占一成。交通便利、工商成分充滿活力，家庭規模趨於小型化，戶均人口比克西鄉少一點五七人，兄弟共妻制難以為繼。反觀克西鄉，交通閉塞、工商成分微弱，基本上是農牧業，由於缺乏水利，農業的產值不能和佔據雅魯藏布江邊大片耕地的傑德秀鎮相提並論。但克西鄉有兩條叉谷，草場面積大，尤其是秀吾谷，高山融化的雪水滋潤著大片的草地。如果以耕地面積代表農業，以牲畜頭數代表牧業，再作一個簡單的對比，兩個鄉（鎮）的農牧成分便一目了然。

　　牲畜包括牛（犛牛、黃牛、犏牛）、羊（綿羊、山羊）、驢、馬和豬。馬的成本高，實用價值低，養的人家不多。犛牛用於解決肉食，多數人家都養，夏天在高山放牧，秋末莊稼收割後將其趕回村，清早他們在村邊山坡吃草，傍晚自動回家，無需特別照顧。驢也是大多數人家都養的家畜。羊家家都養，主要是綿羊，山羊很少，羊毛一年剪兩次，滿足人們對衣著的需求。羊需要專人放牧，是衡量家庭勞力的指示器，須單獨統計。

9　中文譯名為迴避敏感性，與原文名差異較大。參見Melvyn C.Goldstein, Ben Jiao, Cynthia M. Beall and Phuntso Tsering: Fertility and Bold Family Planning in Rural Tibet. *The China Journal*, 2002 (1):19-39

表 2-2　傑德秀鎮與克西鄉的耕地、牲畜對照
（1999 年單位：畝、頭、只）

項目 鄉鎮	總耕地	人均耕地	牲畜存欄	羊的數量	人均牲畜	人均羊
傑德秀鎮	5683	1.99	9392	6712	3.28	2.35
克西鄉	8489	1.69	237487	18760	4.74	3.74

　　從表 2-2 人均佔有耕地、牲畜和羊的數量可以看出，傑德秀鎮與克西鄉相比，前者的農業成分略多於後者（差距為 15.1%或 0.3 畝地），後者的牧業成分則要多於前者（差距為 37.2%或 1.39 隻羊）。如果一個男勞力務農，一年他能夠耕種五畝土地，而且不必每天到地裏去。如果他放羊，頂多放一百五十隻羊，羊的數量越多、羊群越大，羊就越不容易吃飽，必須分成小群放牧，因為草地有限，必須趕著羊不停地行走，羊才吃得到草。無論合群放牧還是分成小群放牧，兩種情形都需要較大的草場。牧羊人一年四季在外，逢事回家住一兩宵，不能兼顧家裏。按此計量勞力消耗，克西鄉的家庭生產就需要更多的人手，這是兄弟共妻家庭數量較多的原因之一。

　　半農半牧的生產方式包含著兄弟共妻制依賴的一切主要條件：山區耕地有限，必須限制人口；有山的地方必有草場，可以發展畜牧業，補耕地之不足，而放牧又需要人手；山區環境封閉，一方面延續了傳統的兄弟共妻制度；另一方面，多餘勞動力需要尋找出路，或到城鎮做工或從事長途販運，以補農牧之不足，既然出山不易，也就不會輕易返回，出來者的家事只好委託給他人。

　　至於克西鄉與朗傑學鄉，也適用於上述的比較，這裏只需簡單提及。朗傑學鄉沒有商業成分，有一些手工業（紡織羊毛），人均佔有的耕地和草場面積位於傑德秀鎮與克西鄉的人均佔有量之間。其農牧

業成分亦位於二者之間，即農業比克西鄉的好、比傑德秀鎮的差，牧
業不及克西鄉但比傑德秀鎮的好。因此，朗傑學鄉的兄弟共妻戶要比
傑德秀鎮的多、比克西鄉的少。

　　第三個層面，微觀地將克西鄉的三個行政村和各村內部的村組加
以比較。克西、果傑和秀吾三村的耕地分別為三〇五七畝、二九〇八
畝和二五二四畝，草場分別為九一八〇〇畝、八七五一六畝和七九八
六五畝，大小牲畜分別為四四四五頭、九一四三頭和一〇一六〇頭
（只），其中羊的數量為三一五一隻、七五六六隻和八〇四三隻。把
四列數字變為兩組比值，則三村耕地和草場的比值依次為 1:30、1:30
和 1:31.6，羊在畜群中所佔的比重分別為 66.2%、82.3%和 84.3%（如
表 2-3）。

表 2-3　克西鄉各行政村和村小組畜群中羊的比重 及兄弟共妻家庭的分佈（1999 年）

組別 村名	一組		二組		三組		四組		五組		六組		平均	
	%	戶	%	戶	%	戶	%	戶	%	戶	%	戶	%	戶
克西	76.5	—	42.28	—	58.0	—	81.38	1	65.6	2	73.88	3	66.2	6
果傑	83.7	10.2	—	79.2	—	79.4	—	3.0	3	8.1	—	82.3	3	
秀吾	91.0	6	89.0	3	90.5	9	83.7	2	67.0	2	—	—	84.3	23

　　克西、果傑和秀吾三個行政村的兄弟共妻家庭分佈與羊群的比例
有關。如表 2-3 所示，百分數代表羊在家畜中的比重，戶數代表兄弟
共妻家庭。羊群的規模、羊圈大小和分佈與臨山的地理位置有關，這
些專門知識不包含在表 2-3 中。羊食草，其數量與草場面積呈正比，
不言而喻，從羊群的比重和兄弟共妻家庭的戶數可以看出草場面積。
就羊而言，克西村居首，果傑村居中，秀吾村排在最末。就耕地與草

場的比值而言，克西村與果傑村相差無幾，秀吾村的比值則比前兩個村的稍微大一點。於是要撇開草場面積看另一個參數，即草場的優劣。克西村的草場面積比果傑村的大 4.7%，比秀吾村的大 13%。由於缺乏水源、草地不好、承載的牲畜不多、利用率不高，故克西村的牲畜量比果傑村少 1.06 倍、比秀吾村少 1.29 倍。就地理位置而言，從事半農半牧必須靠近大山，秀吾村的五個村組被一條分叉的河谷包圍著，開門見山。果傑村有四個村組以山溝為鄰，克西村只有三個村組臨近大山。發展牧業的條件不同，因此三村的畜牧業水準不一樣：秀吾村的畜牧業搞得最好，果傑村次之，克西村又次之。

開展以農牧為主的多種經營，無異於將兩個門類的產業組合在一起，這就要承擔雙倍的分工。不同性質的工作愈多，工具愈不相同，但農、牧和手工工具普遍停留在運用人力（如背馱、手鋤、挖掘、割削、鞭策、棍擊等手工勞動）的階段，哪一樣工作都需要人手。因此，如何解決勞動力是每一個家庭非常關心的問題。許多家長待孩子到十五至十六歲就讓其輟學，幫助家裏幹活，這是解決勞動力的一種途徑。聯合若干單身親戚，組成衛星家庭，又是解決勞動力的一種途徑。不同家庭之間的互助與換工亦是一種慣用途徑。兄弟共妻家庭勞力強，經濟來源廣，有資本擴大再生產，是頗有成效的解決勞力的一種組織形式。秀吾村的牧業經濟成分較重，它的兄弟共妻家庭也是最多的。在秀吾村，偏居一隅的一組、三組的牲畜最多，羊占的比值也最大，這兩個村組的兄弟共妻家庭是最多的，共有十五戶。而位置並不偏僻的五組，農業強、畜牧弱，只有二戶兄弟共妻家庭。

克西村的牧業不及果傑村，但它位於秀吾村旁邊，與秀吾村交換婦女最頻繁，受後者的影響最大。克西村距離傑德秀鎮比較近，同時又是克西鄉政府所在地，是政治、法律的一個輻射點，對附近的秀吾四組、五組的影響較大，故秀吾四組、五組的兄弟共妻家庭在秀吾村

是比較低的。再看克西四組、果傑一組和果傑五組，它們距離秀吾村比較遠，但羊在這三個村組的畜群中都占到八成強，因此還是出現了四個兄弟共妻家庭。從這三個村組可以看到，在農業基礎之上牧業成分的加重確實與兄弟共妻制有聯繫。

三　共妻制的婚儀過程

本章開頭說過，江雄河谷的多偶婚家庭共四十九戶，其中四十五戶為兄弟共妻家庭，四戶為姊妹共夫家庭。堅贊調查了這四十五個共妻家庭中的三十八個、計三十九個婚例[10]（因還有 1 戶是兩代共妻的情況），入戶率達 84.4%。[11]這三十九個婚例中夫妻的成婚時間，最早為一九四八年，最晚為一九九九年。若按十年分段，六十年共可分出六個段位，其婚例數依次如下：一九四〇至一九四九年一例、一九五〇至一九五九年三例、一九六〇至一九六九年四例、一九七〇至一九七九年九例、一九八〇至一九八九年十一例、一九九〇至一九九九年十一例。

夫妻們年長者已逾七十歲，年輕者也滿二十四歲。由於一妻二夫的情形居多數，一旦喪偶，這個共妻家庭便瓦解了。二十世紀五〇年代以前的成婚者，健在的夫妻僅剩四例。資料不完整，不足以說明當時兄弟共妻婚的發生率。六〇年代以後的資料基本上是可以使用的。這幾個段位的資料表明，六〇年代的多偶婚是個低落期，當時西藏處

---

10 當父母和子女都行兄弟共妻婚，且孩子未與父母分家時，這個家庭的兩個共妻婚姻單位便迭合在一起。為了以辭達意，摒棄了「戶」或「對」而用「例」為單位。因為「戶」不能揭示一個家庭裏面有二個一妻多夫的婚例，而「對」的本義是指兩個，無法涵蓋一妻二夫（甚至三夫、四夫）的婚姻單位。

11 後面擇要敘述這些家庭時也是按照堅贊入戶調查的先後為序號的。

於民主改革時期，不久就成立了人民公社，傳統的婚俗受到政治因素的衝擊，只有四例兄弟共妻婚。一九七〇至一九九九年，平均每個段位出現十例，表明環境逐漸寬鬆，人為干擾減少了。

兄弟共妻制有兩種行婚方式：共娶式和先行後及式。下面分別加以介紹。

（一）共娶式

兄弟同時娶妻是要締結婚約、舉行婚禮的，在三十九個婚例中，有三十四例屬於經過儀式的婚姻，占調查婚例的 87.2%。說到婚禮，現在提倡新事新辦，儀式從簡，要是嚴格依照傳統，必須經過請媒、擇偶、選期、訂婚、迎娶、拜堂、宴客和回門等程序。

男方父母在選中姑娘之後，即請媒人說親。媒人要向女方介紹男家是幾兄弟共妻，如果女家覺得男家是比較滿意的家庭，又徵得女兒的同意，親事便算決定了。男方請喇嘛擇婚期，以選單日為吉利。女家對婚期無異議，兩家的親友即互相來往。

一旦確定了舉行婚禮的日期，新郎便通知新娘家裏，雙方都開始進行準備。在預定的時日，新郎一方的親戚朋友組成迎親隊伍向新娘家進發。

女兒出嫁之日，女家邀請姑娘的女友為她梳妝，設「女兒席」，招待為姑娘送路的親朋村鄰。在江雄河谷可以看到類似於漢族某些地方的哭嫁風俗。從東方破曉，到娶親者（蘇瑪）臨屋，姑娘哭聲不絕。偶然也有假哭，但大多數都是真情的流露。出發前，姑娘先要拜神靈、祖宗、父母，然後由女眷攙扶，戴著插上孔雀翎的皮帽，騎上毛驢。

娶親的一方，由於預先通知了親友，他們按「共濟」與「共慶」的原則，親幫親、鄰幫鄰；或者自家為一個單元，或者幾家為一個單

元，量力而行，各備一份。禮物細目為食品，也有茶、酒、酥油、糌粑、肉類等，還有送禮金（人民幣）的。除了物品之外，還須採用輪值的方式，派人手幫忙。此類活動，村民謂之「授禮」，一個單元就是一個「授禮戶」。這種風俗出現在江雄河谷的播種與收穫、新婚燕爾與嬰兒降生等喜慶場合。

婚禮那天清晨，男家要在離家不遠的路口擺桌椅（蘇尭）歡迎。新娘來到門前，新郎的母親要在屋頂的香爐（生姑）內燃桑驅邪，高呼吉語，招喚新娘的靈魂隨著福祿一道進家。新娘下驢接受祝詞，擦把汗水、整理衣冠、彈掉灰塵、整好妝容後，被帶入正廳，與新郎並排坐在一個雙方親朋圍成的方形圈子中間。婚禮開始，新人在司事主持下，履行各種各樣的儀式。先要走進經堂（拉康）拜神，然後出來拜見父母。

兄弟共妻的婚禮與一夫一妻的婚禮基本相同，不同之處表現在新人出場「亮相」的人數、座次和掛哈達這幾點上。外族人不一定清楚結婚人家替幾個兒子娶妻，如不細心打聽就不曉得新人是行一夫一妻婚還是兄弟共妻婚。進而言之，若是行兄弟共妻婚，大家都很關心新娘嫁給幾夫，以及兄弟當中誰人做家長？因此，婚儀上這幾點便構成判斷的依據。但是，這幾點在不同的場合表現不同，唯有掛哈達則是一樣的，因此，人們每次向新郎獻幾條哈達，便成為判斷新娘嫁給幾夫的關鍵。

有兩種場合，一為兄弟同時參加婚禮，一為有兄弟缺席，茲分別述之。

只是在第一種場合，新人出場人數、排座次、掛哈達三個因素才一起出現。婚禮上，哥哥在新娘左，弟弟在新娘右，按「一」字形坐定。如果有三四個決定共娶的兄弟，哪怕他未成年，除了哥哥仍然坐在新娘左邊，其餘按照長幼順序依次居右：大弟緊靠新娘右邊坐，二

弟靠著大弟右邊坐，依次類推。如此排列空間區位強調的是新家庭當以兄長為首，以妻子為軸心，突出兄長的領導地位和妻子的凝聚作用，象徵著團結與和諧。接下來就是新人向新郎的父母獻哈達，後者也給前者每人的脖子上掛一條哈達。有的新郎害羞，不願到新人席入座，他們可以坐賓客席，但仍然需要敬獻與接受哈達。

在第二種場合，只有一個因素出現。有的兄弟因故不能到場，他們便會薦出一人，所推舉的往往是兄長。如果兄弟之間年齡相差較大，自然指定兄長代表，他不僅代表自己而且要代表缺席的兄弟接受哈達。哈達表示祝賀。賀喜的人向新人贈送哈達，一條哈達只能贈與一個新人，新娘脖子上掛的是她自己的哈達。所以，在第二種場合，只要看兄長的脖子就可以知道答案，有幾條哈達，就有幾個丈夫。同時，選兄長為代表，無異於選他做家長。

儀式結束，賓客夜飲。席間，歌手唱「其嘉」（吉祥曲）；飯畢，場外燃起篝火，男女圍成大圈，跳「果協」（集體舞）。從第二天起，所有親友由「授禮」各戶宴請，稱為「轉果拉」。親友回家前夕，主婚者重新擺酒開宴，按輩分、親疏和交情回贈禮物。

新婚之夜，新郎全部迴避，只把各人的上衣脫下，由主持按長幼順序搭蓋於新娘身上，算是同房。[12]此風與弗蘭西斯科・薩維裏奧・克拉維黑羅在《墨西哥史》一書中記錄的阿茲特克人的婚儀相似：「一個祭司把新娘的外衣（huepilli）和新郎的外衣（tilmatli）繫在一起，於是，婚約就在這種儀式中大體完成了。」[13]在新娘待在新郎家的三天裏，丈夫皆不能與她同房。但是，第十六號家庭的妻子巴果回

---

12 參見仁真洛色：〈試論康區藏族中的一妻多夫制〉，載《民族學研究》第7輯（北京市：民族出版社，1984年），頁144。

13 轉引〔美〕路易士・亨利・摩爾根著，楊東蓀、馬雍、馬巨譯：《古代社會》（下冊）（北京市：商務印書館，1995年），頁461。

憶：「二十五年前，我跟格勒、次仁結婚，格勒和我都是十八歲，次仁十四歲。新婚之夜，格勒就跟我同房了。四年以後，我才跟次仁同房。」巴果的話表明規矩並非人人嚴守，此外還表明，如果兄弟年齡間隔懸殊，即使他們同時參加婚禮娶妻，幼小的弟弟在一段時期內沒有與妻子同房的份。

第四天早晨，共妻兄弟派一人送新娘回娘家，參拜岳父母。其它兄弟日後輪流去岳父母家參拜，最後一個去的兄弟負責將新娘接回來。

結婚費用以三等計。二十世紀八〇年代，上等約七千元，包括男方給女方家庭少量的彩禮，以及請木匠做藏櫃、藏桌，購買藏被、卡墊、熱水瓶、太陽灶、土陶器、經堂裏供佛的用具，辦酒席等，有的人家還要請《多瑪》、《傑東》和《多格桑》三種經書，衣服每人要有高檔藏裝一套、普通藏裝二套、漢裝三套（穿漢裝幹活方便），藏帽三頂，自行車、縫紉機、收錄機視經濟條件和需要程度決定是否購置。中等大約五千元，即在上述專項之中剚減。下等約三千元，在中等的專項之中剚減。二十世紀九〇年代，堅贊調查時，結婚的費用隨著物價上陞而增加了百分之二十。結婚並不意味著只是男方花錢，通常女方會帶來嫁妝，有衣服、床上用品，還有農具和牲畜，一般價值二千元或三千元左右。

在江雄河谷，父母包辦的婚姻與青年男女自主自願的婚姻都有。三十九個婚例中，有二十二例屬於父母包辦，占 56.4%；十七例屬於自主自願， 43.5%。父母包辦的婚姻，有些也須徵得子女同意；反之，青年男女自主自願的結合，同樣要傾聽父母的意見，爭取長輩支持。按支配婚姻的三個動機排順序，青年男女多數是以戀愛居先、生殖次之、經濟又次之來考慮終身大事。他們比較注重對方的相貌、人品，對勤勞或持家能力也很看重，女方還要看男方兄弟關係是否融洽。父母的考慮要複雜一些，他們一般是以經濟居先、生殖次之、戀

愛又次之來考慮子女的婚姻；少數父母則以生殖居先、經濟次之、戀愛仍次之來考慮問題。他們都很看重對方的家境。有的父母還要考慮神靈，請喇嘛念經打卦看屬相來決定雙方能否結合。另外，門第觀念仍然存在，天葬師、屠夫、漁夫、獵人、鐵匠、陶工等職業者被視為社會地位卑賤的人，只能在同一個階層的人中嫁娶。

（二）先行後及式

兄弟之間，因年齡懸殊，或者意見不一，難以同時娶妻，只好由一人先行事以組成家庭，待弟弟長大再加入。這種情形下，男方父母早已跟兒子講好要兄弟共妻，女方父母也跟自己的女兒講好要事兩夫或幾夫，因而不存在「嫂子」的稱謂。如果兄弟中出現分歧，有人不願意行兄弟共妻婚，而要行一夫一妻婚，這種情形下是存在「嫂子」稱謂的；至於他後來改弦更張，願意加入到共妻者的圈子，身份關係則由「叔嫂」轉換成「夫妻」。先行後及式是通過兩個步驟才達到兄弟共妻婚的，先建立一夫一妻家庭，再由此轉化為兄弟共妻家庭。其中，第一次結婚是必須支付女方彩禮的，否則娶不回來；第二次結婚時，女方已是娶入家中的嫂子，就沒有再支付彩禮的必要了。故先娶妻的兄弟是要締結婚約和舉行婚禮的，後加入的兄弟則不必再追加婚儀了，也就是說先行後及式的兄弟共妻婚只舉行一次婚儀。

先行後及意味著改變了家庭結構、家庭成員地位與角色。要達到兩廂情願，使嫂子接受弟弟，弟弟也接受嫂子，家人的思想必須「轉彎」，故耐心勸說是很重要的。有些已婚的兄弟和妻子對年幼的弟弟軟硬兼施，將一個又一個成年的兄弟帶入共妻組合。勸說的基本過程通常有三個步驟：

（1）父母互相說服，達成一致意見，並商議如何使未婚的兒子加入到已婚兒子的行列。

（2）父親試探兒子，母親試探兒媳婦，強調家庭面臨的困境，用共妻家庭興旺發達的優點給兒子、兒媳婦「吹風」，如果他們有意，就將解決困難的出路和盤托出。

（3）要是兒子、媳婦表示同意，則四人分別再去打做通未婚兄弟的思想，使其同意。

在勸說過程中，媳婦至為關鍵。如果她來自本地還好說，這是因為本地人家互相嫁娶，大多成了親戚，要是本村，那就更好辦，青梅竹馬，知根知底，入門後很快調整好心態，容易體諒。要是她來自遠方，除非是親戚，否則便不太好辦。因為她與夫家有心理距離，不易產生憐憫，何況夫家要求她做出的犧牲實在太大，既要承擔幾兄弟的性愛，又要和睦他們的關係。所以說媳婦不同意，計劃就會「流產」。所幸的是狹小的通婚圈和共同的境遇促成他們走到一起。

以下舉幾宗一九九九年採集到的事例，年齡以當時的記錄為準。第一例是弟先兄及（第 8 號家庭）；第二例是兄先弟及（第 2 號家庭）；第三例是一弟在先，二兄隨後（第 13 號家庭）；第四例是不完全成功的婚事（第 24 號家庭）；第五例是另闢蹊徑的婚事（從秀吾村入贅浪卡子縣張達鄉的兄弟共妻家庭）。各宗事例的結局不同，但都經歷了勸說的過程。

> 八號家庭的丈夫加央和土登互為兄弟，巴果是二人共同的妻子。一九八五年，土登十七歲，果巴二十歲，父母讓其成婚。結婚時土登的父母花了三千元。巴果帶來一套藏櫃、三個裝滿衣服的木箱，所有嫁妝約值三千元。土登是木匠，會雕刻，手藝好，經常有人請他做活。哥哥加央沒有手藝，只會幹粗活，家裏的羊由他放養，順便把別人家的羊趕到一起放，別人幫他家幹農活。婚後果巴給土登生育了一女（索朗央宗，15 歲），

兩年後加央加入了他們的婚盟，果巴給加央生了一子一女（尼瑪洛追，12 歲；布瓊，9 歲）。繼而果巴又給土登生育了一女一子（旺姆，7 歲；紮西堅贊，5 歲）。父母同他們住在一棟四室一廳的平房裏。加央還沒有加入共妻圈之前，父母時常關心他，促使兄弟倆認真思考，兩人終於想通了道理，於是土登跟巴果攤牌，促其接納加央。那年他從拉薩市的作坊回到家鄉過年，看見哥哥跟巴果在一起生活了。當晚，土登按捺不住激動的心情，邀請加央一起暢飲。以前他在外最放心不下的就是妻兒，現在有哥哥在家，一切都不用擔心。

二號家庭的紮西次仁和弟弟達娃從懂事之日起就憧憬著有一個小家庭。可惜總是沒有條件。一九七八年，紮西次仁年滿二十八歲，條件終於成熟，在父母的幫助下，他娶了二十四歲的次旺曲珍為妻，婚後兩人生育有一子。達娃也該成婚了，想到家境貧寒，只好強忍著不聲張。父母看在眼裏，急在心底，但又沒有能力替兒子再娶一妻。便多次約三人談心，希望他們一起過，不要分家。三人都沒有明確回答。日久天長，孩子的拖累、父母年邁的身影，勞力的缺乏使紮西次仁和次旺曲珍慢慢地改變了看法。便主動去關心達娃，叫他不要嫌棄這個家。達娃目睹家中的困難，想起父母的教導，看到哥嫂的期待，半推半就地參加進來。

十三號家庭為三兄弟共妻。一九九〇年，二十六歲的丹增旺達與鄰村二十三歲的達娃色珍結婚。丹增活潑英俊，很早就認識了達娃色珍。婚後兩人育有一女。在父母的勸說下，兩人愉快地接受了長兄仁真（1959 年生）和次兄甘當（1962 年生）。達娃色珍為他們生了三個孩子，前兩個是仁真的，最後一個是甘當的。

二十四號家庭原有四個兄弟，一九九九年堅贊訪問他們時，格勒六十二歲、土多五十九歲、列協五十七歲、歐珠丹達五十歲。早先父母打算讓他們合娶一妻，列協以身體不好、要出家學佛、靜心修養為託辭謝絕了。父母只好讓三兄弟共娶一妻。兒媳婦是鄰村的索朗央金。長子格勒與她邂逅，雙方有了好感，格勒和盤托出父母的想法，央金表示理解，願意履行責任。一九五六年過藏曆年時，十九歲的格勒和十六歲的索朗央金舉行婚禮。待到第二個孩子降生，格勒就去了日喀則，養家的重擔落到土多身上。央金主內，土多主外，列協已經出家，歐珠丹達尚小。央金給土多生育了兩個孩子。歐珠丹達成人後，獲得同房資格，央金給他生育了一個孩子，又給土多生育了一個孩子。這段時期格勒很少返鄉，直到央金生了第六胎，他才回家。格勒長期不歸，可能與謙讓的心理有關，為了平衡兄弟與夫妻間的關係，他把與妻子同房的機會讓給了兩位弟弟。他回到家鄉後，央金又給他生了一個孩子。索朗央金共生育了八個孩子（5 女 3 男），除了七個孩子是三位丈夫的，還有一個孩子是列協的（下面第四部分另有交代）。

索朗央金身材頎長，五官端莊，性情溫順，年輕時許多人想跟她相戀。格勒四兄弟個個身材魁梧，濃眉大眼，鼻樑高直，性情敦厚。鄉里人說他們夫婦很般配。四兄弟吃苦耐勞，勤力持家。人民公社時期，土多當了四年的生產隊長。他克己奉公，各項工作走在前面，要求入黨，然而黨支部不接受共妻的人。土多覺得自己不比黨員差，他堅信兄弟共妻制對他當村幹部有好處，如果家裏沒有格勒和歐珠丹達支撐，他就不能做到毛主席要求的「為人民服務」。央金不同意土多的觀點，認為千好萬好還是一妻一夫制好，幾個男人和一個女人在一起難免爭風

吃醋，幹活也會互相抱怨，除非到了老夫老妻的階段，妒忌心才會淡漠。兄弟們對央金的話不以為然，他們用自己的人生哲理來詮釋孩子們的前途。他們的長子結婚後，土多希望幼子加入哥嫂的圈子。幼子自有打算，單獨成家，土多心裏很不是滋味，埋怨大兒媳無能，連弟弟都攏不住。

父母人生經歷豐富，愛子心切，對兄弟共妻的利弊認識深刻，他們希望兒子不分家，合娶一妻過日子，無異於承認這一婚制的利多弊少。但這樣就要求兒子放棄一部分自由，年輕人可能不情願。有時父母的勸說無效。秀吾村三組加布的父親去世，母親履行亡夫的遺言，督促次子尼瑪丹增和三子貢久澤當與長子加布共妻，好說歹說加布夫婦都不接納。只好分家，兩個弟弟趕著一群牛羊入贅到浪卡子縣張達鄉第四村，母親拆了老屋的木料跟了過去。堅贊聞之，雇了一位嚮導帶路，從朗傑學鄉翻過海拔五千一百公尺的加惹拉山口去到羊卓雍湖畔，看見兩位上門女婿和妻女

四 共妻家庭的類型、結構及其變化

從家庭類型和家庭結構兩個尺度透視，先說家庭類型。這裏以家庭中男性成員的代數為標準，把兄弟共妻家庭分為一代共妻家庭（有29戶，占76.32%）、兩代共妻家庭（有2戶，占5.26%）和衛星家庭（有7戶，占18.427%）三個類別。至於三代人都是行兄弟共妻婚，同時居於一個大家庭，這種情況在江雄河谷沒有發現，所以本章沒有三代共妻家庭的概念。此外，沒有發現兄弟共妻與姊妹共夫兩種婚制相糅（多偶制下的兄弟娶姊妹[14]），這種現象在西藏其它地方也很稀

---

14 兄弟娶姊妹可與單偶制結合，也可與多偶制結合。前者較為常見，漢族各地農村都

少[15]，故「多夫多妻制」（polygynandry）的概念在西藏不適應。

再說家庭結構，也可概分為三類，即一代共妻家庭、二代共妻家庭和衛星家庭。為了增強真實性，茲結闔家庭類型來敘述。一代共妻家庭指共妻行為發生在家庭內部一代男性成員之間，可以是一個共妻單位家庭，也可以是平行的兩個或者數個共妻單位的家庭。這只是理論上的可能，實際上在江雄河谷，目前還未發現同一代男性成員劃分為兩個或數個圈子，各自以共妻方式締結婚姻，婚後不分家、同爨共炊的聯闔家庭。換言之，江雄河谷的一代共妻家庭實際上全部是只有一個共妻圈的家庭。就入戶的三十八戶兄弟共妻家庭而言，一代共妻家庭的比例最大。其結構有兩類：複雜型，圖 2-2 的 A、B 二種；簡單型，見圖 2-3。

圖 2-2 是個複雜型的一代共妻家庭。這類家庭有三代人，即由父母、未婚子女以及兩個或者數個已婚兒子和他們共同的妻子及共同的孩子構成。複雜型的一代共妻家庭包含兩代雙核心，這類家庭因親子關係而結合，突出親子軸心。其中一個核為多偶，另一個核為單偶。圖 2-2 中 A 和 B 的不同點在於，前者第一代是行單偶婚，而後者第一代的女性則是行多偶婚，隨著兩個男性配偶中的一個兄弟去世，而轉變成單偶婚。

圖 2-3 表示的是簡單型的一代共妻家庭。這類家庭有兩代人。例如二十七號家庭，妻子次旺曲珍與她的兩個丈夫紮西次仁、達娃以及

有，只是兄弟各娶各的妻，姊妹各嫁各的夫，夫妻雙方分別有兩重身份，丈夫既是連襟，又是兄弟，而妻子既是妯娌，又是姊妹。後者在西藏少見，印度巴哈裏等地有，指一群兄弟與另一群姊妹互為夫妻，他們只有一重身份，作為丈夫的是兄弟，而不是連襟，作為妻子的是姊妹，而不是妯娌。此乃多夫多妻制，是從兄弟共妻制逐步發展而來的，即幾兄弟先合娶一妻，後來又合娶一妻，此妻是髮妻的姊妹，每次都是兄弟共妻。

15 雲南省迪慶藏族自治州德欽縣燕門鄉和雲嶺鄉交界一帶的村莊（如禹功村等）過去有這種婚俗，進入二十一世紀後基本消失了。

兒子巴桑次仁、大女兒達娃曲珍和小女兒格桑卓瑪的親屬關係就是這幅圖形的表現。其中，老大巴桑次仁和老二達娃曲珍是紮西次仁的，老三格桑卓瑪是達娃的。複雜型的一代共妻家庭的比例高於簡單型的一代共妻家庭。

兩代共妻家庭指一個主幹家庭內部，父子兩代各有一個共妻單位，這種家庭在江雄河谷數量稀少，僅有二戶。兩代共妻家庭的結構比一代共妻家庭更複雜。前述二十四號家庭便屬一例（見圖 2-4）。從田野材料可知，一九五六年，十六歲的索朗央金（本家第一代共妻圈之妻）與三兄弟格勒、土多和歐珠丹達成婚，前後生育了八個孩子。其中的兩個男孩構成第二個共妻圈裏的丈夫，他們一個是土多的兒子（34 歲），另一個是歐珠丹達的兒子（32 歲），父母讓二人合娶梅朵（34 歲）為妻，一九八九年三人結婚時丈夫分別為二十四歲和二十二歲，妻子二十四歲。婚後十年間，梅朵給大丈夫生育了一子一女，給二丈夫生育了二子一女（見圖 2-4，不看虛線框）。

本家的第一個共妻圈原來還有一位丈夫，即三弟列協（見版圖 2-3）。前面講到他自幼立志要當高僧，後來果然出家。「文化大革命」時期，造反派給寺廟貼上封條，勒令喇嘛還俗，他無奈地回到老家，加入共妻圈。索朗央金給列協生育了一子，此子一九九〇年十八歲時結婚，婚後和妻子與生父列協單獨定居（見圖 2-4），一九九九年，堅贊在該村調查，此子已有三個孩子。圖 2-4 中虛線框內的符號表示遷出的列協一家，分家以後，兩邊維持著良好的關係。前面對衛星家庭下了一個描述性的定義（見「導論」部分，第 22 頁）。當一代共妻家庭或二代共妻家庭基礎之上附加一個或若干個旁系親屬時，這種家庭就出現了。

圖 2-5A 和 B 各代表一個衛星家庭，兩圖中每個虛線框中的符號喻為「衛星」，即該家庭的旁系親屬成員，或是單身男女，或是孤寡

老人，或是拖兒帶女（粵地稱為「拖油瓶」）的婦女，等等。他們暫時或者長久住在所投靠的親友家。分析「衛星」的成分可以發現，衛星家庭已成為過剩婦女的「倉庫」，它扮演著社會收容所的角色。

其中，圖 2-5A 代表一號家庭。該家庭有九個成員。其中七人組成主幹型的一代共妻家庭，他們是父親堅贊和母親紮桑（均 61 歲[16]）、兒媳婦次吉（29 歲，她抱著占堆 1 歲的兒子）、大丈夫群培（34 歲）、二丈夫占堆（29 歲）、群培的兩個兒子阿旺朗傑（3 歲）和松贊多傑（6 歲），見版圖 2-4。群培的未婚妹妹索朗旺嫫（23歲），另二人是該主幹家庭的「衛星」，她們是群培離異的妹妹德欽曲珍（26 歲）及其女兒益西曲珍（3 歲）。她們都不在照片上。

圖 2-5B 描繪了十二號家庭的關係，圖中第一代共妻圈的三位夫妻見版圖 2-5。該家庭有 12 個成員，其中 10 人組成一代共妻家庭，他們是妻子仁真（45 歲）、兩個丈夫江白（44 歲）和加雷（42 歲）、6 個孩子。依附這個家庭的兩顆「衛星」是江白的姊（45 歲）和妹（32 歲）。

如果把考察範圍擴大到一夫一妻家庭，「衛星」的數量將會更多。這些「衛星」絕大多數是失婚女性，她們當中有些人離婚後帶著孩子成為單親家庭，有些人終身不嫁。失婚的婦女伴隨父母或者兄弟居住，父系家庭成為她們生產、生活的單位。「衛星」家庭的一個重要功能就是緩解兄弟共妻制度所造成的婚姻市場的供求緊張，使婚配過剩婦女不至於走投無路、到處流浪。

不論是一代兄弟共妻家庭還是兩代兄弟共妻家庭，絕大多數為兩個兄弟共一妻，三個兄弟共一妻的只有五戶。這五戶中，其中有一戶幾年前曾經是四個兄弟共一妻的，後來因一個兄弟分家，演變為三個

---

16 前面已經交待「年齡以當時的記錄為準」，此處是一九九九年堅贊調查的實錄。

兄弟共一妻的狀態。二個兄弟共一妻的家庭占多數，其原因主要有三點：

第一，兄弟少的家庭數量比較多，兄弟多的家庭數量比較少。

第二，人數是人際關係的參數，二者為幾何級數的正比例關係。兄弟人數少，家庭關係簡單、成員之間容易相處。反之，兄弟人數多，不僅家庭關係複雜，而且長兄或者二兄與幼弟的年齡相距較大，結婚往往以長兄或者二兄達到成婚年齡為準，幼弟雖然也一起參加婚禮取得共妻權利，算是有婦之夫，但多數只是有名無實。等到幼弟成人，需要過夫妻生活時，由於其與妻子年齡相差較大，夫妻生活難以協調，容易促使他脫離共妻關係，於是多兄弟共妻便又回覆到兩兄弟共妻狀態。

第三，村民的價值取向對選擇家庭的規模有影響。他們一般認為，小型家庭有利於成員的健康，對家庭自身的經濟利益也有好處。就共妻制而言，所謂小型即是指兩兄弟共一妻的家庭。

以上三點，前兩點有些人已經指出來了[17]，後一點來自堅贊的觀察，但第二點須補充。有時兩兄弟共妻，也會出現年齡差距大的現象。人的絕對年齡不能改變，但通過選擇妻子來改變他們各自的相對年齡是可能的。有一個三兄弟共妻的家庭，長兄、二兄當年娶妻時選擇了年紀小的姑娘，以便既適應自己也適應於幼弟。他們用加大自己與妻子年齡差距的方式換得縮小妻子與幼弟年齡差距的結果，這種全域考慮問題的態度，體現了共妻的兄弟互相關照的精神。有些兄長，娶妻前沒有顧及妻子與幼弟的年齡差距，事後依然可以調適。十號家庭的洛桑是長兄，仁傑是幼弟，兩人相差十七歲。妻子益西比洛桑大一歲，比仁傑大十八歲，三人結婚時，仁傑僅三歲。益西與洛桑年齡

---

17 如劉龍初在〈四川省木裏縣俄亞納西族一妻多夫制婚姻家庭試析〉一文中曾敘述過（參見《民族研究》1986年第4期，頁25-32）。

相近，容易溝通；但她與仁傑年齡懸殊，為了攏住仁傑的心，洛桑和益西頗費腦筋。益西在仁傑成長的不同階段採取了不同的方式：對待幼年仁傑，她像母親一樣關心他；對待少年仁傑，她經常聽他傾訴感情，保持與他溝通，仁傑放羊回來，益西立刻給他做飯，經常給他洗衣服、打補丁、納鞋襪，逢年過節，提前把裁縫請到家裏給他量體裁衣；對待青年仁傑，她像體貼洛桑那樣體貼他，洛桑則積極配合，終於使仁傑接受了益西。益西生育了九個孩子，前四個是洛桑的，後四個都是仁傑的，最後一個又才是洛桑的。

　　這兩個例子都說明，兄弟間以及夫妻間的良好心態和處理問題的正確方式一定程度上可以克服共妻兄弟年齡差距造成的障礙，有利於維持共妻關係。

　　奧爾加・蘭格研究了漢人社會。她在對華北農村、城郊和城市調查的基礎上概括出核心家庭、主幹家庭和聯閤家庭三種類型，揭示了漢人一夫一妻制的家庭和一夫多妻制（納妾）的家庭[18]的關係。喬治・皮特・默多克研究了東南亞華人社會和世界其它地方的家庭。他先將家庭分為核心家庭與擴大家庭兩種，爾後把擴大家庭區分為主幹、聯合和伸展三型，得出四種家庭類型的結論。[19]蘭默二氏的模型很大程度上是相通的，但默氏的調查面廣，因而適用面更廣。為了分析兄弟共妻的家庭結構，應該借鑒蘭默二氏的研究成果，如他們對於家庭類型的劃分，關於世系、長幼、平輩等親屬關係的描述，本章這一部分做了較多的嘗試，由於兄弟共妻制和一夫一妻制的家庭關係、親屬稱謂的表現有所差異，應避免簡單套用。

---

18 Olga Lang. *Chinese Family and Society*. New Haven, Yale University Press, 1946:136-137.

19 Murdock, G. P. *Social Structure*. New York: Macmillan Co., 1949:1-2. Murdock, G. P. *Social Structure in Southeast Asia*. Chicago: Quadrangle Books, 1960:1-15.

　　家庭結構，既要靜態地看，也要動態地看。前述六十年的時段和「先行後及」的婚姻形式時，已涉及動態的考察。下面補充幾點，然後引入印度北部一種多夫多妻製作比較，以明確青藏高原衛藏地區的兄弟共妻制的形式與內容。

　　一妻多夫制至少有兩種流行的結構變異：

　　第一，從一夫一妻制 → 一妻多夫制 → 一夫一妻制。「先行後及」即是這一圖式的前奏：先是由一個兄弟娶一妻，繼而將另一個兄弟拉入共妻圈。這一圖式的續曲則是隨著一個丈夫的逝世，一妻多夫制回到一夫一妻制。

　　第二，從一妻多夫制 → 一夫一妻制。這一圖式說的是婚姻開始時是兩兄弟合娶一妻，再後來，由於一個兄弟去世或者背棄這個家庭，一妻多夫制回到一夫一妻制。

　　至於另外一種則稀少，即，從一妻多夫制 → 多夫多妻制 → 一妻多夫制 → 一夫一妻制。例如，兩兄弟最初合娶一妻，幾年之後又續娶一妻，於是由一個父系的一妻多夫制家庭演變為一個父系的多夫多妻制家庭。再後來，由於一個兄弟去世或離開，這個多夫多妻制家庭又演變為一個一夫多妻制的家庭。繼而，一個妻子逝世了，這個一夫多妻制的家庭便演變為一個一夫一妻制的核心家庭單位。

　　三種圖式都是對家庭自然發展的周期性考察，只有前兩種才是常見的。第三種不常見，因為它不太符合藏族人的價值觀，它不是以最低限度地娶妻以增加家庭的親和力為定向，而是以最大限度地娶妻為定向。

　　白雷曼在潔柳薩─白瓦（Janusar Bawar）行共妻婚的山地居民──拉其普特人當中做過田野工作，他在解析當地共妻家庭周期的基礎上概括出一個結論：家庭的變異與它處在不同發展階段時固有的結構變化相關，也與家庭對自然條件的選擇適應以及對社會環境的反

應相關。[20]

　　潔柳薩—白瓦地區在喜馬拉雅山脈南坡印度境內，一九七三年，
白雷曼前往當地調查，他以一戶上中農為樣本，五十五年（1910-
1965）的周期，實際上涉及三四代人，理論上只觀察一代人的變化，
分成八個觀察點。一九一○年，這戶人家為三個兒子成親，他們年方
各為十八歲、十五歲和十二歲（姊妹要嫁出，當地盛行從夫居，故家
譜不計女兒）。儀式上長子跟一位十五歲的女孩單獨舉行婚禮，她來
自一個門第相同、與夫家無血緣關係的氏族。依照當地的習俗，這名
女孩自然成為三兄弟共同的妻子。於是這個家庭結構便體現出典型的
一代兄弟共妻的特徵（見圖 2-6A），儘管實際上幼弟——可能還包括
次兄——必須滿十六歲，行過成年禮後方能和妻子圓房。

　　五年後，第二個女孩以同樣的方式嫁入這個家庭，她十六歲，成
為三個兄弟的第二任共用之妻，該家庭變成「多夫多妻制」（polygyn-
andry）類型。這個概念是人類學家馬駿達（D. N. Majumdar）生前在
〈喜馬拉雅山脈的一妻多夫制：結構、機能和文化變遷，潔柳薩—白
瓦的田野研究〉一文中提出的[21]，白雷曼借來指稱這個家庭在一九一
五年時，出現了兄弟群婚構成的多夫多妻制（見圖 2-6B）。

　　要是這戶拉其普特人只有一個兒子（他是獨生子，或者兄弟早
夭，這類例子現實中有的是），那麼同樣的條件將會創造出典型的一
夫多妻家庭，原因大抵相同。填房的欲望，可能會使這對父子舉出一
連串理由，全都是從普遍的事實情景中信手拈來的。在此情景中，一
夫多妻制不僅是普遍的，而且是合乎法理的，儘管在潔柳薩地區，一
夫多妻制不如一妻多夫制受人關注。人們之所以尋求填房，主要有三

20　Berreman, G. D. The Polyandry in Himalayas. *American Ethnologist*, 1975. (2):127-139.

21　Tn Madan & Gopala Sarana (eds.) *Indian Anthropology: Essays in Memory of Majumdar*.
　　New York: 1962:72.

個原因：一、生孩子，尤其是生兒子的欲望，當髮妻（或續妻）不孕，或者只生女，很少生子時；二、積蓄勞力（譬如當土地和別的活計超出家庭現有成人能夠有效負擔的程度時）的需要；三、為家庭提供較多較好的社會伴侶和性伴侶的要求。

現在回到三兄弟的那個家庭。也許再過五年，兄弟們又想成親。如同第一次續娶，還是以長子為代表將女子娶進門，歸兄弟們共用，這次續娶的願望顯示出與上述相似的原因。然而，第三個妻子可能是寡婦，也可能是離異者，比方說她有二十三歲（這個年齡說明她可能是再醮），甚至有可能是「拖油瓶」者。[22]果真如此，三兄弟的第三次婚姻便不會用儀式來張揚——只須將新娘悄悄接過門就行了（如果這名婦女重新嫁人是為了離開她的原夫，則娶她的男人將以聘金形式給予原夫補償）。因此，一九二〇年，這個主幹家庭子代的三個兒子，分別到了二十八歲、二十五歲和二十二歲。他們共有的妻子，也各自達到二十五歲、二十一歲和二十三歲。把這一時期的共妻關係圖示出來（見圖2-6C），同樣可將這種婚姻安排定義為「一夫多妻制的亞型」。假如要跟二十世紀四〇至五〇年代年代的婚姻術語對話，將這種婚姻稱為「夫妻等量型的兄弟群婚」[23]也許更加形象。馬駿達過去是這麼做的，後來他換了「多夫多妻制」的術語來界定。兩個術語都

---

22 「拖油瓶」與「螟蛉子」（義子、繼子）、「遺腹子」等漢人社會的地方性俗語為同一級別的概念，為廣東漢人（廣府、福佬和客家）所常用，指稱再醮的寡婦拖兒帶女。

23 絕大多數研究者只是把這種安排籠統地稱之為「一妻多夫制」。例如，Jain於一九四八年、Majumdar於一九四四年〔以及在十一年之後的那篇文章——〈一妻多夫社會的家庭與婚姻〉（見英文期刊《東部人類學家》1955年第8期，頁85-110）中〕，Sakena於一九五五年，他們都是這麼說的，而馬駿達在一九五五年的第二篇文章——〈一個一妻多夫村莊的人口統計學結構〉（載《東部人類學家》第8期，頁161-172）中使用了一個準確得多的術語：「夫妻等量型的一妻多夫制。」

沒有揭示出家庭成員的性別比例及其對人口再生產的影響。唯有在白雷曼提供的家庭人口統計學的樣本中，對於多夫多妻婚的研究才迎來轉折。白雷曼指出，丈夫的數量不會超過妻子的數量，這就排除了人們津津樂道的多夫多妻婚制是生育率、人口再生產和人口統計學的特定結果這個假設。

　　讓我們再回到正題。又過了五年，一個兄弟可能死亡──假定逝者是次兄──出於填補勞力虧空的考慮，家人可能要求額外再娶一個二十歲的妻子。這樣，家中婦女將以 4:2 的數量超過男人，明顯地影響著人口再生產（見圖 2-7A）。妻多夫少的這種局面，雖不常見，卻有可能發生。

　　由此再過十年。其間，一妻──假定是第三妻──可能會離開（因為離婚和再婚是極其普遍的），並且另一妻──假定是髮妻──可能會亡故，剩下兩夫兩妻。兩夫，一人四十三歲，另一人三十七歲；兩妻，一人三十六歲，另一人三十歲；配偶的性別比例恢復了平衡（見圖 2-7B）。

　　又過了十年，長兄可能死了，留下一個「典型的」一夫多妻制家庭。兩個妻子，一人四十六歲，一人四十歲。丈夫四十七歲（見圖 2-7C）。

　　在接踵而至的十年中，隨著第一個妻子（即原來的次妻）去世，一個「典型的」一夫一妻制家庭誕生了，這個拉其普特農戶的家庭至此走過了四十年的歷程，而妻子此時已過生育期（見圖 2-7D）。

　　人類的女性通常比男性長壽，故猶存的丈夫可能先於猶存的妻子辭世好幾年（見圖 2-7E）。妻子終究也是要死的，隨著她的去世，本家此代的最後一人將歸於消失，而他們的子輩和孫輩又將沿著同樣周期迴圈。這個例子描述了潔柳薩社會理想的「多夫多妻制」家庭的興衰。西藏的兄弟共妻家庭的生命周期圖與此不同，仍以一個三兄弟共

妻的家庭為例，起點與圖 2-6A 一致，接著就不一致了，當一個丈夫去世，降為兩夫一妻，又一個丈夫去世，降為一夫一妻，這時與圖 2-7D 一致。多偶家庭的運作自始至終貫穿著相同的結構原則和相同的步驟，支撐家庭的價值體系也存在於每一階段。

在描述家庭、世系、村莊或者地區的結構時，白雷曼的動態研究令人耳目一新。動態研究不僅要注意對象的發展變化，還要注意相近對象的微小差別，例如，如果妻子先於丈夫離世，只要條件允許，丈夫通常都會續娶，家庭結構沒有變化。反之，如果有一個丈夫先於妻子而去，家庭結構就變了，變為一夫一妻制家庭。在多夫多妻制下，兩個主體都是複數，因此變化是不同的，猶如上面的圖譜揭示的道理。這裏只是追隨著一個世代來考察，如果跨越兩個或者三個世代，情況還要複雜，就有可能出現類似於主幹家庭、聯闔家庭甚至殘缺家庭（如單親家庭）的結構。動態研究要求顧及一個對象與其它對象的關係，兄弟共妻制與各種婚制的拼合便屬於此。家庭週期與土地的規模亦同，前者左右著後者（至少是播種面積）。當家庭處在上陞期時，隨著人口增加、孩子長大，對於土地的需求或者種植面積隨之增加；當孩子們結婚，父母死去，剛才的數字又回落下來。反之，後者也影響前者，比如，家庭擁有的土地多，對生育的要求就會強烈些。因此，人口增長的拋物線和土地需求的拋物線是基本平行的。

從上面的跨文化比較中可以概括出幾條共存於柳潔薩社會與衛藏地區的兄弟共妻婚與家庭規則：一、家庭脈線是父系的，婚後從夫居，家庭類型是擴展的和復合的；二、兒子和父母一起生活，共同勞作，兄弟成人，便平等共用家產、平等使用傭工，長兄行使主要權力；三、婚姻是一群兄弟和一個女人間的契約，必須經過雙方父母的刻意安排才能發生作用，必須支付「聘金」；四、已婚婦女和一群視為丈夫的兄弟共同生活，夫妻各盡所能、共同為家庭從事物質資料生

產和人口生產；五、男子無須離婚，便可結婚；六、只有終止了夫妻關係，妻子再醮才能任她作主；七、夫妻雙方都可以提出離婚，但孩子留在夫家，妻子再醮，娶妻一方的聘金必須付給女方所脫離的夫家；八、凡不願平等地共用父產、使用傭工、擁有妻子和養育孩子的兄弟，道義上必須盡可能平等地分給其應有的家產份額，實際上不可能均分，分家之後他們便不能繼續分沾老家的利益。

柳潔薩社會與青藏高原東南部兄弟共妻婚的形式與內容雖然有所不同，但兩地的家庭單位都可以在上述八條規則允許的範圍內表現自己的特殊性。隨著時間的流逝，在環境因素和選擇因素的作用下，夫妻人數不同的各種家庭產生出來，它們就是通常描述的一夫一妻制、兄弟共妻制、一夫多妻制和兄弟型多夫多妻制（群婚）等各種家庭形式。

五　同房與生育

「男性遺精，女性月經，男性授精，女性妊娠是自然現象。」[24]懷孕是男女交媾的結果，藏族人都知道這一點，他們對於社會父親與生物父親給予同等的重視。當社會父親與生物父親並不體現為一個人時，如果要問二者哪一個人更重要？或者說把父權授予哪一個人？他們會毫不猶豫地偏向社會父親。當一名男子指著一個男孩告訴你：「他是我的兒子。」你可不要輕信他的話呀！因為這個男孩極有可能是他的姊妹或者妻姊妹的私生子，他不過是盡收養的義務罷了。社會認為未婚女子所生的孩子是沒有父親的，即雖然有生物父親，但那個人不能合法（或合乎風俗）地養育他，等於沒有父親。相反，一個已

---

24 何國強著：《政治人類學通論》（昆明市：雲南大學出版社，2011年），頁132。

婚婦女和其丈夫所生的孩子，在一夫一妻的家庭中，均被看作該丈夫的嫡出；而在兄弟共妻的家庭裏，則一律被看作大丈夫的孩子，即使這個人長期外出，沒有和妻子同房，其它兄弟與妻子所生的孩子，仍舊被看做他的孩子。這是人們重視父權的又一證明，由此引起堅贊對夫妻同房與生育問題的關注，專門進行了調查。

（一）房屋建築與家庭組織

性是夫妻關係中不可缺少的，當夫妻處在年輕或中年階段時這一要素尤為重要。夫妻如何安排他們的性生活呢？或者說，在這一過程中是男性居於主動，還是女性居於主動？欲回答這一問題，可以從屋居談起。

江雄河谷的代表性建築是石、土、木混合結構的平頂民宅，大多數為兩層樓房，少數為一層平房。房屋外形方正厚重，石牆聳立而上，逐次收分，外牆刷成白色，嵌有小窗。內部檁柱組成縱架，大空間由數排縱架組成，梁上鋪椽，椽上鋪木板或樹枝等，其上再鋪卵石和「阿噶土」構成屋頂。屋頂兩側各有幾個泄水口襯以鐵皮製作的凹槽伸離牆壁。

樓房外牆下層的窗戶不加裝飾，上層的窗框繪成梯形圖案並著以黑色。屋頂四角砌有九十度夾角的胸牆，各插一棵樹枝供懸掛經幡之用。大門正中屋頂，砌了一個煨桑用的大香爐。廁所建在外面，與房屋一牆相隔。亦分兩層：上層與主建築的天井相通，下層供蓄糞積肥，糞門以一塊石板擋住。房屋外形見圖2-8，樓房的底層用作畜廄和飼料倉庫，也擱置農具和臨時堆放一些收穫物。樓上住人，由天井、陰廊、廳屋和若干耳房組成。耳房多則七八間，少則三四間，一般也有四五間，分派不同用場。經堂、糧倉和廚房必須各占一間，剩餘的才能作為臥室，如果人多不夠住，也可以在糧倉與廚房裏面搭

鋪。居住平房的家庭，也是人畜隔離，牲畜關在附近的圈裏。因此，佈局上平房與樓房第二層相差無幾。

此處提取第十三號家庭的素材，一九九九年，堅贊入戶調查時，全家有十三口人，居住在一棟兩層的樓房裏。圖 2-9 示意房屋內部的安排，家中成員的年齡以當時的記錄為準。

這是一個主幹家庭，原是兩代共妻，父代兩兄弟——頓珠和江巴（56 歲）合娶了卓瑪，頓珠與卓瑪去世後，這個家庭回覆到一代共妻的性質。子代的故事前面有所敘述，即仁真、甘當和丹增旺達合娶了達娃色珍，四個夫婦共育了五個孩子。需要補充的是江巴和同胞姊妹央金（46 歲）、娣姬（32 歲）與全家住在一起。娣姬早先出家為尼，後來返俗，現在兩姊妹都保持獨身，以覺嫫的身份呆在家裏。江巴還有一位兒子，即丹增旺達的胞弟，名叫「米瑪」（25 歲），在拉薩哲蚌寺出家，偶而回家。仁真、甘當、丹增和米瑪四兄弟稱江巴為「阿庫」（叔叔），而非「阿帕」（爸爸）。「阿庫」在這裏等於小爸爸的意思，「阿帕」等於大爸爸的意思。如果妻子採用借稱（跟著孩子的叫法）來喊丈夫，則「阿庫」等於小丈夫的意思，「阿帕」等於大丈夫的意思。關於江雄河谷的親屬稱謂，堅贊已有敘述[25]，後面還會涉及。

十三號家庭的二樓除了廁所、天井、陰廊等，還有一間廳堂、七間小房，有九張床。其佈局如圖 2-9 所示。七個成人和五個小孩如此安排：妻子達娃色珍單獨擁有一間臥室，夜晚她帶著貢久（1 歲）睡。小爸爸江巴的臥室在經堂旁邊，他帶孫子丹巴（4 歲）睡。姊姊央金住在廚房。妹妹娣姬住在陰廊左側的臥室。要是喇嘛弟弟回來，央金就搬去娣姬的房間，在地上鋪卡墊（一種硬毛氈）睡，把廚房的

25 參見堅贊才旦：〈真曲河谷親屬稱謂制探微〉，載《西藏研究》2001 年第 4 期，頁 10-18。

床讓給姪兒米瑪。糧倉旁邊的臥室給兩個女兒頓珠群宗（10 歲）和查果（6 歲）。廳堂的 4 張床是仁真、甘當、丹增和兒子普布（8 歲）的。這樣，3 個兄弟同妻子就既有一個輪流同房的空間——達娃色珍的臥室，又有一個共同的臥室——廳堂，廳堂也成為調節他們與妻子同房的中間場。同時，父親、姑媽央金與娣姬各有一間臥室，便於老人休息和兩個單身女人規避他人。

寬敞的建築必然有利於家庭成員的休息、睡眠與起居安排。首先，當兄弟和妻子處於中年與青年階段時房事比較頻繁，而在家庭的諸多功能中，農牧業生產、家務事、教育後代屬於顯性，從事人本身的生產屬於隱性，兩種功能的發揮需要時空交錯。日出而作、日落而息是江雄藏族群眾的生活規律，夜間全家人都在樓上，時間是無法交錯的，人的活動卻可以交錯。如果妻子沒有單獨臥室，夫妻生活將極為不便，如果為了夫妻生活而不顧及孩子，將嚴重影響教育功能。故只能利用空間交錯房事，讓當值的夫妻與家裏其它人暫時隔離，前者佔有隱蔽空間，後者佔有非隱蔽空間。其次，不僅夫妻的隱私需要尊重，其它家庭成員的隱私也應該尊重，兄弟共妻家庭的人口較之普通家庭為多，由於房屋寬敞，便於分割為不同的小空間，使之適合各人的需要。況且家庭成員的活動不是一成不變的，居住空間較大，就有足夠的適應性應付變動的情況，使一家老小各得其所。

（二）夫妻生活的基本方式

在兄弟共妻家庭中，性愛的範圍雖限於兩個主體間，但有一個主體是由複數構成的，因此，發生了一個妻子和幾個丈夫間的性愛。

「性愛的基本要素是關心、責任感和尊重異性人格。」[26] 夫妻生

---

26 徐紀敏、程同：《性科學》（長沙市：湖南人民出版社，1988年），頁154。

活反映了他們各自從對方尋求社會需要、精神需要和肉體需要的心理狀態。如果夫妻在相互交往中，都能從對方獲得各自的滿足，他們之間的關係就融洽；反之，如果發生矛盾與衝突，就會影響整個家庭。

　　共妻過程，一方面諸兄弟要聽從妻子的安排，尊重她的意志──接受誰或者拒絕誰。妻子在安排同諸夫同房時，實際上是在協調諸夫之間的關係。雖然她很難把自己的感情平均分配，但她必須盡可能地這樣做，不能有過分偏愛的行為。另一方面，丈夫是以平等的資格參與夫妻生活的，他們內部也在協調，他們之間的謙讓對夫妻生活的維繫具有更加重要的作用。

　　共妻的基本方式是輪流同房。它建立在一定的心理基礎之上。若無心理默契，「輪」的時候往往要借用信物。例如，「妻子獨居一室，不屬於某一個丈夫，她可以把代表某夫的信物，如腰帶、鑰匙等掛在自己的房門口，表示他是今晚的同房者，其它丈夫見之迴避。」[27]又如，妻子單獨住在主室或一間小房間裏，諸夫各有自己的臥室。共妻的兄弟在結婚時，每人要贈送新娘一件禮物，如項圈、手鐲、銀牌、腰帶、手帕、頭巾、衣服等。當妻子準備當晚同某夫同居時，則穿上或戴上他送的禮物，諸兄弟看見後，都心領神會。入夜，贈送該禮物的丈夫可以到妻子的臥室偶居。有時候，妻子在臥室門前掛一個信物，暗示某夫今晚可以去同她過夜，其它丈夫自然不去打擾。某兄弟想主動與妻子偶居時，則在夜深人靜、家人熟睡時，輕步進入妻子臥室過夫妻生活，然後悄然離去。為防止其它兄弟闖入，須在門上掛一個信物，使後來者見此物便止步。[28]再如：「共妻的兄弟各有居室，輪

27　仁真洛色：〈試論康區藏族中的一妻多夫制〉，載《民族學研究》第7輯（北京市：民族出版社，1984年）版，頁148。

28　劉龍初：〈四川省木裏縣俄亞納西族一妻多夫制婚姻家庭試析〉，載《民族研究》1986年第4期，頁27。

流與妻子居住，妻子與兄或弟同居，房門外掛有標記。」[29]這類報導極具戲劇性，與生活常理相悖，說得嚴重一點，是戴著妓院的有色眼鏡看問題。既然謙讓與合作是維繫兄弟關係的紐帶，而且同房的機會隨時都有，那麼防範意識不是顯得多餘了嗎？

十九號家庭的妻子名叫益西（42歲），丈夫是兩兄弟，哥哥名叫洛桑曲旺（48歲），弟弟名叫洛追（46歲），兩兄弟有六個孩子。洛桑說：「晚上睡覺前，我們一家人都坐在廳堂裏，邊做活計邊說話，如果洛追想跟益西睡，他只要比我提前幾分鐘進入益西的房間就行了。如果我也想，但看到洛追這樣做了，我便明白今晚沒有我的份。我用不著去跟弟弟爭。我可以明晚或者後晚去益西的臥室。反過來，如果是我先進入益西的房間，洛追也不會同我爭。我們從來不用信號。要是我和洛追熄燈之前都不想去跟益西睡，我們就睡在各自的床上。如果半夜醒來我想去找益西，我起身後會先看一眼洛追睡得怎麼樣，如果他睡得正酣，我就去推益西的房門。她的房門總是不上閂的，我進去後把門閂上就可以了，除非益西有恙，不想接納我。如果我看見洛追的床是空的，我會推測可能他上廁所，或者去了益西那裏，或者外出未歸。我可以去推一下益西的門，要是已經上了閂，我便返回床上繼續睡覺。因為不是洛追在裏面，就是益西今晚不想接納我。」

另外，第十九號家庭的兩個丈夫和第24號家庭的四個丈夫[30]是同父異母的兄弟。其父與髮妻生育了格勒、土多、列協和歐珠丹達，原

---

29 嚴汝嫻：〈藏族的著桑婚〉，載《社會科學戰線》1986年第3期，頁199。

30 一九九六年，堅贊第一次造訪時，攝有老二土多和老四歐珠丹達與妻子索朗央金並排坐的照片，一九九九年他第二次造訪時得知歐珠丹達因病去世已一年。按藏族人的集體意識，死去的親人是忌諱提起他們的名字和看到照片的。故此處為四缺一（未上歐珠丹達的照片）。

配去世後他續娶一妻，生育了洛桑曲旺和洛追。父親讓兩位妻子所生的兒子各自為陣，組成兩個共妻圈。

第三十四號家庭的布瓊次仁說：「孩子小的時候，總是跟她（指妻子索朗卓嘎）睡。如果我們當中有一人要與她同房，事先跟她說一聲，要是她表示同意，睡覺之前她就把小孩遞給這個兄弟。他一邊移動著腳步，一邊逗弄著吃奶的小孩，不一會兒就抱著孩子進了索朗卓嘎的房間。孩子斷奶了，平時還是跟索朗卓嘎睡，要是有兄弟與她同房，索朗卓嘎會把這個孩子抱給另一個兄弟。意思是：「今晚你甭想跟我同房，好好領著孩子睡覺，我和你兄弟要單獨商量事情哩！」這些現象全部發生在大家眼皮底下，不必說破，也不需要展示什麼信號！

夫妻生活是靠夫妻雙方的合作以及丈夫內部的協調來實現的，不一定非要信物分界。只有一個丈夫在家的場合，輪流同房的約定就消失了；當外出放牧、經商或打工的丈夫回家，此人便加入到共妻的行列，這個約定又復活了。只是外出者的兄弟，即已經在家的丈夫會對這位歸來者特別禮讓，妻子也會讓他優先，但這並不意味著補償他外出的損失，外出者並非把由於自己不在家看成一種損失而特別要求補償。

由此可見，輪流同房是一種制度，兄弟謙讓是一種美德，二者相輔相成。僅有謙讓，沒有制度維繫，美德就不能持久；僅有制度，沒有謙讓來潤滑，輪流就貫徹不了，並且會轉化為競爭。

（三）婦女的生育曲線

兄弟共妻制的一個重要功能是減少男人所生後代的數量，使人口的增長和有限的自然資源保持平衡。[31] 這一功能的實現表面上好像是

---

31 參見〔美〕F. 普洛格、D. G. 貝茨，吳愛明、鄧勇譯：《文化演進與人類行為》（瀋陽市：遼寧人民出版社，1988年），頁428。

行共妻婚者的主動選擇，實際上是集體無意識的強制性借人們的主觀意願為自己開闢道路。通常人們只考慮集聚勞力、不分家產、發家致富，不關心這種行為起到降低當地整體生育力的社會作用；他們沒有意識到自己這麼做是被一種盲目性所推動的。[32]即使一些人意識到了，但也缺乏正確的理解，而是把減少生育力的作用歸因於這種婚制下妻子的負擔過重，她既要與丈夫同房，又要為他們生孩子，身體承受不了，導致生育能力降低。這是一種幼稚的認識。那麼，這種婚制究竟是怎麼控制群體的生育力的呢？讓堅贊以秀吾行政村的親身觀察來說明吧。

秀吾行政村的五個村組全部分佈在一條叉谷，總人口是一五八四人，勞力性別比例為男 100:女 108，家庭總數是二三七戶。其中，兄弟共妻家庭二十三戶，占家庭總戶數的 9.7%，一夫一妻家庭二一四戶，沒有一例姊妹共夫的家庭。

人口的年齡金字塔十分有趣：前生育階段年齡（0-14 歲）、生育階段年齡（15-44 歲）和後生育階段年齡（45 歲以上）大體上各占33.3%。處在生育階段年齡的共有五二八人，按勞力性別比例統計，男性二五四人，女性二七四人，女性比男性多二十人。

上述二十三個兄弟共妻的婚姻單位有四十九位元丈夫（除了 3 戶為三兄弟共一妻之外，其餘皆為兩兄共一妻），而二一四個一夫一妻制的婚姻單位則只包括了二一〇位元妻子（有喪偶情況）。假設沒有兄弟共妻制度，每個達到結婚年齡的婦女只有一個丈夫，於是隨著這二十三個共妻單位的消失，將造成二十六個剩餘的男子。如果把村子裏原有的幾個中年鰥夫計算進去，剩餘男子的數目達三十人。這些男子占秀吾行政村男子總數的 4%，占全村十五至四十四歲男子數量的

---

32 參見〔美〕戈爾斯坦，何國強譯：〈巴哈裏與西藏的一妻多夫制度新探〉，載《西藏研究》，2003年第2期，頁116-117。

11.9%。如果他們都有一個妻子，秀吾村就要增加三十個家庭。

　　納格在《非工業社會中影響人類生育力的因素：一項跨文化的研究》一書中談到兩個實行一妻多夫制的族群——托達人（Toda）和姜塞瑞人（Jaunsari）時，指出行兄弟共妻婚的婦女與不行此婚的婦女相比，二者的生育能力沒有什麼差別。[33]戈爾斯坦也表示他的研究證明納格的觀點正確無誤。[34]說明因其基點相同，不同婚制下婦女的生育力是可比的。

　　如果說兄弟共妻制並不影響那些已婚者個人的生殖能力，那麼，這種婚制對人口的控製作用何以發生呢？大致有兩種方式：第一，減少家庭的數量，從而減少一部分男子同一部分婦女合法地生育孩子的概率；第二，產生過剩的婦女，她們不在人口再生產之中，而是徘徊於邊緣，或者說一個水池裏的水可以淤積也可以溢出，這就降低了生育率。

　　秀吾行政村的兄弟共妻制，致使二十六位婦女不能在本村尋找丈夫，加上原本就多於男子的二十個婦女，該村的剩餘婦女達四十六人。當地兩性關係相對寬鬆，人們不歧視私生子，沒有風俗處罰不成家的人，也不存在種姓隔離，這些都意味著剩餘婦女可以和異性接觸，甚至生育孩子，只不過在擁有孩子的平均值方面，遠低於有夫之婦罷了。據一九九九年的資料，平均每個已婚婦女所擁有的孩子為3.4個，而平均每個無夫之婦所擁有的孩子為0.8個。

　　從未聽聞江雄河谷的藏族群眾有溺嬰、墮胎的習俗，為何有夫之

33　參見Nag, M. Factors Affecting Human Fertility in Non.Industrial Societies: a Cross-Cultural Study. *Yale University Publications in Anthropology*, Number 66. New Haven, 1965:47.

34　參見Goldstein, C. M. Fraternal Polyandry and Fertility in a High Himalayan Valley in Northwest Nepal. *Human Ecology*, 1976 (3):223-233. Reprinted in *The Tibet Society Bulletin*. 1977 (11):13-19.

婦和無夫之婦所擁有的孩子數目會形成如此之大的差距呢？堅贊認為大約受到三個因素的影響：

首先是經濟原因。一方面，雖然男子可以去跟別的婦女私通，但是，墮胎和偷生是昂貴的。男子常常要冒引起糾紛的風險，最後不得不按照風俗的要求提供賠償——物品、貨幣、土地等，作為負擔孩子成長的開支。賠償和懲罰的機制無疑起到一種抑制作用，使男人們不敢輕舉妄動。另一方面，從女方角度來看，撫養孩子也不容易，男方一次性地支付的物品不足以長期供養孩子，孩子在成長，貨幣在貶值，當媽媽的只好靠紡羊毛、織氆氌、出賣手工織品以及給人家做工等方式掙錢，有限地彌補虧空。

其次是照管不周的原因。無夫之婦的孩子死亡率比較高。在沒有親戚幫忙的情形下，單身母親獨自挑起看護孩子的重擔，又要謀生，顧此失彼是可想而知的。

出於上述顧慮，有些婦女希望避孕，不想懷上孩子。

最後一個原因只是堅贊的一種猜測。當一個婦女同若干個男子親密往來，或者生活在一起的時候，受頻繁的性關係影響，可能會導致她的生育功能萎縮。沙克森納（R.N. Saksena）調查交舌—巴瓦時，發現這個社區患有性病的人口達到百分之六十至百分之七十，引起聯合國世界衛生組織的關注。他感慨地說：「社會給予婦女較多的性自由，要求婦女做出較大的犧牲，以至於使性病氾濫成災。」[35]堅贊的猜測是否正確，有待於今後進一步的調研來證明。

在秀吾行政村，正是這些無夫之婦成為共妻制藉以減少人口的工具。為了抽象地表達具體的材料，直觀這一婚制如何控制人口，堅贊嘗試了一種模型（見圖2-10）：

---

35 Saksena, N. R. *Social Economy of A Polyandrous People* (Second Edition). New York: Asia Publishing House, 1962:18.

就秀吾行政村的這四十六個婦女而言，如果她們都結婚，就像該村的已婚婦女一樣，平均每人擁有 3.4 個成活的孩子，則在這個數值和 0.8 的數值之間所存在的差距意味著，沒有結婚的婦女將產生一百二十人的人口遞增額。換言之，她們將為秀吾村的人口總數帶來 75.8‰ 的遞增額。跨過一個由幾個代際構成的時期，這條人口增殖的軌跡便越來越明顯。如果一百二十個額外人數的一半為女性，並且她們每人平均擁有 3.4 個成活的孩子，那麼下一代的遞增額將為一百五十六人，再下一代將遞增為二百〇二人。只需過三代，秀吾行政村的人口就會增加四百七十八人。目前，從秀吾行政村只有一五八四人的事實很容易看出這種遞增的實用價值有多大。秀吾村的情形與尼泊爾西北角利米峽谷的情形如出一轍。[36]

這就是兄弟共妻制在人口統計學上對高海拔山區的文化適應所扮演的一個角色。西藏到處都是江雄河谷這樣的環境。一方面耕地有限、乾燥缺雨和必須灌溉，另一方面農作物生長周期長、大規模地強化農業的努力受到嚴格的限制。因此，任何旨在減少對現存土地壓力的策略都是一種有效的適應。然而，共妻的兄弟和他們的鄉親並沒有覺察到這一婚制的功能，也沒有把它想像成一種文化適應的策略。實際上是社會在有意無意地通過使一部分處於生育階段的適齡婦女保持不完整的獨身狀態來調整著人口的增長。

（四）輪流同房與平均得子

當行共妻婚的人把家財的維繫和勞力的保持放在第一位，把父權賦予長兄一個人的時候，他們把生育之事放在第二位來考慮是很自然

---

36 Goldstein, C. M. Fraternal Polyandry and Fertility in a High Himalayan Valley in Northwest Nepal. Human Ecology, 1976 (3):230-233. Reprinted in *The Tibet Society Bulletin.* 1977 (11):17-19.

的。多名報導人聲稱，輪流同房是為了使丈夫獲得均等的接觸妻子的機會，從而均等地獲得生理與心理的滿足，而不是為了生孩子。如此說來，同房的平均值與子嗣的平均值之間的因果聯繫被切斷了！15號家庭的諾桑說：「我們沒有看得那麼遠，為了多生兒子才同房，我不曉得倉決（他們的妻子）是否想讓每個丈夫的子女一樣多，因而有意地調節我們和她的同房次數，但是，我敢肯定我們三兄弟和倉決都不把孩子是誰的看得很重要！」

丈夫們的解釋純粹是主位的。他們在用一種現象（與妻子同房時的滿足，以及輪流規則體現著和諧、公平與團結的理念）去掩蓋另一種現象（得子是同房的目的之一）。雖然是主位元解釋，但不意味著完全錯誤。為了追求十足的感官快樂，夫妻同房時不可能想得那麼遠。儘管如此，在其它時間和場合他們的感情和理性定會促使自己去考慮得子的問題，甚至還考慮得比較多。因此，嚴格來說，報導人的解釋包含著虛飾的成分。男女交合必然生子，這是最愚笨的人也懂得的道理。性與得子不均是兄弟共妻制家庭最微妙的一對因素，二者關係處理不當，極易引發家庭失衡，故聰明人不可不將眼光放遠一點。人們在多大程度上避免夫妻同房的不均，也就在多大程度上避免了丈夫得子的不均。正因為如此，他們才發明出輪流同房的規則。

主位的解釋起源於丈夫看待房事時，只想把它跟「好」的意義相連轉，不想跟「不好」的意義相連轉，於是就有羞於啟齒與自然流露之分。然而，「好」與「不好」是由當地的價值體系決定的，是相對的。傳統觀點認為，如果個人為了傳種才跟妻子同房，是自私的。所以，丈夫藉故不能確定自己與孩子的生物關係，強調他們不太看重孩子是不是自己的。

輪流同房期間所生孩子與其生父的關係果然難以確定嗎？堅贊認為答案是否定的。下面引離婚的事件來說明。儘管一般來說，共妻制

的家庭關係大多要好於其它家庭類型，不到萬不得已不會分家的，例外情形較少，可以忽略不計，這就給堅贊提供了檢驗的依據。

有關離婚引起孩子在夫妻間分配之事，文獻提到兩說：「對分說」支持親子關係確定的假設。其曰：「生下的第一個孩子為長兄所有，第二個孩子歸弟弟所有，以後再有孩子，是雙數的仍對分，若只生 3 個孩子，其歸屬由兄弟二人商量決定。」[37]此說追求的是數量上的平分，只是遇到單數孩子無法平分時才要求一方讓渡權利，分的尺度仍然是外在的社會關係，而不是子與父的生物根源。

「擇分說」曰：「如生子女，兄弟擇而分之。」[38]從含義推敲，「擇」的依據可能有若干，其中之一應是孩子與父親的生物關係。

據堅贊的田野訪談，共妻家庭的孩子，大多數人與生父的關係都是可以確定的。前面提及的 38 個家庭，妻子們共養育了 173 個孩子，只有 9 個孩子的生父不能確定，4 個孩子的生父妻子不願意說出來，其它孩子的身份全部能夠確定。妻子不僅能依據自己的生理反應，而且能參照孩子的長相和性格作出判斷，確定孩子是誰的；唯有丈夫們輪值甚密，或者她自己疏於計算時，才會難以判斷，於是只好說，某個孩子是丈夫們共同的。

於是，探討輪流同房與平均得子的因果關係便有了可能。表 2-4 是從秀吾村 22 個能夠確定親子關係的家庭中獲得的資料，從中可以看到丈夫的得子量比較接近。如果考慮婚齡、妻子的生育力的衰退等因素，比之於哥哥，弟弟得子的平均值確實要低一些，表 2-4 的資料就是最好的證明，即使從發展的觀點看，弟弟的年齡占優，體質亦占優，隨著夫妻生活的繼續，弟弟與哥哥的得子差距會縮小，但很難超越，因為妻子日益衰老。

---

37 嚴汝嫻：〈藏族的著桑婚〉，載《社會科學戰線》，1986年第3期，頁199。
38 吳豐培著：《西藏志·衛藏通志》，（拉薩：西藏人民出版社，1982年），頁28。

表 2-4　秀吾村 22 個共妻家庭的丈夫得子率（1999 年）

類型 夫妻 相關數	一妻二夫（20 戶）				一妻三夫（2 戶）				
	長兄	次兄	妻	小計	長兄	次兄	三兄	妻	小計
平均年齡（歲）	42.8	38.0	39.0	39.9	40.0	37.5	34.5	35.5	36.9
平均婚齡（年）	17.4	16.3	17.4	17.0	22.0	22.0	22.5	22.5	22.3
平均得子（個）	2.46	2.05	4.5	2.26	2.5	1.5	0.5	4.5	1.5

　　表 2-4 的一妻二夫欄的長兄與次兄和三兄的平均得子較為接近，這個資料較能說明問題，也較有意義，因為此欄的家庭多達 20 戶；而一妻三夫欄只有 2 戶，長兄與次兄和三兄的平均得子較為懸殊，不能說明問題。總之，就像影之隨形一樣，不管丈夫平均同房的動機如何，後面大抵會跟著平均得子的結果。當然，這種平均只能是大致的，不是絕對的。

（五）孩子對父親的稱謂

　　共妻制家庭的親屬稱謂以江雄河谷通行的稱謂體系為背景，孩子對母親的諸夫有三種叫法，三種均不與社會通行的稱謂體系構成對立。

　　一是混合叫法。不論諸夫的年齡與長幼關係如何，所有的孩子都叫他們「阿帕」或「帕拿」（爸爸）。持這種叫法的有 32 戶，占堅贊訪問戶數的 84%。例如，16 號家庭的母親吉美（75 歲），她本人行一夫一妻婚，其父母生前行兄弟共妻婚，她回憶說：她稱呼母親的兩個丈夫一個為「大爸爸」，另一個為「小爸爸」。現在吉美的兩個兒子又行兄弟共妻婚，兒媳名叫巴果，孫子稱巴果的兩個丈夫亦為「爸爸」，當有必要時才在前面加上「大」或「小」字。

　　二是區別叫法。孩子叫母親諸夫中的兄長為「爸爸」，叫母親諸

夫中的弟弟為「阿庫」（叔叔）。持這種叫法的有 3 戶，占 7.8%。例如，7 號家庭的 4 個孩子、27 號家庭的 3 個孩子叫他們母親的大丈夫為「爸爸」，叫大丈夫的弟弟即母親的二丈夫為「叔叔」。

　　三是借稱法。使用該法的有 3 戶，占總數的 7.8%。例如，9 號與 10 號家庭都是一代共妻家庭，9 號家庭有 3 個孩子，他們叫母親郭果的大丈夫布窮次仁為「爸爸」，叫郭果的二丈夫吉美為「哥哥」。為什麼要這樣稱呼呢？據說在家庭分工中，吉美放羊，他整日在山上，與孩子們接觸少，加之性格內向，與孩子見面時不愛說話，孩子們跟他有隔閡；吉美的 3 個妹妹見到他都叫他「哥哥」，孩子們學著他們的姑姑這樣叫，習慣了。10 號家庭的 9 個孩子，他們都稱呼洛桑為「爸爸」。其中，前 4 個孩子和最後一個孩子是洛桑的，這 4 個大孩子稱仁傑為「霞相」（舅舅）。採用這個借稱的緣故和 9 號家庭相同：仁傑專司放羊，經常不在家，洛桑比仁傑大 17 歲，仁傑有一個姐姐，只比他大 10 歲，仁傑在哥哥洛桑面前比較拘謹，在姐姐面前比較隨便。姐姐的孩子很喜歡仁傑。這幾個外甥與洛桑的 4 個孩子年齡相仿，經常在一起玩耍，久而久之洛桑的 4 個孩子就借用了他們的姑表兄弟姊妹對仁傑的稱呼。只有最小的孩子和仁傑的 4 個孩子不稱仁傑為「舅舅」，而稱他為「爸爸」。

　　前面說過三點，即江雄河谷的農牧民對兄弟共妻制度的評論以避免分割家產、保持父系家庭完整、集中家庭男性勞力的觀念為導向；共妻過程中，妻子對房事的安排、拒絕或是接受諸夫的要求，均與妻子的各種需求尤其是她追求諸夫中某人的得子量相連；妻子可以根據諸夫的具體特徵、同房時間、她本人的生理反應和其它跡象來確定所生孩子與其生父的關係。如果考慮到此三點，就不難從共妻到共子的自然行為和邏輯順序中發現裏面隱含的父系結構。而共妻和共子在當今社會則只是一具外殼，裏面已經看不到原始群婚的女性譜系痕跡了。

回到稱謂。持第一種叫法的家庭之所以居多，一方面是父系結構為這具外殼保留下來的主要符號，另一方面是對和睦家庭有積極意義。孩子籠統地稱母親的諸夫為「爸爸」，容易促使不是生父的父親去親近孩子，使他們傾向於把孩子看成自己的。當雙方都把對方看成一種而不是兩種身份時，他們的關係確實會親近，義務感也會增強。換一個角度看，每個丈夫的親子數量在「爸爸」的稱呼聲中平均化了，造成一種心理效應，有助於抵消親子數量上的差距所產生的離心作用。妻子為諸夫養育的孩子不可能絕對平均，孩子對母親的諸夫稱呼相同，無論得子多少，丈夫們會從中得到平均感。當「爸爸」不是作為專名而是作為共名使用時，這無異於擴大了親屬稱謂制度的模糊性，加重了親屬稱謂中類別式的含量。

有兩點值得注意：第一，江雄河谷不存在多偶家庭單獨使用的稱謂庫，存在的是一個共用的稱謂庫，這個信息庫通用於整個西藏地區。第二，兄弟同住一屋，共同擁有一妻，共同擁有孩子，同收入，同支出，同勞動，同商量；孩子的生父雖然不同，他們的母親卻是相同的，即使生父不同，卻也是他們的社會父親。這麼多共同點彌合了親屬稱謂與親屬結構之間的差別。在上對下的關係中，被稱為「叔叔」的人與被稱為「爸爸」的人對孩子們是一視同仁的。在下對上的關係中，孩子懂得「叔叔」不是尋常意義上的叔叔而是父親的別稱，等於「小爸爸」或「二爸爸」、「三爸爸」的意思，所以他們對「叔叔」和「爸爸」抱等量齊觀的態度。這一道理也適用於「哥」、「舅」等借稱。

六　社會調節多餘婦女的機制

本章開宗明義地說過，江雄河谷乃至整個西藏，藏族的兩性比例

與世界出生性別比例的平均值接近，並向男少女多的方向偏離。兄弟共妻與姊妹共夫是家庭形態的兩極，在一個小型社區，如果二者的數量均衡，那麼該社區適齡結婚的男女人數就平衡；如果兄弟共妻家庭多於姊妹共夫家庭，就會出現失婚婦女；如果姊妹共夫家庭多於兄弟共妻家庭，則會出現失婚男子。此乃人所共知的道理。在一個講求邊際效益的社會，兄弟共妻與姊妹共夫的不同功能很容易凸顯：前者是節育、積蓄男勞力的，與家景富裕相率；後者是生育多、男勞力少的，家景顯得不太富裕。二者都不分家財，但優劣昭然若揭，這加重了人們的選擇傾向。因此，江雄河谷的多偶制家庭遠遠沒有形成均衡的局面，兄弟共妻的家庭數量大大多於姊妹共夫的家庭。因此，不能指望後者來抵消前者，多餘婦女也不完全是兄弟共妻制產生的，還要考慮其它因素。例如，在格魯派的禁律中，喇嘛不能結婚從事人口再生產，於是，宗教的原因又加重了多餘婦女的數量。結果問題集中到一點——找不到配偶的婦女哪裏去了？換言之，社會如何調節兄弟共妻制與失婚婦女的矛盾？這個問題非常重要，離開了對它的探討，就不能算是完整的考察。

　　兄弟共妻制與失婚婦女構成一個有機的生態系統，這個系統的良性迴圈，關節點在失婚婦女的出路上。如果社會存在某種機制消化這些多餘婦女，兄弟共妻制便能繼續存在；否則，多餘婦女淤積在家裏，引起人們怨聲載道，這一婚制就難以實行了。江雄河谷沒有發生這種現象，主要是因為社會有三種調節多餘婦女的機制。

（一）出家為尼

　　1950 年，西藏有僧尼 30 萬人，占人口總數 25%，到 2000 年時，有僧尼 4.5 萬人，占當時總人口 250 萬人的 2%，說明在人口大幅度增長的同時神職人員的人數反而大量減少，這倒不意味著信教不自由，

而是不能再強迫每家每戶都要有人住寺了。更多的人在從事物質資料的生產和人類自身的生產，但仍然有一部分人不從事這兩種生產。

江雄河谷有一庵二寺，庵叫做「達布」，寺叫做「曲可」、「若林」。1990 年，達布庵有 22 個尼姑，曲可寺與若林寺則共 80 個喇嘛，性別上僧超尼 2.6 倍，他們大多數是本地人。此外，本地還有少量男女出家者在外地。1996-1997 年政府派工作組駐寺整頓，一庵二寺中有些神職人員被弔銷執照，回家務農。克西鄉當時共 60 人在本地和外地當僧尼，其中共妻家庭的占 18.3%（6 尼、5 僧）。如果把 22 與 80 和 6 與 5 這兩組數位折中，不但江雄河谷女性出家人的數量被男性出家人抵消，而且出現負數，表明出家雖為多餘婦女的一條通道，但不是真正的出路，因為它不足以消化過多的婦女。

（二）婦女外嫁

在婦女交換方面，可以把克西鄉的通婚圈分為三個不規則的同心圓，即外圈、中圈和內圈。內圈其實是一個擴大了的圓心，反映的是克西鄉內部各村之間的通婚。中圈以江雄河谷為圓周，反映克西鄉與傑德秀鎮和朗傑學鄉的通婚。外圈指克西鄉與江雄河谷外部的通婚，圓周可由河谷口延伸到鄰縣。假如外嫁明顯超過內娶，就有理由把外嫁視為多餘婦女的一條出路，因此，要考察外圈和中圈的通婚數量。克西鄉政府幹事巴桑兼管婚姻登記，一天他向堅贊出示了保留 9 年的數據（見表 2-5）。假如考慮到許多男女不喜歡婚前身體檢查，拒絕到鄉政府領結婚證，純粹依照風俗擺酒結婚，那麼這些資料只是冰山一角，儘管如此，仍可說明一些問題。

從表 2-5 可知，9 年間，本鄉嫁出的婦女比娶入的多 101 人。1992 年和 1993 年，乾旱無雨，無娶入，嫁出的婦女卻是比較多的。3 個行政村，秀吾村外嫁的比例最大，娶入的比例最小，因為該村耕

地少、人口多，很大程度上依靠畜牧。秀吾村的兄弟共妻制家庭數量最多，這個行政村失婚婦女的數量也最多。克西村外嫁與娶入持平。果傑村外嫁的比例最小，娶入的比例最大。因為該行政村有兩個村組離公路近，交通方便，經濟好，兄弟共妻制家庭比例小，剩餘婦女不多。僅 9 年間克西鄉就有如此情形，表明婦女外流已成趨勢，如果更早的時期也是這樣，這條通道對多餘婦女的作用就更加不可低估了。

表 2-5　克西鄉與外鄉的婦女交換概數（1990-1998 年單位：人）

年份／嫁娶	1990	1991	1992	1993	1994	1995	1996	1997	1998	小計
娶入	8	5	0	0	7	7	1	15	5	48
嫁出	23	12	15	20	12	18	5	27	17	149

在這些娶入與嫁出的婦女中，屬於通婚中圈的占 1/3，屬於通婚外圈的占 2/3。通婚外圈的婦女交換地點，近的在貢嘎縣江雄河谷附近的鄉（鎮），遠的在鄰縣。處在通婚內圈中的克西鄉，若以 32 個共妻家庭為抽樣樣本，32 個妻子中有 23 個來自本鄉，其中來自秀吾村的 11 名，來自克西村的 10 名，來自果傑村的只有 2 名。3 個大村互相通婚，但果傑村距離較遠，秀吾村與克西村距離較近，後二者通婚頻繁。

（三）情人風俗

風俗是民族學研究的重要對象之一，它們像制度那樣規範著人們的行為。凡是存在多偶制的社會，總會有一種風俗相生相伴。一方面利用婚姻市場消耗不掉的剩餘人力資源，另一方面補充婚姻制度的不足。就多餘婦女而論，在出家和外嫁情形下，仍會有一部分失婚婦女

滯留家鄉，她們是不是獨守空房呢？如果不是，她們的出路何在？下面提及一種男女交友風俗，有時稱之為「情人制度」，是因為參加者眾多，不約而同地遵守制度化的活動細則。交友風俗和正式的婚俗同等重要，兩者一暗一明，公開方式與秘密管道有時平行有時交割，彼此維繫，共同構成江雄藏族群眾兩性生活的特殊形態。

江雄河谷的男女在生產與日常生活中，接觸極多，交往公開，沒有人把男女私情看成了不得的，父母也不干涉。本村的自不待言。異村的每逢有事，比如演戲、僧人露天講經、貿易等場合，亦常有交際機會。在各種盛會中，男女在林卡（小樹林）裏列隊對唱，跳起「果諧」[39]，情不自禁時，就可以「偷偷地」離開眾人，去幽會了。這種情形是藏族聚居區的普遍現象[40]。對兄弟共妻家庭而言，妻子對丈夫的情感總體上是平均的，但不會絕對平均，會有一些厚薄和偏愛，所以諸兄弟中也有不幸福者，他們將一部分感情移至家庭之外去尋求新歡也是在所難免的。情人風俗使人們可以在婚姻家庭以外發展感情，失婚婦女無疑助長了此風的通行。

情人風俗的追隨者主要是青年人，由於他們婚前有一段社交生活，所以一些女子在婚前生育子女，也就不以為然。克西鄉 32 個兄弟共妻制家庭中，有 12 位妻子的第一胎是婚前生產的。有的婚前生有子女的婦女後來是與另外的男子結婚，她原來生的子女可以留在女家，由女家父母代養，也可以由這位婦女帶到男家。不論在哪種場合，子女均不會受到歧視。

---

39 「果諧」是一種藏族集體舞的名稱，流行於西藏農區。男女各站一邊，分班唱和，把手成圈，頓地起舞，從左向右逆時針方向繞著圓圈踏步走動，步伐統一，慢拍與快拍交叉。

40 參見于式玉：〈藏民婦女〉，載《新中華》1943年復刊卷一（三）；又載《于式玉藏區考察文集》，（北京：中國藏學出版社，1990年），頁79。

　　情人風俗起到多妻制的作用，它消耗了一部分失婚女子。由於孩子不存在婚生與非婚生之別，所以男子與隱藏在單親家庭、非婚家庭（如女單人戶）、衛星家庭中的婦女交往時，雙方都不用為性愛的社會後果擔心，客觀上延緩了兄弟共妻制度中兩性比例不對稱的矛盾，沖淡了女子失婚的社會問題。這些就是情人風俗得以延續的原因。

　　情人風俗既是導致家庭破裂的原因之一，又是減少家庭破裂的原因之一。在一個性關係相對寬鬆的社會，後一種原因比之前一種原因所起的作用要大些。個人在家庭之外發展感情的時候，不必以犧牲家庭為代價，更無必要殉情，這對家庭的維繫從而對社會的穩定確有相當的功效。

　　然而，情人風俗仍然是以一部分婦女低下的地位和屈從被動的姿態為基礎的。兄弟共妻的婚姻形態和相生相伴的情侶制度已經遭到某些學者的批評。他們認為，性愛本身的排他性，最終既不能依靠兄弟謙讓的傳統道德來緩和，更不是諸夫另覓情人所能解決的。[41]

　　江雄河谷的兄弟共妻制不是孤立的，而是一個文化有機系統，涉及印藏文化的諸多方面，也關聯到康藏文化，它內涵一套歷久而彌新的價值體系，有著悠久的傳統與現實的根基，對待這樣一個文化系統，我們應該充分瞭解、全面認識、善於利用，引導到推動當地經濟、普及教育、增強對外交流、提高民智的方向，讓當地人民自己決定對待傳統文化的方式。

　　英國人類學家海門道夫講到尼泊爾的兄弟共妻制時始終以經濟為基礎。他列舉了一個事實——20世紀60-70年代，外來的登山和旅遊活動給尼泊爾的珠穆朗瑪峰地區帶來繁榮，夏爾巴的年輕男子爭相做

---

41 參見宋恩常：〈藏族中的群婚殘餘〉，載《民族學研究》第2輯（中國民族學研究會，1981年），頁224。

導遊、背夫和登山伴侶，獲得前所未有的經濟回報，導致了他們實現小家庭的欲望和兄弟共妻制的衰落。[42]研究文化變遷須尋找變數，而引數又偏重於因變數。在剛才的事例中，尼泊爾政府開放珠峰地區，引來外國遊客當屬引數，共妻婚式微和個體婚暴漲屬於因變數，這是容易理解的。戈爾斯坦也調研過尼泊爾的夏爾巴人，他舉出了一個新的引數——人們把馬鈴薯引進山區來了，荒蕪的坡地得以利用，播種面積擴大，從而增加了糧食產量，人們對於飢餓不那麼恐懼了，於是大家庭的凝聚力不像過去那麼強大了，一些小家庭快速走向自立。[43]從這個例子中也可看到引數和因變數。

兄弟共妻是一種古老的婚俗，它在江雄河谷的原生形態雖然難以覺察，但最近 60 餘年走過的足跡依然清晰。1950 年，中央與噶廈簽訂《十七條協議》，承諾解放軍進藏後保留原有的社會制度。1959 年西藏發生武裝騷亂，中央不得不重新考慮政策，決定廢除農奴制，實行民主改革。1965 年 9 月成立西藏自治區，在各地建立人民公社。人民公社是在繼農村土地改革之後對農牧民的個體經濟進行改造的基本形式，既是農村最大的生產單位，又是最低一級的政權組織。至 1975 年年底全西藏（不含當時為新疆代管的阿里地區）共建立了 1921 個公社，完全把西藏農牧業個體所有制轉變為農牧民集體所有制。

在組織形式上，西藏的人民公社較之於內地，不具有「一大二公」的特點。內地的人民公社是「三級所有，隊為基礎」（生產隊之上是生產大隊，再之上才是公社）。西藏地域遼闊，人口稀少，加之

---

42 參見Christoph von Fürer-Haimendorf. *The Sherpas of Nepal, Buddhist Highlanders*. Berkeley and Los Angeles: University of California Press, 1964:69-72; *Himalayan Traders*. New York: St. Martin』s Press. 1975:99.

43 〔美〕戈爾斯坦著，何國強譯：〈巴哈裏與西藏的一妻多夫制度新探〉，載《西藏研究》2003年第2期，頁116-117。

居住分散和建社太多，故西藏的人民公社規模不大，內部只劃分出生產隊，但公有和「政社合一」的性質沒變，沒有生產大隊這一層級，下情上達和政策的傳遞更加快捷，傳統風俗也易於受到外力的干預。婚姻屬於上層建築的範疇，經濟基礎的變更導致了兄弟共妻婚的變化。江雄河谷處在自治區首府拉薩市和山南地區行署駐地——澤當之間，容易受到外力的波及，有些共妻家庭瓦解了。在人民公社時期，兄弟共妻制顯得萎靡不振。

1982 年，國家第四部憲法對「文化大革命」時期遭到破壞的地方體制進行整頓。1984 年，撤銷了人民公社的建制，農牧區開始落實生產責任制，兄弟共妻制悄悄地復興了。1996 年堅贊首次踏入這條河谷時驚奇地發現，在他入戶調查的人家中，3/5 蓋起大房子，兄弟共妻家庭勞力充沛、經濟紅火，許多農戶卻在為勞力不足而發愁。1999 年和 2000 年堅贊再去回訪，才習慣了這一景象。班覺在自己的英文博士論文——《當代西藏兄弟共妻復興的社會經濟和文化因素》中也對這種現象作了描述和分析。

江雄河谷的引數和因變數與尼泊爾的夏爾巴人似乎不同，但如果選擇一個更長的時段觀察就會發現，情況又回到與夏爾巴人相近的軌跡。最近 10 年（2000-2010 年），河谷的交通、教育狀況得到極大改善，衛星電視覆蓋率、手機普及率的提高，青藏鐵路的通車使更多的貨物和旅遊者湧入西藏，江雄河谷可以感受到鐵路帶來的壓力。這些新的因素給兄弟共妻家庭的數量帶來新的挑戰，兄弟共妻家庭的數量並沒有增加多少，也沒有消退多少。可以肯定的是，在自然條件與人們的謀生方式還沒有根本轉變之前，這種婚姻形式仍有其存在的合理性。隨著社會經濟進一步的發展，它的前景必然是分解，轉向個體家庭。也許這需要相當長的時間。

第三章
芒康山北麓的宗西

　　芒康山，垣於藏東南邊緣，海拔 4000-5000 公尺，如臥榻形的門戶，傲立於金沙江與瀾滄江之間，任憑江水奔騰咆哮，歸然不動，史稱「寧靜山」。光緒二十二年（1896）12 月，清廷會同川、滇、藏官員在此勘界，明確轄區，山以東歸「爐邊」（打箭爐）、以南歸「建塘」（中甸）、以西歸「喀木」（昌都）。

　　川藏南路 318 號線、滇藏路 214 號線皆經過芒康山。山埡口下面是個闊綽的盆地，海拔陡降，約 3780 公尺。兩條國道在嘎托交匯出「丫」形，這裏就是芒康縣政府駐地。由此向北為尼增、洛尼、昂多、宗西和戈波等鄉，往南為幫達、莽嶺、徐仲、曲子卡（溫泉）和納西民族鄉。各鄉鎮，除昂多是純牧業鄉之外，其餘皆農牧渾然一體。

　　2005 年初春，堅贊獨自在宗西鄉調查。2 月 17 日下午，他入戶時冷丁被一隻黑色藏犬咬住右小腿，創孔深 4 公分，很快淤腫，饅頭大小，挽不起褲管，瘸著腿走路，19 日遂撤到縣城，21 日返回鹽井，一邊醫治、一邊杵杖訪問。此次調查共 40 餘天。當年夏季，復去鹽井。至 2009 年仲夏，堅贊又連續輔導 5 名學生在鹽井調查。本章和第四、五章忠實地取材於這一階段的田野工作。

一 宗西鳥瞰

出芒康縣城向東北，沿著 318 國道蜿蜒於崇山峻嶺，過六道班入 501 號公路，可抵達洛尼和昂多二鄉。若繼續沿著 318 國道東行，在五道班的海通兵站附近入一條簡易公路，可抵達宗西和戈波二鄉。人們通常將這條簡易公路稱為新路，將 501 號公路稱為老路。二路相隔一座大山，偏北並行。老路在江達村附近右折，約行數公里與新路交匯，繼續向東，爬高穿越一片森林，沿著山脊突兀下降，直插宗西河邊。循著河右岸向正北走，依次是曲孜啋、歸則卡、佐孜崗、拉充、拉中、達巴、巴依、達沃、宗如、八通、帕仲、巴中、乃果丁、棻加丁（村後東北面山上是窩龍農）、熱尼中、夏日仲、日讓西、日榮雪、棻麥仲和瑪卡（見圖 3-1）等山村。新路抵達宗西鄉政府駐地知多村約 67 公里，若走老路則要多繞 8 公里。新路也不好走，卡車要行 5 小時，小車要行 3 小時。

宗西位於「三岩」之南端，舊屬江卡，後歸寧靜縣。全鄉 1125 平方公里，平均海拔 3200 公尺；夏天山野鬱鬱蔥蔥，冬天經常下雪；境內有公路、驛道和小橋，四通八達。

如果從「甲布頂」（圖中左上方）向右畫一條線段，經過「全鄉海拔最高處」附近，過宗西河，延至「嘎爾倉」和「珠達」之間的山巒，就可知道線段之西北為昂多鄉，線段之東北為戈波鄉，從戈波再往北走就是三岩。歷史上昂多、戈波和宗西屢遭三岩人搶劫。清末邊務大臣趙爾豐決意蕩平三岩，五路進擊，其中一路是以宗西為據點，由戈波進兵的。其路線是從宗西出發，北行兩日，經打馬日卡、八益拉卡，入瓦底寺地界，再走一日，可到曲所、阿尼、敏都，翻山就是沙東。[1]

---

1 參見佚名撰寫《三岩片社調材料》（1959年），藏於貢覺縣檔案館。

在知多村的「V」形山谷，巴瓦河自西北奔過、流量小，宗西河由東北奔過，流量大，兩河交匯後向南逝去。山巒裏隱藏著 12 個寺廟，分屬四派。其中，尼果、色登、吉色、卡瑪、達炯、侔沙巴屬於寧瑪派（紅教），格朗和桼堆屬於薩加派（花教），珠巴和桼美屬於格魯派（黃教），黏果和江卡丁屬於噶舉派（白教）。而尼果、色登、吉色、卡瑪、格朗和珠巴 6 寺的規模較大，其中又數尼果寺的自然環境最好，受佛教不殺生的慈悲觀念以及該寺保護神山聖境意識的影響，山林裏見得到珍禽走獸，如岩羊、藏雪雞、黃喉雉鶉、棕背黑頭棟、白馬雞等。有的僧房偶而傳出婦人的聲音。藏傳佛教的四個教派對兩性的解釋略有不同。譬如，紅教主張修煉到大圓滿可以娶妻。

宗西鄉鄉政府駐知多組（「組」為行政村下面的村落，見圖 3-2）。立於知多村南頭的白塔邊，眺山巔，看山麓，見小河流淌，耕地房屋錯落。鄉政府、衛生院和學校排列於巴瓦河右岸。巴瓦河是宗西河的一條支流，由北向南流淌，兩岸分佈著知多村的房屋。宗西河從知多村南端斜刺裏流出，在白塔南邊數百公尺處與巴瓦河交匯。宗西河對岸是兩個山村——亞爾哹隆和瑪卡。鄉政府的房屋有平房，亦有兩層樓房，全為磚木結構。民居全為兩三層式的土木建築，外牆刷成白色。樓房各層面積由平面柱網決定，柱子越多，房屋面積越大，有 9 柱、12 柱（見圖 3-3）和 15 柱三種柱網：一層關牲畜，堆放肥料、農具等；二層為火塘、廚房和寢室，設經堂、糧倉及廁所，生活起居和接待客人，火塘與廚房為同一功能，提供溫暖，代表「家」的概念，全家生活起居都集中在這一層，室內的活動大部分也在該層進行；屋頂 1/5 的面積用柱子和麥秸搭建為走廊式倉庫，供晾曬穀物或堆放草秣之用，若要餵牲口，就把草料投於樓下地面，任牲口爭之。

衛生院歸鄉政府直轄，實行合作醫療，鄉政府投資一部分，農牧民投資一部分，醫療費減免 70%。宗西鄉中心小學原稱「規範化小

學」，於 1966 年成立，佔地 14135 平方公尺，向社會輸送了許多人才。2012 年時，在校學生 315 人，有 6 個年級共 6 個教學班，專任教師 15 人（2/3 為大專學歷）、代課教師 6 人，校舍（教室、辦公室、食堂、宿舍、廁所等）1740 平方公尺，在校學生人均 5.5 平方公尺。

知多村南頭有一處日追，為公共宗教活動場所，由一座白塔、一幢二層樓經房、一個放置佛像的轉經房、一個廚房構成。2005 年 2 月，69 歲的村民益江死了，翌日晌午，全村老幼婦孺都來轉白塔，給死者解除罪孽。他女兒說：「父親生前喜歡喝酒，家人不許他喝酒時，他總是哀求：『我只有這麼一點愛好，讓我喝一口吧！』」那天晚上他喝多了，結果醉死。時為枯水季節，河水沖不走屍體，故不能行水葬，喇嘛打卦行天葬。清早，牲口馱著屍體上了天葬場，由兩位 50 多歲的天葬師主刀。第三天，約 60 個婦孺繼續轉白塔，8 個村民在死者家舉喪，8 個村民在廚房烹飪，用風乾的牛排骨煮湯，再加入乾麵條。中午兩點鐘，婦孺們在廚房外面圍成一圈，席地而坐。8 個男女村民抬出大鍋，用銅勺給人們分食。大家在冬天的風沙中進食。吃畢，那 8 個舉喪的村民打打鬧鬧地進了廚房，靠著牆壁坐下來進餐。可見當地民風之純樸。

不僅民風純樸，經濟資源也很單純。全鄉 590 戶，共 5060 人，分 4 個行政村（宗西、宗榮、達拉和通古）、27 個村組。全鄉耕地面積 6531 畝，大部分種植青稞，少部分（600 畝左右）種植馬鈴薯、油菜、元根（類似於芥藍的塊根），農作物一年一熟。宗西的草場在全縣各鄉中最大，有牧場 4620 公頃（含森林草場），森林覆蓋面積 3100 公頃，牲畜存欄 29020 頭（只、匹）。[2] 全鄉農業為自給型，農產

2　以上資料是2012年10月從芒康縣政府網路上獲取的。2005年的數字為：全鄉耕地

品基本自給，差額賴牧、林、副（採集藥材、野生菌和蟲草）各業彌
補。新鮮菌子採集後通常立刻運到市場，如果交通不暢，則切片曬乾
變賣。牲畜的作用順次為：①為市場提供產品；②為家庭提供肉、
奶、皮、毛；③為家庭提供役畜；④為農業提供肥料。2005 年的市
場價格：淨牛肉 24 元/公斤，帶骨肉 15 元/公斤，奶渣 28 元/公斤，
牛皮 300 元/張。一頭成年犛牛以 200 公斤計，可賣 3000 元。由於追
求牲畜的數量，結果家畜超過了草場的承載量，違規放牧或侵入他人
牧場的事時有發生。現在提倡「三定」[3]。每年從夏至秋是牲畜長膘
的季節，而冬天牲畜容易掉膘，老弱畜更難熬。因此，秋末盡可能把
老弱牲畜賣掉，冬天下雪時牲畜圈養。

不少村莊未通電，一些家庭用太陽能蓄電池解決照明，還安裝了
拋物體電視接受器，收看衛星電視節目。鄉政府建有一個電視差轉檯
來增強與控制信號，鎖定某些電視臺的節目。鄉里還建有一個太陽能
蓄電池站，發電量僅夠維持電視差轉檯的運作和知多村的照明。夏
天，人們賣出蟲草、松茸、木材和牲畜，男人們瞅空去縣城找小姐，
回村後誇誇其談，總惹得一幫閒人來聽；女人們買了牛仔褲和化妝
品。外來文化已侵入這塊封閉的土地。

宗西與戈波毗鄰三岩，地形險峻，耕地稀少，向以貧窮著稱。受
血族風氣侵染，許多戶頭取有家族名（簡稱家名或房名），譬如，「尼

6332畝，牲畜23678頭（只、匹）；人口5102人（全部是藏族，分為480戶），其中，
男性2126人、女性2976人，男女比例為100:140；勞動力1296人，其中男勞力607
人、女勞力689人，男女比例為100:113.5，女性多於男性82人。在全鄉人口中，年
齡最大者96歲，為女性。最長壽者為一位百歲婦女，2004年去世。
3 「三定」為以人定畜、以草定畜和以畜定草。以人定畜指落實牧人看管的牲畜數
量；以草定畜是保持二者的平衡，防止草地因放牧過度而遭受破壞，防止家畜營養
不良而降低畜產品質量；以畜定草是為了提高牲畜出欄率，在充分利用天然草地放
牧的同時，種植以苜蓿為主的人工草地和飼料，並購進部分精飼料來滿足幼畜的生
長。「三定」的中心是以畜定草，標誌著畜牧業向市場經濟的轉變。

瑪叢」、「阿覺叢」[4]等等。三岩是帕措[5]的搖籃，帕措以父系血緣親疏
劃分，內部講求團結、崇尚武力，對外常有搶劫、血親復仇。正所謂
「近朱者赤，近墨者黑」。宗西鄉的社會問題也很複雜，偷盜、鬥毆
和命案時有發生。分田到戶後，與鄰鄉的草場糾紛不斷，帕措起了催
化劑的作用。宗西靠近貢覺片，該片區有「果巴」「果巴」亦為藏語
音譯，為一種以姻親關係構成的擴大親屬群，其成員的世系可由父母
雙邊追溯。果巴呈鬆散型結構，沒有獨立的稱號，內部不以血緣親
疏，而以財產多寡顯示分支，帶有明顯的社會分層跡象。組織，對宗
西鄉也有影響。

宗西鄉三教並立。百姓畏鬼神、敬喇嘛、怕公安。縣長下鄉開
會，群眾姍姍來遲；要是寺廟或者公安局召集會議，誰也不含糊，說
到就到。1995 年縣政府在宗西鄉設立了派出所，兼管周圍數鄉的治
安，員警學校的畢業生輪流下鄉鍛鍊。派出所平時只有一個人，既當
所長，又是警員。夏天人們喜歡在戶外活動，搗亂滋事時有發生，警
務較忙，縣局就增派一個人手，冬天再撤走。

2005 年，全鄉人口的性別比為男 97.5:女 100，女性比男性多 850
人，其中 2/7 是本地找不到配偶的剩餘婦女。處於生育期的婦女占女
性的 3/5。鄉里有 240 余名尼姑和覺嫫，前者在本地或外地（如德格
縣）住寺，後者在家過著半聖半俗的生活。如果從 850 人中減去這兩
類佛家女弟子，還剩 610 人，其中處於生育期的占 2/5，一些人出外
做生意或打工，有可能找到配偶。政府沒有統計外嫁的婦女。待在娘

---

4 取家名的主要目的是方便指代，定名的標準為祖先來源、初來乍到時的開基位置、
  房屋特徵或家中某個成員的業績或特別顯赫的事項。

5 「帕措」是藏語音譯，是一種以父系血緣為紐帶，以衍生和統屬成系統的擴大親屬
  群，其形成已不可考，主要流行於三岩，對周邊接壤的貢覺、察雅、芒康、左貢、
  白玉和理塘等縣有影響，這些區域有大小帕措千餘，各有稱號，每個帕措小則二十
  來戶，大則百來戶，呈密集結構，互相爭鬥，共生一處。

家的婦女，父母在世時其境遇還可以，父母去世後，容易和兄弟嫂媳產生矛盾。從 2006 年至 2012 年，7 年間耕地增加了 199 畝，牲畜增多了 5342 頭（只、匹），人口減少了 42 人（占 8‰），家庭增加了 110 戶（表明家庭規模縮小了），性別比還是女多男少。

全鄉有 60% 的家庭實行兄弟共妻制，一夫一妻制占 40% 弱，無娶姊妹的婚俗。這個比例與 1959 年民主改革前夕的情形相差無幾[6]。兄弟共妻家庭居多，大抵有三個原因：

其一，傳統風習的影響。父系血緣觀念強，多數家庭，不論生育幾子，只給他們共同娶一妻。於是，當家裏只有一子，或者雖有兩子，但其中一子出家當喇嘛而只有一子在家時，這個兒子就行一妻一夫婚。如果家有幾子，必定行一妻多夫婚。有些家庭兒子較多（4 個以上），年齡差距較大，有可能將兒子分為兩組。先給一組合娶一妻，等另一組長大後，再給其合娶一妻，於是子代就有兩個共妻的小家庭。如果兒子不及 4 人，年齡差距較大，則給他們各娶一妻，讓其行一夫一妻婚。要是兒子年齡彼此接近，各人還單獨娶妻，就會傳為笑柄。村裏人有看法，家中長輩也有意見，他們會說是因為兄弟不忍讓、內部不和諧才行單偶婚的。於是，村民不僅看不起他們，其所生育的後代長大也抬不起頭來，難以在村裏找到配偶——誰願意把女兒嫁給搞不好團結的人家呢？

其二，家庭經濟的需要。家務事多，耕地需要種植，牲畜需要放牧，生意需要經營，人少應付不過來。兄弟共妻既可以積蓄勞動力，增加家庭收入，又可避免分家，無須重新蓋房。

其三，有人外出。如果某個家庭有三四個男孩，通常會讓一人出

6　據寧靜宗巴窪村（今芒康縣宗西鄉宗西村）的澤仁頓珠回憶，20世紀60年代前後，村裏兄弟共妻家庭的數目大大超過一夫一妻制家庭（參見張建世：〈康區藏族的一妻多夫制〉，載《西藏研究》2000年第1期，頁78）。

外經商或打工。改革開放以後，離鄉的人更多。有的人在西藏各地，有的人去印度，他們或者謀生，或者朝佛，或者投奔親戚；有的人與外面的女人有了關係，甚至建立了家庭，但不能跟父母兄長提出分家要求。在宗西鄉，蓋一棟房子，2004 年的報價少則 6 萬至 7 萬元，多則 20 萬元，不做生意從哪裏來錢呢？若將上述三因交織為兄弟共妻婚俗流行的原動力，輿論是被經濟和社會原因所決定的，但從意識形態的相對獨立性角度，它對多偶家庭的推動和維護作用是最大的。

還有兩個明暗相間的原因。孩子聽從父母的話，兄弟合得來，能夠合娶一妻過日子，這是顯因；隱因是兄弟共妻能夠控制人口的增長，但未必人們都能認識到這一作用，實行者主觀是為了保持家產不分割，客觀上起到了降低人口的效果。

政府提倡計劃生育，以宣傳為主，配合發放避孕藥品和器具，衛生院不具備動手術的條件。政府聲明移風易俗，包括接親、鬧房、擺酒請客等均屬「移易」的範疇，但停留於口頭，難以推動，也沒有必要。堅贊參加了一次傳統婚禮，目睹鄉政府幹部前去賀喜，未提出批評。政府要求登記結婚，共妻的兄弟自有對策，他們委派一位兄弟為代表跟女方一起辦手續，民政部門有意不問婚姻形式（其實他們也知道事情的真假），皆當作一夫一妻婚處理，結婚證也設計成一樣的，不分婚姻形式，皆一個款式。即使婚姻不登記，事後不補辦，誰也不過問。這些都說明兄弟共妻制與行政管理並未處於水火不容的狀態。

本地人沒有選擇胎兒性別的偏方，也沒有依時交媾選擇胎兒性別的方法，更沒有去大醫院照 B 超鑒定胎兒性別的做法。雖然有人請喇嘛念經，或者乞求神靈賜子，但這種行為不過是自我安慰而已。鄉間衛生院的醫生相信，嬰兒的性別比例是自然形成的，男女各占一半。本地的常見病是高血壓和腸胃不消化，與海拔高、吃生牛羊肉的嗜好有關。

　　當宗西鄉處在人民公社體制下時（1965-1983 年），沒有人口流動的問題，兄弟共妻比例更高，占家庭總數的 80%～90%。「文化大革命」時期（1966-1976 年），因宗西偏僻封閉，傳統的婚姻家庭形式未受干擾。宗西的一夫一妻制家庭較少，實行者大多數是困難戶，或者是獨生子家庭，或者是家有兩子其一子出家；否則，就是兄弟不合，有人追求自己的幸福，單獨建立家庭。自 20 世紀 80 年代後半期始，做生意的人多了，大都在外面找配偶，形成雙邊家庭。即使比例下降了 20%～30%，全鄉的家庭總數中仍有一半以上是兄弟共妻。也許再過一代人，這一婚制的比例可能會降至 40%。變遷的原動力是經濟、教育和傳播媒介的發展。

二　風俗與法律

　　婚姻，小到兩家的結合，大到政治力量的結盟，將其喻為航行在利益關係風暴中的船隻一點都不過分。婚姻之舟，船頭上有一隻錨，即風俗；船尾也有一隻錨，即法律。依靠兩隻錨來固定，輕舟就能夠停泊在海裏，與此相應，性關係及其引起的責任義務便有章可循了。

　　風俗是自然形成的軟規則，早在無文字的社會就有了，包括人們承襲的行為慣性、價值取向等。比如，依據某種常規，父母給成婚的兒子房屋、土地等不動產，給出嫁的女兒牛羊、珠寶等作嫁妝。法律是階級社會特有的現象，是統治階級制定出來，以文字表達，以強制力為後盾，以全社會的名義頒佈的條款。

　　風俗和法律相輔相成。二者首先表現為前後相繼的關係。先有風俗，才有血緣群體（家庭、氏族、胞族、宗族）的內部裁判——它是類似於法的東西——繼之產生公訴，於是法有了正式的表達，進而是立法者創立法律條款。如果法以風俗為根源——比如噶廈關於婚姻的

某些律令源於兄弟共妻風俗——彼此就能相維。如果新法革除舊俗，在剛才的事例中，群體內部的這種裁判以及舊西藏的婚姻法也就取消了。反過來看，廢除了舊法律，舊風俗不一定會消亡，當代西藏便如此，下面還要談到。

其次，風俗和法律在一定條件下呈反比例關係。禮儀之邦，民風淳厚，法律顯得多餘，反之，如果社會過於推崇法治，強調行政，風俗就顯得多餘。風俗和法律的力源不同，指向亦不同。孟德斯鳩說，風俗根據感悟，法律依賴強制，「法律主要規定『公民』的行為，風俗主要規定『人』的行為……風俗主要是關係內心的動作，禮儀主要是關係外表的動作。」[7]一般來說，各族人民對於自己原有的風俗習慣總是比外來的法律更熟悉、更喜愛、更擁護。人們按照原有的風俗生活時，他們的行動是合法的，外來的執政者切勿主動求變，瓦解他們的風俗。如果要變也應該引導他們自己去改變。不應訴諸法律手段，否則容易帶來副作用，應採取和平方式——如提倡某種良俗以代替某種陋習——來達到目的。清末趙爾豐推行改土歸流的政策，以四川新軍為後盾，未雨綢繆，一廂情願地禁陋揚良，興利除害，讓法律支配民心。他網路了數名通文墨的幕僚，劉贊廷是例，此輩照抄內地的律令，曉諭百姓。條款少者七八條，多時二十三條。[8]例如：「男婚女嫁須憑父母之命，媒妁之言原則，並應一夫一婦，不得一男子而娶數婦，尤不得以一婦人而嫁弟兄數人，苟合一事更應禁止。」[9]以儒家的標準評判藏族的婚喪習俗，離開當地的文化根基，移風易俗之事

7 〔法〕孟德斯鳩著，張雁深譯：《論法的精神》（上冊）（北京：商務印書館，1982年），頁312。

8 如《科麥縣志》、《同普縣志》的相關部分，載《中國地方志集成・西藏府縣志輯》（成都：巴蜀書社，1995年），頁239-243、頁280-281。

9 見《貢縣志》、《科麥縣志》，載《中國地方志集成・西藏府縣志輯》（成都：巴蜀書社，1995年），頁115、頁241。

隨著辛亥革命的爆發、新軍的撤離不了了之。新中國的婚姻法與西藏的某些傳統文化是對立的，禁止舊俗，屢禁不止。

　　風俗凝聚著人們的經驗積澱，其形式多樣，軟硬兼備。婚俗是其中之一，借助於血緣認同和傳統輿論來推行。

　　血緣不僅有生物因素，而且有社會因素，二者均為婚姻所造成，反過來又鞏固婚姻形式。血緣的核心是血親，周邊是姻親，標籤是親屬稱謂。血緣的認同因素借入贅婚較容易理解，上門女婿與岳父沒有基因關係，在傳遞香火的任務中，外孫與岳父有了基因關係。有的地方，社會的基本單位是帕措、果巴之類的血緣組織，家庭為其所吞併，嫁女兒、娶媳婦均須徵得血族頭人同意。不同帕措之間可以通婚，同一帕措內部禁止通婚。果巴的限制沒有那麼嚴格，嫁入的婦女可以接納為成員，婦女有繼承權，允許招婿入贅，以此幫助缺少男性繼承人的家戶傳遞財產和家名。無論是帕措還是果巴，都有人行一妻多夫婚或者行一夫多妻婚，但比例有所不同。

　　至於傳統輿論，所涉內容甚廣，此處只點一二。譬如，宗西鄉對兩性關係約束較嚴，未出嫁的姑娘不能與男子過分親密，婚後生子是社會的主流；但七情六欲難以遏制，輿論也有寬鬆的一面，謹慎的婚外關係可以容忍。

　　婚俗貫穿於婚姻的各個階段。訂婚猶如做買賣，雙方家長預先要商定嫁妝。財產、名號的繼承與血脈延續合拍。如果社會崇尚父系，擇偶、婚姻、生育等就要受父系血緣的影響，故帕措的作用較大；反之，如果社會崇尚雙系，則父方與母方血緣平等地起作用。宗西毗鄰三岩，講究父系，嫁姑娘娶媳婦，女方再富，男方不會要她家的任何東西；女方勢力再大，男方不會依賴對方；妻子沒有生育男孩，或者喪失生育能力，丈夫有權續娶。女方家長憐惜自己的女兒，如果男方濫用續娶權利，女方親屬往往興師問罪。妻子受到夫家欺負，甚至出

了人命，會由兩家人的爭執擴大到雙方家族的糾紛。

　　結婚分兩步：第一步是定親。孩子早到六七歲遲至十二三歲，便舉行定親儀式。成人背著女童，跨過夫家的門檻，從此女兒名義上就是夫家的人了。兩家人有了姻親關係，孩子也彼此知道自己的對象。如是結合的夫婦，十之八九沒有經過戀愛。儀式完畢之後，女孩便被領回娘家。因女孩年幼，身體沒有發育成熟，既無力氣幹活，更無身體懷孕，由於名義上是夫妻，每年農忙時去夫家待些時日。女孩一年去兩次，每次待一周。一次是藏曆三月春耕時分（西曆4月），一次是藏曆九月秋收時分（西曆 10-11 月間）。起先去夫家幫忙只是幹些輕活，隨著年齡的增長，便幹重活了。正是夫妻名分使她住娘家，卻有義務接受家翁家婆的管束，出遠門（如朝佛、經商、打工）須徵得他們的同意，否則會被看作背叛婚約。到十六七歲女孩才正式過門，這就是第二步。此風與南方少數民族的不落夫家有些相似。出嫁儀式較定親時隆重，要帶一部分嫁妝到男家，其餘部分可以分幾次帶來。結婚當日即成為夫家一員。以後她要待在夫家勞動，可以回娘家，但不能擅自出遠門。

　　有人指出，對於年輕男女的生理需求而言，晚婚並非一個好的選擇，但社會中的兩性關係相對寬鬆，則可為青年人的晚婚提供一定的機會。[10]筆者表示認同，但補充一句，還要看社會對待私生子的容許程度、殺嬰（溺嬰）的普遍性，或者說人工避孕的技術如何，以及社會訂立的非道德懲罰強度如何。在宗西，四者當中，首末較強，中間兩項較弱，因此不難理解社會鼓勵早婚。

　　在婚齡上，宗西有一種「指腹婚」的風俗，不是把婚姻推進到幼兒期，而是把娘肚子裏的孩子許配給他人。因家長不知孩子的性別，

---

10 參見黃春高：《分化與突破：1416世紀英國農民經濟》（北京：北京大學出版社，2011年），頁122。

又急於建立關係，便立下雙重婚約：一方生下的若是男孩，便娶另一方的女孩；若是女孩，便嫁給另一方的男孩。小時候父母做主訂婚，女方長大，跟對方沒有感情，不願履行婚約，逃婚者甚多。昌都、拉薩、日喀則、阿里等地都是女孩逃婚的去處，很少人去四川、雲南、甘肅等省份。之所以如此，主要是她們不懂漢語。宗西鄉還有「換親」的習俗，此俗也流行於西藏其它地方。婚姻法的前提是一夫一妻制，適用對象是行該婚制的人們。結婚與離婚的行為不能既涉及哥哥（或姐姐），又涉及弟弟（或妹妹）。共妻家庭一旦出現糾紛，夫妻到法院鬧離婚（儘管數量很少）。因無現成法律套用，法院只好變通婚姻法，讓夫方派出一位代表（通常是長兄）。於是，長兄為一方，妻子為另一方；如果長兄不在家，則按照順序，以次弟為代表，其餘丈夫不算，進行裁決。這就滿足了婚姻需要兩個對稱的主體、丈夫為一方、妻子為一方的法律要求。

婚俗吸收了宗教的成分。佛教重視倫理道德，娶妻和嫁女請喇嘛證婚，念經兩天祝福新人，在想像中把神的力量請來強化婚姻關係。佛教重視生命，反對墮胎，容許適量的私生子。私生子，當地人曾借用漢語「雜種」稱之，不含貶義，而帶有中性。私生子長大後，會從別人的閒言碎語中知道自己的身世，生母有時也會告之於他（她）。如果他（她）想回到生父家庭，父方親屬大多樂於接受，即使生父不願意接受，其子女（即私生子的同父異母兄弟姊妹）會本能地親近他（她）並慢慢地帶動生父接受他。

風俗和法律的反比關係體現了二者的相容性。凡是淵源於某種風俗的法律基本上與此相容；反之，凡是在某種風俗之外產生的法律基本上與此不相容。下面列舉兩個實例，旨在說明在風俗強勁的農牧區，不宜強制推行婚姻法，而應引導和約束風俗，允許發揮良性的作用。

　　噶廈的舊法律承認人民實行多偶婚的權利，肯定該婚制對神權政治的作用，保證家庭穩定，為寺廟提供賦稅，在這個意義上舊法包含著特定的藏族風俗，並與之合拍。《中華人民共和國婚姻法》（以下簡稱《婚姻法》）禁止多偶制與多偶婚俗芥蒂，農牧區舊風俗強盛、文盲多，法律難以推行。法律屬於上層建築，由經濟基礎所決定，最終由生產力所決定；如不改變基礎性的條件，就會形同虛設。

　　芒康是西藏自治區的大縣，面積 11630 餘平方公里，人口逾 7 萬，家戶逾 1.1 萬。全縣人口中，藏族占 97.7%，納西族占 1.75%，其它民族占 0.55%；男性 34346 人（占 48.96%），女性 35808 人（占 51.04%），女性比男性多 1462 人，兩性比為 104:100 強。1982 年，西藏有關部門制定了《〈婚姻法〉變通條例》（以下簡稱《變通條例》）；13 年後，芒康縣人民法院在全縣普查，以瞭解《婚姻法》和該條例的實施情況，獲得了一些資料（見表 3-1）。

表 3-1　60 年間芒康縣多偶家庭統計

兄弟共妻家庭 4597 戶（42.27%）				姊妹共夫家庭 629 戶（5.79%）			
1949-1980 年		1981-1995 年		1949-1980 年		1981-1995 年	
2882 戶	26.5%	1517 戶	15.7%	472 戶	4.34%	157 戶	1.44%

資料來源：《芒康縣基本情況及全縣婚姻狀況的調查報告》，1996 年 8 月 25 日。

　　芒康的非農業人口僅 2251 人，占全縣總人口的 3.21%，集中在嘎托鎮和如美鎮。該縣農牧業皆有、以農為主，廣闊的鄉村分佈在山區和草原，風俗的土壤深厚，法律不容易普及，人們的衣、食、住、行、生育、禮儀、婚嫁、喪事等無不依靠風俗來調節。此次調查回答了農牧區年年普法、收效甚微、執行《婚姻法》和《變通條例》軟弱、不登記婚姻現象較多的客觀原因。表明舊婚俗之強勁，《婚姻

法》暫時不能與之抗衡。在老百姓眼中，婚姻是私人的事情，行共妻婚不合《婚姻法》，但順應風俗，合乎噶廈的舊法。「合法性」在政治人類學上有寬泛的解釋，一種行為只要大多數人認可就算是合法。法律學上也有「法不制眾」之說。社會越是簡單，跟法庭發生關係的人越是少數[11]，而跟風俗發生關係的人越多。表 3-1 顯示多偶婚家庭占總量的 48% 強，可見根植於一種文化沃土中的舊法不是一下子就能夠連根拔掉的，即使廢除了它，它的風俗根基還存在，新法代替舊法不是簡單地打碎舊的國家機器，宣佈廢除一切舊框框就行了。此次調查還表明，新法不能操之過急，否則事倍功半。例如，禁止包辦婚姻喊得震天響，但農牧區依然盛行。又如，禁止多偶婚，仍有兄弟共妻和姊妹共夫，而且群眾的正面評價較多。不是說這類家庭不會產生矛盾，而是說家庭內部的調解機制較好，因此家庭和睦、子女孝順、經濟紅火。

　　風俗在支配兩性關係時建立了懲罰機制，猶如印度人類學家穆凱賀基筆下的喜馬拉雅山區部落。[12]女方未婚先育，男方是推卸不了責任的。輿論通常要求孩子的生父迎娶這名女子，如果不是這樣，或者男子已有妻室，就要索取賠償。換言之，社會不是迫使兩人結婚，就是要求男方賠償。數額視當事人的實際情況以及雙方家庭經濟、名望而定，通過巴巴[13]協調，達成協議，監督履行。賠償的數額不能太離譜，以免輿論轉向。大多是交付牲畜、衣物、一把劍、一筆錢，甚至一小塊土地。總之，錢物可以折算。一般過程是女方開出價碼，男方

11　參見黃春高：《分化與突破：14-16世紀英國農民經濟》（北京：北京大學出版社，
　　2011年），頁130。

12　參見Mukherji, A. The Pattern of a Polyandrous Society with Particular Reference to
　　Tribal Crime. Man in India, 1950 (30):56-65.

13　藏語「巴巴」〔ba:'ba:〕意為「媒人」、「中介」或「調解人」。作為媒人，一般是朋
　　友和熟人充任；作為調解人，一般是德高望重者。

討價還價。女方勢大，索賠亦高，開價一兩萬元是常事；還要使出種種威脅手段，迫使男方就範。女方勢小，開口也要七八千元；不然索賠太少，臉上無光。富裕家庭有條件賠償，貧困家庭常賴帳，把女方要求的價位砍掉一半，甚至砍下一大半，只賠償一兩千元了事。如果女方軟弱可欺，事情只好作罷。要是外地男子導致本地婦女懷孕，此人要麼滿足賠償了事，要麼上門做女婿，以勞力來抵帳，否則休想離開。這種機制像一把利劍高懸在男人頭上，時刻提醒他們不要花心。當然，也有人想得通，願意付出兩三萬元作為孩子的撫養費。

婚俗與財產繼承相關。宗西鄉的財產繼承體現了父系社會的特徵。家庭聯合體中，男性成員有權對本家的土地、房屋等不動產提出要求；女性沒有權利，但有補償機制。一種流行的做法是女兒出嫁時從娘家接受一份「嫁妝」（康巴藏語稱「切拉斯考巴」〔qela:sk'aul ba〕，其意實為「分享家產」，指分享一部分動產，不動產——如土地的分割不包含在內）。這份財物分幾次帶到夫家。這一做法體現了父系社會賦予女性的權利。嫁妝分三等。在農牧區，一個上等人家的女兒可能會得到一兩套鑲嵌著珠寶的裝飾品、各式各樣的衣服、一群牲畜（60100 只羊、牛、馬），以及一些糧食（在 1959 年以前，娘家甚至還會送一個使女給她）。一個中等人家的女兒，也能得到幾套四季衣服、一些帶珠寶的裝飾品和幾十隻牲畜（羊 20 餘隻，其餘為牛、馬），只不過數量與價值遠遠不及前者罷了。下等人家的一個出嫁女，只能得到一套衣服和一兩頭母牛。堅贊調查時，上等人家的嫁妝要 8 萬 10 萬元，中等人家的約需 3 萬元，下等人家的不足 1 萬元。因女兒出嫁需要嫁妝，嫁妝的操辦頗為不易，故女子不輕言「出嫁」，尤其是未婚先孕的女子。

嫁妝和新郎繼承的家產構成新婚夫妻的原始財產，如果經營有方，碰上運氣好，財產增殖，足夠其受用一生。嫁妝反映了女兒對娘

家的依賴，嫁妝多，夫家便不敢小看媳婦，媳婦在夫家說話的底氣足；嫁妝還反映了夫權思想以及女家對男方負責任的精神，可借用銷售術語喻為「三包」。

「三包」即包退、包換、包修。包退──媳婦與夫家成員不和，便掃地出門，讓其回娘家，嫁妝分文不退；包換──夫家可讓媳婦的姊妹頂替，娘家也情願，因為既然他們拿不回嫁妝，再送一個女兒出去便不需要嫁妝；包修──媳婦生病，醫療費、住院費由娘家負擔。退還的那個婦女可能終身不醮，如果她生育了孩子，沒有夫家的同意，她是帶不走的。她回到娘家勞動，服侍父母，幫助兄弟；如果父母去世，她繼續為兄弟家作貢獻。也許她會外出經商，所掙之錢，會用來幫助兄弟；也許她會出家為尼。但無論她在外面做什麼，到了一定年齡，她會回到兄弟家中終其餘生。

在堅贊的報導人當中有一對夫婦。丈夫丹增是拉薩人，從陝西省咸陽市的西藏民族學院畢業後為昌都行署公安處所招聘，分配到芒康縣公安局，到宗西鄉派出所幹了 3 年。妻子米瑪是他在那裏工作時認識的。兩人結婚。婚後 1 年，丹增調到鹽井納西民族鄉派出所，米瑪跟著他走了。

米瑪的娘家在宗西鄉瓦西村。父親昂旺三兄弟共妻，全家有 10 口人，5 個勞動力，戶號為 188 號。她說：「包修」主要看男方，如果女兒嫁出去 1 年之內在男方家病了，男方經濟有限則醫療費由女方父母承擔，如果男方經濟較好，女方也應該承擔一部分。米瑪舉了兩個例子：一是某位姑娘嫁給幾個兄弟，生育之前病倒了，鄉衛生院無法醫治，介紹到拉薩醫院治療，醫療費由夫家和妻家雙方分擔；一是某位姑娘出嫁後幾年未育，男方提出意見，經雙方家庭協商，女方家讓該姑娘的妹妹嫁過去，姐姐仍留在夫家。在此情形下，是否舉行婚禮並不重要，重要的是這位填房必須生育，否則還要填房。在米瑪舉

的這個例子中，妹妹沒有舉行婚禮。但在堅贊搜集到的另一個例子中，續娶的女兒舉行了婚禮。因此，是否舉行婚禮，視雙方的家境和要求而定，風俗未有刻意規定；至於不能生育的姐姐可以返回娘家，也可以留在夫家，還可以出走他鄉，多數人選擇第三條出路，到拉薩或他處謀生。

在鄉政府、小學等部門工作的人收入固定，不必擔心生存條件的變化。他們經過教育學習，認識提高，基本上行一夫一妻婚；少數人屈服於傳統，婚姻關係曖昧，在單位上行一夫一妻制，同時在老家保留著兄弟共妻婚，只是不公開而已。農牧區，土地和勞力資源少，行一夫一妻婚的家庭須與老家分離，經濟上獨木難支，此乃兄弟共妻制的主因。人們怕窮，分家後勞力缺乏，致使貧窮，而貧窮就會被人看不起，以致下代人娶不到妻子。行兄弟共妻婚的人們依風俗行事，出了事則用另一套風俗調節，而不會動輒跑法院。執法部門也有「不告不受理」的準則，不會主動過問。即使在修訂的《中華人民共和國婚姻法》（以下簡稱《婚姻法》）頒佈時，各級法院組織普法，派人送法下鄉時，大多是走過場，並不急於破壞傳統，擾亂平靜的鄉村生活。

兄弟共妻制在控制人口、發展經濟和融洽家庭方面佔優勢，一部分男女寧願放棄一夫一妻制所享有的個人自由，換取兄弟共妻制的安全、富裕和社會聲望，由於婚姻建立在當事人自覺自願的基礎之上，這種家庭很少發生糾紛，各人按章法行事，做好分內的工作。即使發生矛盾，也可以解決。有一戶 4 個兄弟共妻的家庭出現不睦，兄弟準備分家，妻子行使職責，居間調節，挽救了家庭。這戶人家有耕地14.3 畝，犛牛 50 多頭、綿羊 500 多隻，農、牧、副，各業興旺，行行不缺勞動力，行一夫一妻婚的那些家庭不能與之相比。如果處理不當，告到法院的也有，《婚姻法》規定公民實行一夫一妻制，以法理的觀點視之，兄弟共妻制不合法，故法院一般都支持離婚。但也有不

同的意見。農牧區絕大多數人結婚都沒有登記。1983 年，芒康縣搞普法宣傳，號召結婚登記，民政局給鄉（鎮）下達任務，委託基層政府做工作，搞了 1 年，沒有多大的起色，群眾依然按傳統方式辦喜事。1994 年，西藏地方權力機關通過一個條例：結婚沒有登記屬於不合法，婚姻如果破裂，法院不受理離婚訴訟。這對於農牧民根本沒有威懾，前面已經說過，在農牧民的生活空間，只有風俗，沒有法律。2001 年在《婚姻法》修改討論中，有代表要求承認事實婚姻，反對者提出無登記的婚姻只能算同居，屬於道德範疇，不能歸入「婚姻」概念。此說與利奇 40 年前借攻擊婚姻的定義過寬、要求收緊、企圖把一妻多夫制逐出婚姻的門檻[14]沒什麼兩樣。彼得王子引述了這個觀點，以嘲弄的口吻稱之謂「奇特的」[15]。因為利奇在玩弄概念遊戲，沒有解決任何問題。西藏關於家產的分割、孩子的歸屬、老人的贍養等問題均按民事糾紛的有關條例處理。由於不承認事實婚姻，這些條例對婦女、孩子幾乎沒有什麼保護作用。

　　米瑪的父母接受了通古行政村赤頂組一戶人家的求婚，把米瑪的姐姐次仁卓嘎許給兩兄弟。父母見次仁卓嘎不從，遂改變口氣，謊稱不願意就拉倒，讓次女梅朵頂替。他們採取了「瞞山過海」的手法，實際上暗中準備婚禮，堅持讓長女嫁給那戶人家的兩個兒子。過門前次仁卓嘎毫不知情，家裏人叫她去高山牧場照看犛牛、綿羊。其實兩家人早就串通好，請了喇嘛打卦擇日，並且放出煙幕彈，麻痺姐姐，說要嫁的是妹妹米瑪。米瑪聽了，不知真假，也很害怕。那天，家裏叫了幾人上山，假託家中有事，留下一人頂替次仁卓嘎的工作，餘眾

---

14 參見Leach, E. R. Polyandry, Inheritance and the Definition of Marriage: with Particular Reference to Sinhalese Customary Law. *Man*, 1955., (199):185.

15 參見Prince Peter of Greece and Denmark, H. R. H. A *Study of Polyandry*. The Hague: Mouton & Co. Printers, 1963:113.

「陪」她下山。回到家，才對她說今日要出嫁，還請來了幾個和次仁卓嘎要好的姊妹勸說並守護她，既怕她尋短，也防她逃跑。大家七手八腳替她穿上新衣，戴上飾物，讓其匍匐在馬背上。家人威脅說，如不順從，就要把她的手腳垂於馬肚子下，交叉起來用繩子拴牢，履以錦袍，送到新郎家。

按常規，媳婦過門三日熱鬧。頭天下午舉行迎送儀式，當夜燒起篝火，唱歌跳舞。藏族人與漢族人不同，漢族人紅白事一起辦，以喜沖喪，藏族人趕熱鬧須避人悲傷。堅贊參加了一次婚禮，他送給新郎禮物，接到一瓶橙汁為回贈。他從頭天下午一直待到翌日上午，守候在娶親人家裏觀察，可惜事不湊巧，村裏死了人，這家人不能狂歡，看不到篝火熊熊、載歌載舞的夜景。

通常夫家並不派人去妻家，而是妻家派人騎馬護送新娘到夫家，夫家派人在自家門口迎候。門口臺階平放一袋青稞，麻袋上用青稞粉撒成一個「卍」[16]字元號。新娘和伴娘各騎一匹馬，送親者各騎一匹馬，人馬各為單數，不能成雙。這又是漢藏文化的一個不同點，漢族講究好事成雙，藏族則沒有這種心理定式。一般人家送親，只有 5 匹馬、5 名騎者，或者 7 匹馬、7 名騎者。富裕人家送親則有 11 匹馬、11 名騎者，甚至 13 匹馬、13 名騎者。有的人家結婚所用的馬匹和騎馬者甚至還要多，如 15 匹馬、15 名騎者，17 匹馬、17 名騎者……至於寒門人家，只有 3 匹馬、3 名騎者，頂多 5 匹馬、5 名騎者。

迎送儀式是新娘過門時舉行的，最能體現門當戶對與攀比心理。門當戶對的婚姻和攀比婚姻，前者為平行式嫁娶，後者為傾斜式嫁娶（多表現為女方高攀男方），兩種方式都追求等值原則。新娘過門帶

---

16 「卍」，普通話讀作「王（wang）」，為雍仲符號，是佛教的吉祥符。

著嫁妝和妝奩，均為新娘父母贈送給女兒的禮物；過門前後，男方家
送給女方家聘金（亦稱「聘禮」、「彩禮」或「財禮」）。一般說來，男
方在意女方的嫁妝，並不在意她的嫁奩，因為妝奩只是一個小匣子，
內裝梳妝用具，嫁妝則是足值的財產。至於女方則在意男方的聘金。
如果是中等戶的女兒嫁上等戶的兒子，男方對嫁妝的要求不會因為女
方是中等戶的女兒便降低一成。而在這個中等戶看來，男方用上等戶
的標準提出要求，也合乎自然，女方父母會心甘情願地滿足男方的要
求。而聘金的協商則是抬價和砍價的折中，由於「巴巴」的調解，價
格不會太低，即使達不到上等戶嫁女的標準，也要接近才行；反之，
中等戶的兒子娶上等戶的女兒，情形大抵相同。以此類推，下一等級
的人家與上一等級的人家聯姻，在等值原則下，也都會表現出相似的
情形。

　　「新娘的『聘金』，『這是在迎親的時候，在最後的儀式上授予新
娘的，這時婚約已經締結，婚禮已經舉行，婚姻關係即將完全實現，
而在此之前新娘還是同她母親在一起』……『只要她進了屋，儘管還
未進丈夫的臥室，她就成為『uxor』（「妻子」的古英語——堅贊）
了』。」[17]這是印度經典《密陀婆羅》記述的古代材料，馬克思做了摘
錄，卻與堅贊的田野觀察較為接近。在宗西鄉的婚俗鏈條中，聘金是
分三四次贈送的：一次是求婚時，一次是締結婚約時，一次是過門
時，假如還有餘額則過門後交付。一切物品最終都要折算成貨幣，早
先是折合成犛牛，現在先折合成犛牛再折合成貨幣。因為犛牛就是足
值的貨幣，而紙幣是會貶值的。[18]那麼聘金給誰呢？一部分交給新娘

17　馬克思：〈亨利・薩姆納・梅恩《古代法制史講演錄》一書摘要〉，載《馬克思恩格
　　斯全集》第45卷（北京：人民出版社，1985年），頁637。

18　牛（kine、capitale和cattle）是政治經濟學上最有名氣的單詞，起初其價值是肉和奶，
　　當其作為役畜和交換手段時就具有特別重要的作用，由此派生出動產（chattels）和

的父親，作為他出讓家長或家庭權力給丈夫所得到的補償；另一部分則交給新娘本人，理論上歸她獨自所有，實際上常常與丈夫或夫家的財產合併到一起作為發家的原始資本進入再生產過程。

參加婚禮的人也要贈禮，贈禮多寡視親疏關係和能力而定，舅甥是較近的親屬，至少要贈送 1 頭壯健的犛牛（時價 3000 元），有時再加現金 1000 元。送禮不以個人名義，而是以家庭或家族為單位。近親有的送三四頭犛牛。授禮一方記錄各家送禮數目，以便日後還禮。贈與的牲畜只要講好，就不能反悔，婚事辦完之後馬上要牽過來。

在米瑪敘述的事例中，次仁卓嘎的嫁妝為大小牲畜 30 頭（只、匹），是兩家協議好了的。實際給了 20 頭（只、匹），具體為 10 只綿羊、5 隻山羊、1 頭耕牛、1 頭奶牛、1 頭奶黃牛、1 頭犛牛和 1 匹馬。由於馬比犛牛貴，1 匹馬等於 5 頭犛牛，故與 30 頭的價值相等。米瑪結婚時，娘家也給了她牛羊作為嫁妝，這些東西不好攜帶，就婉言謝絕，留在了娘家。丹增夫婦倆每次從鹽井回到宗西，娘家就變換形式，給他們一些錢，到目前為止，斷斷續續給了 1 萬多元。

婚禮揭開了夫婦生活的序幕，生育是他們的一項使命。姐姐次仁卓嘎在極不情願的心情下嫁給兩個男人，生米煮成熟飯以後，只得屈從命運。她的兩個丈夫，一個在拉薩做生意，一個在家。米瑪和丹增的婚姻是自由戀愛的結果。米瑪是農民，丹增是國家幹部，他主動追求她。他們沒有舉行婚禮，其中一個原因是路途遙遠，坐車太辛苦，花費昂貴，丹增不想讓自己的父母從拉薩趕來證婚。米瑪姊妹倆婚後都完成了生育的任務。

要是為妻的沒有完成生育任務，可找人頂替，免卻婚禮。宗西及

資本（capital）兩個關鍵字，相傳最早的羅馬鑄幣印有牛的圖像。在喜馬拉雅和橫斷山脈，民間交換直接以牛為一般等價物，馬、騾、豬等居後。

周邊鄉村流行妻姊妹婚[19]，這種婚制與父系社會合拍，在一夫一妻、一夫多妻和一妻多夫三種家庭中均有表現。例如，妻子不孕（有時不過是晚孕），可續娶原配的姊妹（同胞姊妹或者從表姊妹），如姊妹不願頂替，則要求退還聘金。要是妻子去世，必定優先考慮死者的姊妹作為續娶的對象。米瑪有個堂姐名叫布次，嫁給通古行政村夏日仲村的兩兄弟，當時哥哥已成人，弟弟尚在小學讀書。布次在夫家呆了3年，夫家見她未育，流露出嫌棄之意，布次知趣，未等其遣返，主動回到娘家；後來離鄉去阿里地區做生意，與本縣嘎托鎮的一個男子結婚，生育了兩個孩子。兩位原夫則另娶一妻。布次的父親將聘金如數退回，減去布次在夫家折算為1頭犛牛的3年勞動報酬。

堅贊還搜集到一個例子。當事人一方為兄弟倆，他們一人放牧、一人務農，妻子給他們生育了一女，之後幾年間再無生育。於是，兄弟倆從另一家新娶一妻，婚儀上大擺排場。髮妻覺得臉上無光，背著幼小的女兒回到娘家，娘家資助她去了拉薩。這一次，妻家退還一半的聘金，該女子在夫家幾年的勞動也是僅折合為1頭犛牛。

新媳婦在夫家暫時沒有地位，她們整天從早忙到晚，丈夫卻經常賦閒。媳婦過門之後，必須聽從家翁家婆的話；新上門女婿的地位如同新媳婦，待到第一個孩子降生，才算褪下新人的身份。

兄弟共妻家庭的成員不能過於追求個性化。就生育而論，儘管人們可以根據孩子長相與性格來分辨丈夫的親子，但妻子一般不對丈夫提起孩子究竟是哪個丈夫的。要是丈夫多，彼此年齡相差不大，按照風俗，第一個接觸妻子的權利歸兄長。所以，在多數場合，第一個孩子是兄長的，以後出生的孩子，才有兄弟的份。

---

19 「妻」在這裏既是名詞也是動詞，和「夫兄弟婚」（轉房婚）相對應。

三　高度型的兄弟共妻制

　　綜合 20 世紀 50 年代民族識別的報告，衛藏地區的兄弟共妻家庭約占家庭總數的 1/4，康藏地區的約占家庭總數的 1/2。過了半個世紀，昌都地區的比例仍很高，前述芒康縣法院的調查顯示，1995 年全縣兄弟共妻家庭 4597 戶，占家庭總數的 42.27%。人民公社時期，宗西鄉的兄弟共妻家庭占全社家庭的 80%～90%，2005 年的比例仍很高，占六成強，且有父子（舅甥、叔侄）共妻、7 個兄共妻和兄弟入贅共妻的現象。全鄉 4 個行政村 21 個村組的兄弟共妻戶和單偶婚家庭（含健全的一夫一妻制家庭和殘缺的家庭）的分佈情況（表 3-2）：

表 3-2　宗西鄉 4 個行政村 3 類家庭的資料*

項目、比值和行政村	不健全的殘缺家庭		一夫一妻制家庭		兄弟共妻制家庭								小計	
					兩夫		三夫		四夫		五夫			
	戶	%	戶	%	戶	%	戶	%	戶	%	戶	%	戶	%
達拉	19	12.4	32	20.9	62	40.5	37	24.2	2	1.3	1	0.7	153	100
通古	14	10.6	50	37.8	43	32.6	17	12.8	7	5.3	1	0.8	132	100
宗榮	2	1.9	31	29.5	57	54.3	13	13.4	1	1.0	1	1.0	105	100
宗西	13	6.6	66	33.5	81	44.2	30	15.2	4	2.0	3	1.5	197	100
總計	48	8.2	179	30.5	243	41.4	97	16.5	14	2.4	6	1.0	587	100

注：*資料來自堅贊於2005年年初的田野調查，代表2004年年底的情況。

　　從表 3-2 可直觀兩點：①兄弟共妻家庭的比例較大，587 戶中有 360 戶，占 61.3%，一夫一妻制家庭和不健全的殘缺家庭 227 戶，二項占 38.7%。值得一提的是，有 3 戶丈夫特多的家庭（六夫、七夫和八夫，各 1 戶，均在宗西行政村）未進入統計，否則表 3-2 中兄弟共

妻家庭會增加 0.2 個百分點；②不健全的殘缺家庭比例不小，共有 48
戶，接近一成。

　　達拉行政村有 6 個村組（美金、紮果、達松、德尼、偉色和剛
達），有三組（剛達、偉色和達松）的兄弟共妻家庭較多（在 23-27
戶間）。通古行政村亦有 6 個村組（赤頂、俄達、果那、然沙、樂重
和瑪重），其中赤頂、然沙和樂重三組的兄弟共妻家庭較多（在 12-19
戶間）。宗榮行政村有 6 個村組（康瑪、紮夏、巴同、古日龍、拉沖
和曲子卡），各組的兄弟共妻家庭的數目比較平均，最少是康瑪組
（10 戶），最多是拉沖組和巴同組（各為 13 戶）。宗西行政村有 9 個
村組（加多、然尼、知多、恰日、知托、幫、瑪卡、亞卡和瓦西），
兄弟共妻家庭的數目按多少排列，依次為然尼（22 戶）、知托（19
戶）、恰日（16 戶）、亞卡（14 戶）、加多、知多及幫（各 10 戶）、瑪
卡和瓦許（各 9 戶）。

　　芒康縣有 16 個鄉鎮[20]，兄弟共妻家庭的比率呈北高南低之勢。若
以嘎詫為中心，按緯度區分，可將全縣分為南北中三塊。其中，縣境
北部的比例高於南部，越往南走比例越低，鹽井的兄弟共妻家庭最
少；反過來，由南而北，這類家庭則逐漸增多，鹽井之北的幫達、徐
仲等鄉多了一些，到了縣城附近的鄉鎮，比例達到全縣的平均值；再
往北行，到了宗西、戈波等鄉，這種家庭特別多。為了便於描述事
態，可將這三塊地帶的兄弟共妻婚確定為高度型、低度型和中間型。
宗西鄉為高度型，納西民族鄉為低度型，縣城附近的鄉村為中間型。
本書第三、四、五章的敘述採取抓兩頭，帶中間的方式。比較宗西與
鹽井，既由於兩極反差明顯，又因為兩極相通，容易看出一些原因。

---

20 計14鄉2鎮，從北向南數，14鄉是昂多、措瓦、戈波、宗西、洛尼、朱巴龍、曲登、
　蓊嶺、索多西、幫達、徐仲、曲子卡、納西民族鄉和木許，2鎮是如美和嘎托。

（一）一代共妻

這種情形最為普遍，此處可隨意拈出宗西行政村的 7 例。第一例發生在瓦雪組，第二至第六例發生在知多組，最後一例發生在瑪卡組。家庭的編號以門牌戶口為序，家庭成員的年齡以調查時間（2005 年）為參考，不再換算。

案例 1 182 號家庭，14 口人，三代同堂；其中一人入寺；經濟條件為上等戶，家裏有犛牛 15 頭、綿羊 73 隻，固定家產折價 34860 元。

第一代。戶主多吉（61 歲），妻子斯朗央宗（60 歲），二人生育了 8 個子女。

第二代。長子占堆（41 歲，任瓦雪組組長），次子澤仁（38 歲），三子巴桑（35 歲），長女強巴（32 歲，已出嫁），四子多吉（26 歲），五子曲江（24 歲，出家當喇嘛），六子尼瑪（21 歲）。除了曲江以外，5 兄弟共妻。妻子叫做擁宗（43 歲），娘家在知多組，出嫁時的嫁妝為犛牛 3 頭、綿羊 30 只。五兄弟和擁宗共生育了 4 個孩子。

第三代。老大紮西措嫫（女，15 歲），老二擁珠多吉（男，11 歲），老三丹增覺巴（男，8 歲），老四宗吉埃珠（女，4 歲）。

案例 2 60 號家庭，9 口人，四代同堂；其中有一人入寺，一人經商；家庭經濟條件中等，有 10 頭犛牛、2 匹馬，沒有養羊，固定家產折價 1 萬元。

祖代和父代均行一夫一妻婚，子代行一妻多夫婚。祖母昂旺措姆，66 歲，其夫吉米 20 多年前病死。膝下有一子一女，均行一夫一妻婚。子仁吉德傑，媳多吉卓瑪（娘家在本村），二人都是 46 歲。女邊巴措姆 29 歲，12 年前去拉薩經商，在那裏和四川省甘孜州德格縣來的達娃次仁結婚，二人開了一間餐館，現有一子，叫做旺傑仁真。

　　仁吉德傑和多吉卓瑪生育了三子一女，順次為白瑪次仁（21歲）、次仁戈波（19歲）、桑吉多傑（17歲）和仁吉卓瑪（女，15歲）。次仁戈波在拉薩經商。桑吉多傑12歲時出家在德格縣的八幫寺當喇嘛。

　　老大和老二合娶了本村的次登旺姆。次登旺姆過門時15歲，她帶來的嫁妝是一群牲畜，有6頭犛牛、43隻綿羊和1匹馬，父母沒有給她現金。婚事是父母決定的，未徵求兩個兒子的意見。兒子也沒有給父母面子。舉行婚禮那天，氣氛冷清，3個兄弟都不在場，白瑪次仁和桑吉多傑到母親多吉卓瑪的娘家玩耍，次仁戈波則去了拉薩。次登旺姆兩年後生育了一女（次吉卓瑪）。

　　次登旺姆和白瑪次仁共一間臥室，次仁戈波從拉薩回來，白瑪次仁就讓二弟與妻同房。

　　堅贊調查時看見全家正在拆除舊房，騰出地皮蓋新房。家人住在院子用木板搭起的棚子裏。親戚、鄰居來幫忙，只吃飯，不要工錢。據說材料費花了1萬元。

　　案例3　68號家庭，17口人，四代；固定家產折價3萬元。

　　祖代原是一妻三夫，現在是一夫一妻；父代一妻二夫，現在也是一夫一妻；子代七兄弟共一妻（見版圖3-1，拍攝時有兩三人缺席）。為了調節參加婚姻的人數，兄弟中有為僧尼的亦有入贅的。

　　第一代。丈夫著多（63歲），妻子擁金（76歲）。著多原有兩兄，三人共妻從擁金比著多年長13歲這一點來看，著多應為她的三丈夫，大丈夫的年齡應和她相近，二丈夫的年齡和她有了差距，她與三丈夫的年齡差距最大。，生育了8個孩子，他們是三子五女。三子各相差5歲，其中著多和兩個哥哥每人有一個親子。長兄的兒子只活到38歲。次兄和著多的兩個兒子還活著。兩兄已死去多年，隨著他們去世，這一代的兄弟共妻制逐漸瓦解，變為一夫一妻制。

第二代。丈夫曲登（43 歲），妻子次榮旺姆（49 歲）。曲登是著多的二哥親生的兒子，他與年長 5 歲的哥哥共妻，比他年幼 5 歲的弟弟洛松曲丹則出家當喇嘛。兄長死後，這一代人的兄弟共妻制變成一夫一妻制。曲登還有 5 個姊妹，其中有一個姐姐出家為尼。曲登和其兄也像他們的父輩一樣，共生育了 8 個孩子，全都是男孩，構成這個家庭的第三代。

第三代。姓名與年齡依次為：其美戈巴（24 歲）、德傑（23 歲）、次仁戈巴（20 歲）、尼瑪占堆（18 歲）、戈巴次仁（15 歲）、嘎瑪傑巴（12 歲）、次仁普措（10 歲）和格松次仁（8 歲）。祖父母著多和擁金早就為孫輩們定親，孫媳是本村的次仁普珍，1999 年過門，年滿 18 歲。父母曲登和次榮旺姆讓她做 7 個兒子的妻子，老四尼瑪占堆不參加共妻，2004 年在本組入贅。其美戈巴、德傑、次仁戈巴已跟次仁普珍同房，他們生育了兩個孩子。老五戈巴次仁尚未獲得同房資格，他下面的三個弟弟，即老六嘎瑪傑巴、老七次仁普措和老八格松次仁尚小，僅為名義丈夫。

第四代。兩個孩子，兒子名叫邊巴次仁（3 歲），女兒叫知能央宗（1 歲，未入圖）。

案例 4 69 號家庭，8 口人，三代；固定家產折價 3 萬元。

母親加安拉姆（64 歲），育有三子：魯諾江村（38 歲）、多吉（24 歲）和尼瑪占堆（22 歲）。三人合娶桑吉（36 歲），共生育了三個孫：仁青（孫男，11 歲）、澤西（孫女，8 歲）和桑吉桑追（孫女，7 歲）。

案例 5 71 號家庭，9 口人，三代；固定家產折價 1 萬元。

多擁（56 歲）與次仁卓瑪（57 歲）為夫妻，多擁是從鄰村巴日仲入贅到知多村來的，他們生育了 3 子 5 女。1999 年，長子次仁珠敏（29 歲）在本村入贅，妻子卓嘎拉瑪（31 歲），二人生育了 1 子，

取名江成（4 歲）。次仁珠敏開汽車搞運輸。二子戈波（20 歲）、三子達娃（11 歲）合娶白瑪央宗（18 歲），妻子娘家在鄰村瓦雪，相距半公里。5 個女兒無一出家。長女卓瑪（27 歲）和次女巴雍措姆（25 歲）已出嫁。卓瑪在芒康縣城，丈夫是司機。三女邊巴措姆（22 歲）在拉薩經商。四女次仁布瓊（18 歲）、五女赤西（13 歲）在家。

2005 年 2 月 13 日，白瑪央宗正式過門。兩個丈夫，戈波長得英俊瀟灑，達娃掛著鼻涕，還是個淘氣的孩子，堅贊訪問時，見他正在跟一群小夥伴玩耍。

案例 6　73 號家庭，12 口人，三代同堂，兩代成人當中，一代行一夫一妻婚，一代行兄弟共妻婚。這個家庭的結構如圖 3-4 所示：

男戶主名叫紮西德加（49 歲），女戶主宗拉（50 歲），都是本村人。紮西德加是獨子，2 歲時，父親去世，母親阿桑獨自將他拉扯大。1964 年，紮西德加 8 歲，宗拉 9 歲，雙方家長給他們定親。4 年之後，13 歲的宗拉正式過門，兩人成為名副其實的夫妻。宗拉過門時帶來的嫁妝為一群牲畜，包括 50 頭（只）犛牛、綿羊、山羊和 1 匹馬。婚後兩年，母親去世。

紮西德加和宗拉行一夫一妻婚。婚後共生育 7 個孩子，其順次為多吉熱振（29 歲）、占堆（26 歲）、其美格勃（22 歲）、土登（19 歲）、普巴次仁（16 歲）、巴桑卓瑪（13 歲）和紮西擁堆（10 歲）。

前 5 個是兒子，後兩個是女兒。5 個兒子當中，老三其美格勃 15 歲出家，在本鄉寺院當喇嘛。其餘 4 個兒子於 1997 年結婚，兒媳名叫普巴卓瑪（31 歲），娘家在本村。普巴卓瑪生育了 3 個孩子：長女達娃卓瑪（7 歲）、長子尼瑪紮巴（5 歲）、次女邊巴差姆（1 歲）。3 個孩子沒有普巴次仁的份，因為他暫未與妻子同房。

普巴卓瑪是獨女，幼年喪母，原有二父（父親是兩兄弟共妻）三兄，後來死了兩兄。據她說定親是雙方家長的主意，然後告知於她。

同一村莊的人，男方有幾個兄弟，她是知道的，因此知道她嫁給這幾個丈夫，風俗如此，瞞不過去。紮西德加夫妻原想讓 5 個兒子共娶普巴卓瑪，因老三執意出家，他們只好讓步。另外 4 個兒子比較聽父母的話。舉行婚禮時，4 個兄弟不在場。普巴卓瑪沒有帶來牲畜，嫁妝是 3 萬元現金，用來購置了物品。

紮西德加曾任知多村的村長。家裏剛買了一輛東風牌 6 噸載重汽車，是從雲南省下關市買來的二手車，花了 6.5 萬元。紮西德加略懂修理技術，多吉熱振和占堆會開汽車，經常在本地林場運木材，也開到外地運貨。現在家裏的固定家產折價 10 萬元。

案例 7　146 號家庭，全家 9 口人，三代（見版圖 3-3）。

第一代。母，斯朗卓瑪（71 歲），行一夫一妻婚，丈夫早世。

第二代。兄，白瑪丹增（37 歲），村裏的裁縫；弟，丹增多吉（34 歲）；妻，斯朗曲珍（35 歲）。斯朗曲珍老家在瑪卡組。她 20 歲過門，嫁妝是 5 隻綿羊、5 隻山羊、2 頭犛牛、1 畝地。

第三代。白瑪丹增、丹增多吉和斯朗曲珍三人所生育的 5 個孩子。他們是長女赤誠旺姆（12 歲）、次女嘎瑪澤西（10 歲）、長子次仁紮西（9 歲）、三女尼瑪卓嘎（8 歲）、次子次仁羅布（6 歲）。

斯朗卓瑪家裏有 6 頭犛牛、19 隻綿羊、5 隻山羊、1 匹馬、9 畝2 分耕地，固定家產折價 23860 元。

前述 7 個案例都是主幹家庭，擁有一定的人口。人口既是家庭經濟的常數，又是變數。它代表著整個家庭的經濟基礎，決定著產品的多寡。人口以合理的年齡搭配，中年和青年代表著現實的生產力，孩子代表著潛在的生產力，老人代表著衰落的生產力。

（二）兩代共妻

這種共妻結構既為家產傳遞時所造成，又因家庭發展的周期所打

斷，經常是老輩婚姻當事人亡故而導致家庭結構性的變化。[21]此處援引三例。案例 1 為 64 號家庭，住在知多組；案例 2 為 168 號家庭，住在亞爾哜隆組；案例 3 為 142 號家庭，住在瑪卡組。

　　案例 1　64 號家庭，12 口人，三代同堂，祖代和父代均行一妻多夫婚（見圖 3-5）。

　　祖代：原來兩兄共妻，兄次仁、弟普巴（73 歲），妻仁青，兩人早亡，現一人健在。

　　父代：他們是次仁、普巴兩兄弟與仁青生育的 6 個兒女（4 子 2 女）。堅贊有心窺視父親是否關心自己的親骨肉，便借著輕鬆的氣氛探問親子關係：「普巴，你可以告訴我嗎？6 個孩子，誰是哥哥次仁的？誰是你的？」普巴聽罷沉默不語。他是不好意思說呢，還是真的不知道，或者是並不在乎孩子是誰的？根據堅贊的調查經驗和臨場察言觀色，最後一種可能性比較大。這 4 個兒子原來合娶一妻，後來次兄巴登患高血壓且死於中風，四弟尼瑪頓珠患腸胃病而亡故。現為兩兄共妻，即長兄郎榮長（45 歲）、三兄楊培（37 歲），妻拉擁（45 歲）。調查時兩個姊妹未出嫁，她們是大妹其美旺姆（24 歲）、二妹邊巴（22 歲）。

　　子代：有 6 人，其中 5 人是上一代四兄共妻所生育的。原來生了 6 個孩子，2003 年剛滿周歲的女孩患腸胃病死在縣醫院，其餘 5 個孩子順次為尼瑪（子，18 歲）、江村（子，12 歲）、格勃（子，9 歲）、昌潔（女，6 歲）和洛松益登（子，3 歲）。尼瑪、江村、格勃和洛松益登四兄弟共一妻，妻子名叫丹珍（18 歲），是從本村娶來的，目前只有尼瑪與她同房，江村和格勃身體未發育成熟，沒有與丹珍同房。洛松益登年幼無知，根據風俗，理論是上可以考慮歸於該共妻圈的，實際上還不到時候。

---

21 Berreman, G. D. The Polyandry in Himalayas. *American Ethnologist*, 1975. (2):127-139.

　　仁青過門時，從娘家帶來 2 頭犛牛到夫家作為嫁妝。拉擁 7 歲定親，13 歲過門，她從娘家帶來 4 頭犛牛、10 只綿羊作為嫁妝。她於 26 歲產下第一胎，這個孩子就是尼瑪。丹珍 14 歲過門嫁給四兄弟，她帶來 5 隻羊和 3 頭犛牛作為嫁妝。

　　如圖 3-5 所示，本家結構複雜，中間代和新生代都存在共妻關係，前者的關係已經展開，後者理論上有共妻關係，實際上這種關係還未開始。由於家裏沒有足夠的牛羊作嫁妝，戶主普巴、長兄郎紮長和三兄楊培不打算讓兩個妹妹結婚，這就潛藏著兄妹、姑嫂等家庭矛盾。

　　2000 年，郎紮長去拉薩經商，後來二妹邊巴也去那裏幫忙。普巴照顧孩子，總理家務。拉擁負責烹飪，打理家務。楊培、丹珍務農。其美旺姆和尼瑪頓珠放牧。家裏有 40 只羊、13 頭犛牛和 2 匹馬。拉擁的哥哥在芒康縣嘎托鎮，花 4 萬元買了一輛北京牌吉普車，用過幾年之後又買了一輛新吉普，還是北京牌，舊車處理給楊培，只收了妹夫 2000 元。現在家裏的固定資產折價 3.5 萬元。

　　家中擺設一般。大廳靠近屋角的地方安放著鐵爐子，冬天只要家裏有人，爐膛裏總是燒著幹牛糞。兩邊靠牆各擺著一排木臺，對著火爐，呈 90°向兩邊展開，每排木臺長及 3 個床位，上面鋪了羊毛氈，可坐可睡。夜晚普巴睡在廳裏。客人也可在此暫住。其美旺姆平時住在高山牧場，她回家時亦睡此。

　　楊培與拉擁同住一個房間，楊培睡在床上，拉擁在樓板打地鋪墊著毛氈睡覺。如果郎紮長回家，楊培就到大廳去睡，把房間讓給哥哥。

　　丹珍有個單獨的臥處。她在走廊盡頭清出一個地方給自己安置了一張床，三面用木板隔開，雖稱不上房，卻很隱蔽。四兄弟睡在走廊中部一個 9 平方公尺的樓臺上，與丹珍的床鋪相距幾公尺。尼瑪已與丹珍同房，尚未有孩子。江村過幾年就可以與丹珍同房了。兩個弟弟尚小，進入共妻圈將是今後的事情。一切順其自然。

　　案例 2　全家 12 口人，三代。其中父代一妻二夫，子代一妻三夫。為調節兩性關係，家庭成員有入贅的，有經商的，在外均行一夫一妻婚。

　　此處不表父代，只說子代。該代長子叫做普巴央平，1957 年出生，下有三弟：大弟土登，1960 年出生；二弟紮央，1965 年出生；三弟斯郎懿德，1968 年出生。1978 年，父母兩事一辦、有出有進：遣土登在本村入贅，讓普巴央平和三弟跟紮西卓瑪（19 歲）結婚。

　　普巴央平和斯郎懿德秉承父業，他們與妻子生育了 4 子 2 女，依次為：長子邊巴（22 歲）、次子赤澤（19 歲）、三子紮西尼瑪（17 歲）、長女尼瑪央珍（16 歲）、四子次仁多吉（13 歲）和次女巴桑卓瑪（9 歲）。

　　普巴央平明確知道兩個大孩子是自己的親子，因為斯郎懿德是在 18 歲才開始跟紮西卓瑪同房的，當時赤澤剛剛出生。調查證明社會對共妻的兄弟有年齡限定，通常年滿 16 歲、發育正常，但這個年齡未必是極限。斯郎懿德於 18 歲與妻子同房，表明超過當地的潛規則兩年，普巴央平認為後面的四個孩子有可能跟斯郎懿德有關係，因為他染指過紮西卓瑪。不過，兩兄弟都不想搞清楚這四個孩子究竟哪一個是自己的親子。

　　這椿婚事一波三折。父母本想讓三子合娶一妻，由於紮央不願意，婚後不久就負氣出走，到拉薩做生意去了，所以父母改變了主意，選擇年齡差異較大的長子和幼子來實現自己的願望。他們選普巴央平，符合長子繼承制，選斯郎懿德也是合理的，他天生失聰，聽覺不靈，對家庭依賴大，讓他外出，父母不放心。四子，出去兩個（一個入贅，一個經商），留下兩個共妻，符合當地的風俗。由於斯郎懿德比普巴央平年幼 11 歲，所以名為兄弟共妻，實際上普巴央平和紮西卓瑪長期行一夫一妻婚。

　　2001 年，父親去世。翌年，母親去世。父親去世前一年，普巴央平、斯郎懿德和紮西卓瑪給 17 歲的長子邊巴娶妻，兒媳名叫玉珍。按風俗，家有幾個兒子，給一人娶媳，便是給所有兒子娶媳。此舉意味著這個家庭的下一代承襲了一妻多夫制，玉珍有三夫——邊巴、赤澤和次仁多吉，現在他們已有兩個孩子。父母去世之前，看到孫子結婚，家業有人繼承，九泉之下得以瞑目。老三紮西尼瑪沒有進入這個共妻圈。

　　順便說，普巴央平在本組入贅的大弟土登，其妻多吉曲姆比他年長 5 歲，二人生育了 5 個孩子（2 子 3 女）。二弟紮央在拉薩單獨成家，他從懂事之時起就憧憬著個人幸福，可是他追求到的幸福在一般人看來並不完美，因為他的妻子是一位離異過的女人，跟他結婚前已經結紮，還拖著兩個油瓶（女兒）。俗話說「蘿蔔白菜各有所愛」，鞋子穿在紮央腳上，只要他自己覺得不夾腳就行了。由於念念不忘自己的根基，紮央現在把一份感情轉移回家鄉，因為斯郎懿德在兄弟中排行第三，於是他也就順著這個數字把三侄紮西尼瑪帶到拉薩上學，打算把自己的一個繼女嫁給他。這門親事等於認侄子為贅婿，更貼切地說是把三侄過繼為兒子，讓其繼承家產，「肥水不流外人田」。如果這項計劃得以實現，兩家可謂實行平表婚，當事人為近親，但與普通的平表婚有所不同，因為繼女與紮央沒有生物學上的近親關係。

　　普巴央平懂藏文，會說一點漢話，頭腦靈活，當了一屆宗西行政村的村長。上世紀末，華東遭遇百年罕見的水災，災後國家開始實行「天保工程」[22]。宗西鄉在長江上游，森林面積大，芒康縣允其享受補貼，每個行政村有幾個護林員名額。行政村的村長、支書和文書成

---

22 「天保工程」是國家撥鉅資治理長江、黃河、瀾滄江、怒江、雅魯藏布江等江河上
　　游水土流失的計劃，青、甘、藏、川、滇等省（自治區）的一些縣份退耕還林，享
　　受到這項計劃的補貼。

為當然人選，每人每月 360 元，一年 4320 元，此外還享受鄉政府的職務補貼，每人每月 20 元，一年 300 元。兩項相加，每人每年有 4620 元收入，在當地是一筆不小的財富。普巴央平每天到村民委員會忙碌，家裏的工作由斯郎懿德、絷西卓瑪和三個兒子以及兒媳玉珍料理。家裏的固定資產折價 32880 元。

案例 3　全家 12 口人，三代同堂，家庭的勞力比較多，經濟搞得好，家裏固定資產折價 2.5 萬元，還有 15 頭犛牛、兩頭耕牛、兩頭黃牛、30 只綿羊、7 隻山羊和兩匹馬。這個家庭的特點是父代的共妻關係有所反覆。

第一代：兄，洛松江村（60 歲）；弟，斯朗多吉（49 歲）；妻，尊珠（51 歲），娘家在瑪卡組，1975 年，21 歲的尊珠過門，嫁妝為 1 畝地、6 隻山羊和 3 頭犛牛（一大兩小）。洛松江村為半僧半俗的絷巴，略懂藏醫，瞭解一些中西醫藥理知識。1970 年 6 月 26 日，他借著毛澤東指示合作醫療的東風，當上宗西公社的赤腳醫生。後來退休，每月享受 300 多元的退休金。現在看到退休較晚的衛生員每月有 2000 多元，心情難以平靜。

第二代：斯朗多吉與尊珠生育的 6 個孩子：長子姜金江村（21 歲），次子仁青桑布（19 歲），三子仁青丹增（17 歲），四子巴桑群珠（14 歲），長女白瑪拉希（11 歲），次女絷西擁宗（8 歲）。長子、次子、三子合娶茹嘎（26 歲）為妻，茹嘎的娘家在本村，她七八歲訂婚，1993 年過門時 14 歲。遺憾的是拍照時仁青丹增外出，照片少了一位丈夫。人不可貌相，四位年輕的夫婦當時已生育了 4 個孩子。

幼子巴桑群珠小學畢業，會講普通話，憧憬著個人的幸福生活。當著他的面，堅贊故意問斯朗多吉：待小老四長大後，是否讓他跟三個哥哥共妻？斯朗多吉點頭稱是，沒料到巴桑群珠大為不悅，立刻用普通話小聲嘀咕：「我才不幹呢！」堅贊聞之啞然一笑，心想如果巴

桑群珠的抗爭不成功，以後隨著他的加入，這個婚姻群體可能會演變成四兄共一妻。

第三代：長子桑吉列槃（5 歲），長女桑吉拉姆（3 歲），次子（1歲）未請喇嘛取名，還有一個女嬰在襁褓中。

（三）兩代混合多偶婚（一代妻姊妹，一代夫兄弟）

這種家庭在宗西鄉僅見到一戶（宗西村第 75 號），在知多組，特點是父親行一夫多妻婚（妻姊妹），兒子行一妻多夫婚（見圖 3-6）。該戶三代 8 口，家中固定資產折價 2 萬元。

第一代：擁宗，戶主，59 歲，覺嫫，終生未嫁，默默地為家庭作貢獻。兄嫂子死後，她繼續持家。

第二代：次桑益美（46 歲）、普巴（46 歲）、拉巴（38 歲）。他們是擁宗的一個侄子和兩個侄媳。普巴和拉巴為同胞，姐姐先嫁給益美為髮妻，妹妹為續妻。

姊妹共夫婚與兄弟共妻婚在多偶婚中處於對立的兩極，由於二者具有的特點與互補性，兩極容易相通，只是兩者的數量懸殊，前者少於後者。堅贊珍視 75 號家庭，很想訪談次桑益美和他的兩個妻子，更想拍攝一張完整的姊妹共夫家庭照片，無奈幾次登門拜訪，只見到益美和普巴，拉巴因故外出未歸，這一夙願後來在調查三岩敏都鄉時才實現，此處用來襯托宗西鄉的情形。

2006 年 4 月下旬，一天上午，在嚮導的帶領下，堅贊和韶明進入拉多村槃凱撒仁家。他有 40 多歲，在「阿多」帕措中輩分較高，因見多識廣、能說會道、辦事公道、聲名鵲起。敏都鄉政府的某些領導極力拉攏，介紹他加入了中國共產黨，組織村民推選他當村長，企圖讓他扮演好官民溝通的角色，他果然不負眾望，兢兢業業，使各方都感到滿意。這位帕措頭人的妻子是一對姊妹，姊妹二人相差近 20

歲，姐姐給丈夫生了幾胎，全是女孩。按照帕措的規矩，丈夫早就可以再娶，擇婚範圍須在妻子親屬圈子內。但紮凱撒仁多年經過黨的教育，沒有這麼隨意，直到髮妻生下的第七胎仍然是女嬰，他才考慮再婚一事。適逢妻子有位妹妹閨中待嫁，便做了丈夫的續弦。妹妹過門後給丈夫生了兩胎，頭胎是男孩，可惜養到 1 歲半夭折，二胎是女孩，當時還在襁褓中（見版圖 3-5 和版圖 3-6，大孩子背著的那個嬰孩）。

現在讓我們的思路返回到宗西。該鄉知多組的 75 號家庭，究竟應歸入兄弟共妻制還是姊妹共夫制，孤立地看似乎都可以，此處以歸為兄弟共妻制的附庸為好，如果以後有專門談姊妹共夫的機會，再歸入也不遲。

第三代：斯郎次傑，次桑益美的長子（22 歲）──普巴所生，次子次仁桑珠（15 歲）──拉巴所生，長女邊巴（7 歲）──普巴所生。斯郎和次仁為同父異母兄弟，他們合娶了拉巴措姆（16 歲）。

拉巴措姆的娘家在本村，8 歲定親，14 歲正式過門，據說從定親到過門的 6 年中，她一次也沒有去過夫家，出嫁還是她自己走去的。嫁妝包括過門時身上穿的幾套新衣及後來交付給夫家的一群牲畜──30 只羊、10 頭犛牛和 1 匹馬。

拉巴措姆的兩夫已跟她同房。她爽快地承認，自己對兩兄弟同等喜歡，並且補充說，她未避孕，也未受孕。

不論是一代共妻，還是兩代共妻，每一代共妻的圈子越小，丈夫知道親子的可能性就越大，特別是在一妻二夫的家庭。妻子大多知道自己所生的孩子是哪一個丈夫的，但不肯讓丈夫知道，擔心他們會對孩子有所偏心。如果妻子不想讓丈夫知道，就必須在懷孕後的一定期間保持與其它丈夫的房事，否則，沒有與妻子同房的丈夫可能知道某個孩子不是他的，丈夫們通過排除法，可以確定出某個孩子的生父。

　　猶如南極和北極海洋裏的冰山，尋常看到的是水面上裸露的部分，沉入水中的部分是看不見的。男女交往的空間亦可區分為顯性與隱性，此處只談前者。夫妻在公開場合不能做出親昵的動作（如摟肩搭脖、并排而行等），不能使用昵稱，只能喊「喂，喂」，更不能故作嬌嗔、打鬧調侃等，否則會引起笑話。普通男女也要遵守類似的規則，一對男女單獨外出是不恰當的，旁人會拿他們打趣，故意問：「你們是不是夫妻？」以後見到其中一人，還會問起另一人：「你老公（或老婆）呢？」除非人們覺得純屬偶然。顯性空間也可容納寬鬆的形式，男女相互打鬧、調侃隨時可以見到，就連喇嘛也可以跟女性攀談、還可以握手，沒有什麼忌諱，但其所連帶的時間和其它條件可能不同。

　　某些善於想像的人可能會問：「兄弟共妻家庭中，如果兄弟年齡相近，夫妻仁會不會同床共眠？」答曰：「不會的，一輩子都不會！」需要同房時，通常是一個丈夫到妻子那裏過夜，天亮前便離開。

四　兄弟共妻家庭的分裂

　　在一夫一妻制下，年輕夫妻喪偶（或出走），健在一方大多會續娶（或再醮），除非有孩子拖累，而在兄弟共妻制下，喪偶（或出走）的要是丈夫，而非妻子，因為還有別的丈夫在家裏，夫妻關係仍然存在。

　　貢嘎尼瑪和羅布旺堆是同胞。哥哥生於 1949 年，弟弟生於 1961 年，哥倆相差 12 歲，家鄉在宗西鄉拉充村。貢嘎尼瑪原在達拉榮村附近的麻風預防站工作，調到鄉衛生院已 20 載。1967 年，貢嘎尼瑪 17 歲，羅布旺堆 5 歲，父母給他們合娶一妻，妻子名叫阿其，比貢嘎尼瑪小 1 歲，比羅布旺堆長 11 歲。兄弟倆與阿其生育了 8 個孩子

（6女2男）。其中6個已婚，兩個小女兒待嫁。大女兒西茹（18 歲）在衛生院跟貢嘎尼瑪學醫。小女兒長青（15 歲），同阿其和長子棻巴羅珍全家一道生活。

　　1979 年，貢嘎尼瑪的 24 歲的胞妹吉桑食物中毒死了。吉桑和拉巴次仁結婚。後者是從外鄉到拉充上門的。兩人沒有生育。兩年後，拉巴次仁變賣了所有家產（內有吉桑的嫁妝）去拉薩做生意，再也不復歸。吉桑死時貢嘎尼瑪正在廣西玉林麻風病院學習，回家才知道妹妹死了。他聽說吉桑沒有驗屍，匆匆水葬，覺得事有蹊蹺，但沒有任何證據表明是人為的。1980 年，19 歲的羅布旺堆離家到拉薩做生意。每隔兩三年回家一次。每當他回家時，哥哥就讓弟弟與阿其同房。母親於 1985 年去世，時年 69 歲。4 年之後，84 歲的父親也去世了。1989 年，羅布旺堆在拉薩單獨成家，不是由於他跟哥哥貢嘎尼瑪和妻子阿其有隙，而是經不起女人的引誘。阿其年長，長期做家務，顯得有些衰老。羅布旺堆在拉薩碰上年輕的次仁拉姆，兩人由相識到相愛，但他從未帶次仁拉姆回宗西。貢嘎尼瑪和阿其起初對羅布旺堆的舉動想不通，埋怨過他，後來不得不改變態度，因為木已成舟。羅布旺堆回來，貢嘎尼瑪依舊讓他與阿其同房，羅布旺堆想吃什麼，阿其就給他做什麼，唯獨不與他分家產。用貢嘎尼瑪的話說：田和牲畜分給他，他帶不走；錢分給他，他又不要。前面提到父系社會的家產繼承特徵。法理上兄弟有權分家，不過共妻生活，可以對本家的土地、房屋等不動產提出要求，實際上要求分家的那個兄弟的份額是帶不走的，至少不能帶走理論上屬於他的全部份額，因為父兄會跟他作對，全村人會來幫助要求共妻的家庭成員，譴責追求個人自由和幸福的壞小子。有的學者論述過這一點。[23]羅布旺堆和次仁拉姆有了

---

23 參見〔美〕Melvyn C. 戈爾斯坦，何國強譯：〈巴哈裏與西藏的一妻多夫制度新探〉，載《西藏研究》2003年第2期，頁111。

兩個孩子，他依然把老家看成是自己的家。貢嘎尼瑪、阿其和孩子們也把羅布旺堆的新家看成是自己的家，貢嘎尼瑪和孩子們來到拉薩，次仁拉姆對他們熱情有禮。兄弟倆各有兩個家，只不過含義不同。對羅布旺堆而言，他有兩個妻子，兩個家庭，兩個妻子都為他生了孩子，兩邊都是他的生活中心。對貢嘎尼瑪、阿其和孩子們而言，真實的家在宗西鄉，羅布旺堆在拉薩的家不過是他們的一個免費客棧，是邊緣化了的家。

次仁拉姆、羅布旺堆獲得自己的獨立、自由與幸福，然而羅布旺堆的良心發現，他對不起父母、兄長、髮妻和孩子。父母給兩兄弟合娶一妻，希望他們共承父業，勤儉持家，興旺發達。兄長是國家職工，雖有穩定的收入補貼家用，但受制度約束，一年一次探親假，不能經常呆在家裏幹活。8個孩子裏面有羅布旺堆的骨肉，誰是誰的，他不想弄清楚——「難得糊塗」是藏傳佛教的真諦。他和哥哥一樣，把8個孩子都看成是自己的，這是風俗的要求。家裏的土地要耕種，牲畜要放牧，年幼的孩子要照顧，阿其能力有限，他卻抽身而去。因此，羅布旺堆內心深處或多或少有些自責。為了減輕良心的譴責，羅布旺堆每年都要把掙的錢帶回老家一半。婚後，羅布旺堆不帶次仁拉姆回老家，是不想傷害阿其（阿其沒有見過次仁拉姆），也不想引起村民對他的嘲弄。所以說，羅布旺堆帶錢回家是為了贖罪——貢嘎尼瑪也是這麼認為的。如果他沒有罪孽感，他就會把新娶的妻子和兩人所生的孩子帶回老家。正因為他懷有一種罪孽感，他不能這麼做，否則，就會加重他的罪孽感。有了這樣一堆難以言狀的心理矛盾，羅布旺堆仍是阿其的丈夫，但夫妻仨人已貌合神離，貢嘎尼瑪也不會向羅布旺堆提出與次仁拉姆同房的要求，雖然他們是兄弟，但對一方來說，已不是共妻的兄弟。

貢嘎尼瑪是國家培養的一名醫務工作者，受黨的教育將近40

年，但在婚姻大事上一點都不含糊，堅定地站在傳統的立場。他和阿其讓兩個兒子合娶一妻，繼承拉充村的家業。又把四個女兒嫁出，讓其中的兩個女兒行一妻多夫婚，各自嫁給兩兄弟；讓另外兩個女兒行一夫一妻婚，各自嫁給一個男子。他自己現在行一妻多夫婚，他的子女有四人也行此婚。他堅持藏族社會的單系繼承原則，這是兄弟共妻制度的內在邏輯，其要義是每一代完整地繼承一個家，固守這個家，傳遞這個家。借用貢嘎尼瑪的話說：「父親們的家就是我們（兄弟）的家，我們的家就是兒子們的家，兒子的家就是孫子們的家，世世代代，永遠是一個家。」一個家，不斷添磚加瓦，從不分割，眾人拾柴火焰高，只會強大，不會削弱！

可以想像，在促使羅布旺堆離家出走的諸因中，家庭矛盾和個人追求的可能性較大。絕大多數共妻家庭能夠和睦相處，即使出現糾紛，通常在村莊內部就可以解決。其方式是先由親友調解，如不能解決，再請有威信的村民主持公道，如果還是不行，才請村幹部來。有成見的雙方各自讓步，事情就解決了。積重難返的問題，加之處理不公，才有可能上告。即使如此，調解無效，有的家庭也不會走告狀這條路，而是兄弟之一攜帶少量財產外出，從事經貿活動，以「迴避」來處之。這條基本原則在文化人類學中原來是有特定含義的，專指岳母與女婿、公公與兒媳、嫂子與小叔等家庭成員的迴避，防止出現倫理問題。但在現實中這一原則的使用範圍相當廣。矛盾就是對立統一，一個巴掌拍不響，既然少了一方，另一方也就吵不起來。負氣出走的兄弟，在外擇偶，於是家庭分解了。即使如此，外出者心裏依然向著老家，左鄰右舍也將其視為該戶的成員。

貢嘎尼瑪的父親阿諾是貢覺縣三岩木協鄉人。母親是芒康縣宗西鄉人，家名「哈嫫叢」，人們稱她「叢哈嫫」。上世紀40年代末，兩人在芒康縣城做工時相識。成婚後，阿諾選擇了從妻居方式，跟隨叢

哈嫫回到拉充村作為贅婿，他繼承了岳父的一份家業，再傳遞給兩個兒子。這份家業通過阿諾和叢哈嫫的勞動有所增值，又通過貢嘎尼瑪、羅布旺堆、阿其的勞動進一步增值。兩代人都不願看到家業分崩離析，父母將他們的家業完整地傳給貢嘎尼瑪和羅布旺堆，貢嘎尼瑪和阿其也決心把自己的家業完整地傳給兩個兒子，他們對於兒子的婚姻大事沒有徵求羅布旺堆的意見，兩個兒子在父母的說服下同意合娶一妻，媳婦是本鄉通古行政村赤頂組的人。雖然貢嘎尼瑪沒有徵求羅布旺堆的意見，但估計他不會反對，因為他和次仁拉姆所生的都是女孩，次仁拉姆已經結紮，父系血緣的傳遞希望只能寄託在老家了。

五　特殊的共妻家庭

青藏高原的一妻多夫制主要是兄弟型，非兄弟型的跨代親屬（父子、舅甥、叔侄）共妻現象相當稀少，除非是特殊原因，否則為人所不齒，即使有特殊原因，雖無人說三道四，畢竟不是一件好事，故「家醜」不可外揚。至於非兄弟型當中的朋友共妻，可以說聞所未聞，就算是有（丈夫本來是朋友），也要假託兄弟才能進行，以便賦予事物一層符合風俗的偽裝。

知多組有兩個跨代親屬共妻的家庭：70 號家庭的經濟水準屬下等，固定資產折價 19000 元，72 號家庭的固定資產折價 25000 元，經濟水準居中偏富。

先說 72 號家庭。戶主名叫紮巴，有三個兒子，20 年前，其妻舌頭生瘡而死。妻子在世時，夫婦給三子合娶一妻，現在長子四十六七歲，仍與次子共妻。幼子不聽父母言，未進入共妻圈，賭氣到拉薩經商，有了對象，準備單獨成家，後因生意虧損，負債還鄉。債主追至宗西討債。紮巴雖然對幼子不滿，仍賣掉牲畜替他頂債。據聞妻子亡

故以前，紮巴就與兒媳有染，妻子死後，幼子出走，鄉鄰大多本著「事不關己，高高掛起，明知不對，少說為佳」的態度，於是二人愈加有恃無恐。

現在說 70 號家庭（見圖 3-7），它是一戶主幹家庭，四代、7 口，各代情形如下：

第一代 1 人：戶主，白瑪拉宗，女，81 歲，身體較差，仍做一些輕微家務。

第二代 3 人：它嘎，男，59 歲；志協，男，57 歲；次央卓瑪，女，48 歲。前二人是戶主的兒子，後者是戶主的女兒，在家當覺嫫。

第三代 3 人：紮西，男，41 歲；尼瑪卓嘎，女，35 歲；擁宗，女，31 歲；尼瑪卓嘎和擁宗是紮西的妻子，普巴卓瑪是紮西的妹妹。

第四代 2 人：勒珠拉姆，女，18 歲；尼瑪占堆，男，18 歲。前者是紮西和尼瑪卓嘎的女兒，後者是勒珠拉姆的贅婿。拉珠瑪，女，7 歲，是紮西和擁宗的女兒。

70 號家庭的特點有三：

（1）在枝干上原有兩個共妻圈（即兩代人各行共妻婚，均為兩兄共一妻），它們先後瓦解了，瓦解之後，剩餘的家庭成員重組為一個父子共妻圈。

（2）與這個父子共妻圈平行的是一個單偶婚家庭，即紮西建立的是雙邊家庭，他在宗西老家行一妻多夫婚，在拉薩行一夫一妻婚。

（3）獨孫女招婿入贅，使外人改變身份，替本家延續香火。

三個特點源於家庭接踵而至的不幸。它嘎、志協是同胞，與妻子甲旺一起生活，甲旺娘家在本鄉，夫婦仨生育了 4 個孩子：長子紮西，次子江村，三子尼瑪，女兒普巴卓瑪（嫁到本組 73 號家庭）。1983 年，胃癌奪去了甲旺的生命。當時它嘎 37 歲，志協 35 歲，身體都很健壯。在喪妻之後的第三年（1985 年），他們給三個兒子舉辦

婚事，娶入本組姑娘尼瑪卓嘎。時紮西 21 歲，江村 14 歲，尼瑪 11 歲，尼瑪卓嘎 15 歲。通常女性生理的發育略微早於男性。從四人的年齡中可以直覺到兩位父親的精心安排——想使兒媳婦既適合長子，又適合未來同房的次子和幼子。尼瑪卓嘎帶來的嫁妝是一群牲畜（20 只綿羊、10 頭犛牛、1 匹馬）。幾年之後，紮西到拉薩經商。沒料到一場災難降臨。1998 年，尼瑪不慎從飛奔的馬上墜下，頭觸石而亡。禍不單行，過了兩年，江村去拉薩幫兄長照顧店鋪，酗酒過度而亡。這時尼瑪卓嘎只剩紮西一個丈夫了，而紮西藉口拉薩的店鋪要人料理，其實是不想回老家，原來他向外發展了感情——跟來自芒康縣嘎托鎮的一個女人同居，兩人生育了一個女嬰，已滿周歲。30 歲以上的藏族婦女大多表現得比較堅強，在家政方面有主見。尼瑪卓嘎感到天旋地轉，似乎失去了依靠，但她沒有呼天喊地，她在默默地等待，也許隨著情況的持續，最終她可能選擇離開夫家，甚至於把女兒勒珠拉姆帶走，要是這樣的話，這個家就徹底崩潰了。正在關鍵時刻，它嘎和志協先後進入她的生活。雙方沒有生物學上的近親關係，只是這麼做顯得違背倫常。但坐以待斃，悲天憫人，看著這個家庭解體，這符合道德嗎？還不如趕緊採取自救措施，它嘎和志協跟尼瑪卓嘎發生了關係，三人身份改變了，由此產生違反倫常和挽救了家庭的兩重效果。生存比什麼都重要，因此前者與後者相比顯得微不足道。對紮西來說，既然妻子接納了兩位父親，三人通過新的組合重新撐起這個家，他自己為何要反對呢？於是他默認了。須知，父親們並沒有奪走他的妻子，尼瑪卓嘎依然有他的份兒啊！況且紮西續娶的妻子在外地，父親們是無權染指的。村民被這一幕社會劇驚呆了，但大家覺得情有可原，這個家庭活著的成員相安無事，村莊的名譽沒有因此受到污損。對於自救者而言，當初鄰里說什麼都是不重要的，還不如不置可否。足見跨代共妻婚的發生需要具備充分必要條件，主觀方面是

家公（家婆）渴望，兒子（兒媳）默認，客觀方面是輿論的寬容度。就 70 號家庭來說，主觀態度至少與兩個客觀條件相連，一方面是家庭面臨瓦解——家婆去世，共妻的三個兒子先後死掉兩個，倖存的長子另有所愛，暫時顧及不了原配，因此髮妻隨時可能一走了之；另一方面是父親們身體壯實，力圖挽救這個家庭。就它嘎和志協兩兄弟而言，最勇敢者是志協，他最先邁出了一步，帶動了它嘎。以上因素構成父子共妻的充分必要條件。家庭重新調整了結構，每一個成員都得到實惠，原來的家業繼續維持，紮西也可以心安理得地呆在拉薩繼續做小本生意。

照片上的尼瑪卓嘎笑顏逐開，說明她早已甩掉了心理包袱，陶醉於新生活。如果要找出誰有負罪感，那麼，這個人不是它嘎，也不是志協，而是紮西，憂鬱明顯地寫在他的臉上。妹妹次央卓瑪和贅婿尼瑪占堆接受了這一事實，一人微帶笑容，一人一臉平靜。

志協是村裏的護林員，每月享受「天保」工程補貼的 350 元。他比哥哥它嘎的腦筋靈活，精打細算，勤儉持家，家庭收入歸他管比較合適。但在家政大事上，兩兄弟經過商量以後才行事，以免出現分歧。如果出現分歧，要服從志協的安排。次央卓瑪 6 歲出家為尼，8 歲回家修行，她不願意出嫁，不想讓父母準備嫁妝，削弱家產。她在家裏燒火做飯，操持家務，默默奉獻，獲得了兄弟、侄子的尊敬。尼瑪卓嘎擠奶、給牲口棚除糞、拾柴，她同次央卓瑪關係融洽。紮西有兩個家，但兩個家在他的心中不是平列的，老家始終是他考慮的重心，掙的錢要拿回來一半多，每次回鄉，都要給家裏人買衣、帽、鞋、布料等。

這種跨代的非兄弟型共妻家庭的稱謂何如？成員間原有的稱謂怎麼轉化？社會共用的親屬稱謂系統是否靈便？堅贊沿用了以往的對稱

法[24]，以這個五世同堂的大家庭為範例，再上下擴展一代，湊成 7 代的基本親屬稱謂，涵蓋了 42 種親屬關係，似乎可以說明一些情況。中心小學的克珠校長口齒伶俐，是理想的發音人，堅贊請他用宗西方言讀出，每一種親屬關係都安上固定稱謂，用國際音記音，配上漢語音譯（見表 3-3）。表中有幾個固定搭配的術語：「其」和「窮」是表示長幼關係的形容詞，「其」為長，「窮」為幼；「杜若」是個相對概念，表示配偶，以稱呼者或己身為中心，既可指稱男性，亦可指稱女性；斜槓「/」表示選擇關係，代表「或者」。

表 3-3　一個大家庭的基本親屬稱謂

親屬關係	宗西康方言讀音	漢語音譯	親屬關係	宗西康方言讀音	漢語音譯
曾祖父	〔ˈjongˈlie〕	榮列	弟媳婦	〔ʃanleiˈ tʃowal duːˈro〕	香雷窮娃杜若
曾祖母	〔jongˈuː〕	榮烏	姐姐	〔ɑːˈya〕	阿婭
祖父	〔ɑːˈlie〕	阿列	姐夫	〔ɑːyaˈ duːˈro〕	阿婭杜若
祖母	〔ˈɑːu〕	阿烏	妹妹	〔ʃanleiˈ tʃowalaˈmei〕	香雷窮娃拉美
外祖父	〔tɑːˈya〕	塔婭	妹夫	〔ʃanleiˈ tʃowa duːˈro〕	香雷窮娃杜若
外祖母	〔ɑːˈuː〕	阿烏	兒子	〔boː〕	波
爸爸	〔tɑː〕	塔兒	媳婦	〔laːˈmei〕	那美
媽媽	〔mæ〕	麻	女兒	〔boːmˈei〕	波美
伯伯	〔ɑːkoˈ/oːkoˈ tʃiːwa〕	阿庫／阿庫其娃	女婿	〔anleiˈ duːˈro〕	安雷杜若
伯媽	〔ɑːkoˈ/oːkoˈ tʃiːowa〕	阿庫其娃杜若	孫子	〔tʃɑːu〕	嚓烏
叔叔	〔ɑːkoˈ/oːkoˈtʃowa〕	阿庫／阿庫窮娃	孫媳婦	〔tʃɑːuduˈro〕	嚓烏杜若
嬸嬸	〔ɑːkoˈ tʃowa duːˈro〕	阿庫窮娃杜若	孫女	〔tʃɑːmei〕	嚓美
姑媽	〔ɑːniːˈ〕	阿妮	孫女婿	〔tʃɑːmeiːˈduːroˈ〕	嚓美杜若
姑丈	〔ɑːmiːˈ duːˈro〕	阿妮杜若	外孫	〔jongˈtʃɑː〕	擁嚓

---

24 參見堅贊才旦：〈真曲河谷親屬稱謂制探微〉，載《西藏研究》2001年第4期，頁17。

親屬關係	宗西康方言讀音	漢語音譯	親屬關係	宗西康方言讀音	漢語音譯
舅舅	〔wenʹbo/aːʹwen〕	翁波／阿翁	外孫媳婦	〔jongʹtʃaːduːʹro〕	擁嚓杜若
舅母	〔aːʹwenduːʹro〕	阿翁杜若	外孫女	〔jongʹmoː〕	擁嫫
姨媽	〔ʃuːʹmei〕	蘇表外	孫女婿	〔jongʹmoːʹduːʹro〕	擁嫫杜若
姨丈	〔ʃuːmeiʹ duːʹro〕	蘇美杜若	曾孫	〔aːʹtʃaː〕	阿嚓
哥哥	〔aːʹbo〕	阿波	曾孫女	〔jongʹmoː〕	擁嫫
嫂嫂	〔ʃanʹleitʃiwaːduːʹro〕	香雷其娃杜若	曾外孫	〔aːʹtʃaː〕	阿嚓
弟弟	〔haːʹne〕	哈雷	曾外孫女	〔jongʹmoː〕	擁嫫

　　在知多組的 70 號家庭中，它嘎、志協和尼瑪卓嘎之間的稱呼有所變化，三人同房以前，它嘎、志協稱尼瑪卓嘎為「那美」，或者只稱其名，而尼瑪卓嘎稱前二人為「塔」。同房以後，它嘎和志協不再稱尼瑪卓嘎「那美」，而直呼其名，尼瑪卓嘎也直呼前二人的名字。紮西和它嘎與志協之間的稱謂依然如舊，他始終叫他們「塔」，它嘎和志協相應地稱他「波」，或者直呼其名。紮西和尼瑪卓嘎之間的稱謂沒有發生變化，互相直呼其名。他們倆與勒珠拉姆之間的稱謂依然如舊，前兩人喊她「波美」，後者喊他們為「塔」和「麻」。它嘎、志協和勒珠拉姆之間的稱謂也沒有變化，前二人稱她「嚓美」，後者回喊他們「阿列」。普巴卓瑪是勒珠拉姆的姑媽，雙方的稱呼始終未變。普巴卓瑪的孩子在場時，勒珠拉姆也借用這兩個孩子對它嘎和志協的稱呼，稱「塔婭」。普巴卓瑪的孩子稱紮西「翁波」或者「阿翁」。尼瑪占堆性情溫順，它嘎、志協和紮西都比較喜歡他，直呼其名表示親切，或者稱他「嚓美杜若」，表示尊敬。尼瑪占堆喊它嘎和志協「阿列」，喊紮西「塔」，與勒珠拉姆對他們的稱呼相同，有時他也借用普巴卓瑪的稱謂，叫紮西「阿波」或者「哈雷」。堅贊調查時，勒珠拉姆和尼瑪占堆還未生育，估計現在應該有孩子了，果然如

此，則他們的孩子喊它嘎和志協應為「榮列」（曾祖父和曾外祖父稱謂相同），進一步則是在「榮列」前面冠以「大」、「小」以示兄弟間的區別）。

　　其它三個行政村（通古、達拉和宗如）也有個別父子共妻的現象。此外，宗西鄉也存在父親去世，叔叔與侄子共妻的事例，在這種現象中，叔叔與父親的年齡差距太大，而與侄子的年齡接近。他們共同的妻子是輩分低的那位婚姻當事人（兒子、侄子、外甥）娶來的，既非承母（後母、嬸母、舅母），亦非接嫂。假如不是這種情形，對兒子而言，父親之妻的年齡比己身大，加之可能是生母關係，就會出現本能的厭惡，生物學的條件反射使叔侄共妻不可能。反之，如果是侄媳，倒有可能改變身份，雙方的心理反感小些，輿論也不會激烈反應。以上關係須在不同時間點發生才有可能，如果是在同一個時間點發生，亦即因叔侄年齡相近而同時結婚，這女人就不能說成是叔叔的「侄媳」，也不能說是侄子的「嬸嬸」，事情的性質自始至終沒有變化，她就是這兩個男人共同的妻子。父親去世後，生母活著，叔叔與她的年齡差距大，而與侄子差距小，為了保住勞力，生母也想讓丈夫的幼弟跟自己的親子共妻。因此，叔侄共妻，一定程度上可能是母親的指使。在單系繼嗣原則下，為了挽救家庭，特別是天災人禍發生後，父子（叔侄或者舅甥）共妻具有某種必然性。即使在此情形下，共妻者可能不具有親子關係。例如，在父子關係的情形下，尊輩行共妻制，卑輩亦然，兩輩之間的某幾個人，可能不是生父或親子，儘管輩分上他們是父子。在叔侄或舅甥的情形下，共妻者各屬於尊輩或卑輩，但彼此之間的年齡很接近。

　　某家如果出現父子共妻，且兩人的年齡差距太大，通常是不和諧的。年齡關係會造成代溝（父子性格、感情和身體方面的極差），並造成倫理關係的顛倒，外人遲早會曉得，因而產生笑話，除非像 70

號家庭那樣的特殊情況。在上述的兩個案例中，即使事出有因，當地人對 70 號家庭和 72 號家庭的父子共妻行為也是不願意評論的，這種情形可以看成「家醜不可外揚」的擴大化，畢竟在當地人眼裏，調查員是異族，可能會引起對藏族的誤解。

　　上述父子（舅甥或叔侄）共妻事例是指在同一個時空條件下發生的，如果是在不同的時空條件下發生，算不算父子共妻呢？宗西鄉原有一位 50 多歲的幹部名叫多擁，1997 年同開小賣店的女子有染（其姐叫旺青，員警學校畢業後在嘎托鎮派出所工作），多擁已有妻室，不能娶她，但喜歡她的青春容貌，後來將其介紹給自己的兒子。兒子是司機，也有妻室，他高興地應承下來，二人生育了一子。小賣店的女子想嫁給司機，後者也想娶她，但女方父母堅決不同意。多擁已調走，現已退休。當地人的意見是不能把這事歸入一妻多夫。

第四章
芒康山南麓的鹽井

　　鹽井位於芒康山與他念他翁山之間，中跨瀾滄江，北距芒康縣城112 公里，南離 214 國道的隔界河 10 公里，距德欽縣城 104 公里，全境 375 平方公里，平均海拔 2400 公尺。

　　自唐（618-907）伊始，吐蕃與中原通商的路線日益重要，在青藏線（唐蕃古道）、川藏線和滇藏線這三條茶馬古道中，前路開拓較早，中路後來居上，後路是吐蕃與中原發生戰事所開闢的，路線為「車裏（西雙版納）—思茅—大理—麗江—德欽—察隅—邦達—林芝—拉薩」，鹽井為後路必經之地。

　　鹽井地理位置特殊，資源得天獨厚。鹽為人畜所必需，對於農牧民尤為重要，牲畜催膘時必須喂鹽，交配時也要喂鹽。鹽又是沏茶的必需佐料。鹽井產的鹽碘含量偏低，砷含量偏高，不宜人長期食用，牲畜卻不畏之，比他處產的鹽更易催膘，故銷路廣，形成 6 個消費區：中向為芒康本地（寧靜山全境）、南向為建塘區（德欽、中甸）、東向為爐邊區（巴塘、理塘、康定）、西北向為喀木區（由左貢到察雅、昌都、丁青一帶）、西向為衛藏族聚居區（過怒江入桑昂曲宗，到林芝、拉薩）、西南向為珞瑜區（從桑昂曲宗到察隅、珞瑜、門隅，最遠至今印度東北部）。正因為鹽井如此重要，其歷史命運格外錯綜複雜。

一　沿革、族源與神話

　　歷史上民族遷徙川流不息，在經過鹽井的民族中，除了麼些、古宗、僚人、狄夷和狢越[1]，更早的文獻還提到「炯」（又稱「冏人」、「姜人」或「漿人」，藏語讀〔Vjang〕）這一古代民族，他們的活動區域在今鹽井與察隅之間，即傳說中的姜國，為赤松德贊（755-797年在位）征服[2]。15 世紀，元兵攻打大理，鹽井留下蒙古人和白族的足跡。16 世紀，木竿土司北上擴張，沿瀾滄江修起大小碉堡（納西語稱「榮基」），派兵戍守鹽井。[3]17 世紀，傈僳族從金沙江向怒江遷徙，一部分人流落於此。19 世紀，漢人開始進入。可見鹽井歷史之厚重，

　　在中原與周邊政治勢力的較量中，西藏於元代臣服，到清代與中原的關係更為密切。新中國成立後，解放軍進藏，鹽井名義上由中央直轄。1959 年西藏實行民主改革，鹽井開始了頻繁的區劃調整：先是由宗到縣，1960 年鹽井宗併入寧靜縣，合稱「寧鹽縣」，1965 年又與芒康縣合併，翌年設鹽井區，轄阿鄉、木許、上鹽井、覺龍、小昌都、下鹽井、加達、達水、拉久許 9 個小鄉；繼而單獨成縣（僅下文籌備，並未全面鋪開），1971 年在 9 個鄉的基礎上成立了 9 個人民公社，並增設 1 個鹽業人民公社；後來 10 個公社成為縣的派出機構——區，再到公社和小鄉並立，1981 年撤銷人民公社，設區辦事處，下

1　參見劉贊廷編《鹽井縣志》，載《中國地方志集成・西藏府縣志輯》（成都：巴蜀書社，1995年），頁353。

2　青藏高原東南部的地質結構中有許多鹽岩，今鹽源、鹽塘、鹽邊和鹽井均處於這個地帶，鹽岩被水溶解以後形成鹽泉，故以上地方以產鹽聞名。8世紀下半葉，吐蕃勢力東向、南向擴張，與當地土著發生矛盾。史詩《格薩爾王傳》中的〈姜嶺大戰〉借用了鹽的背景，描寫「嶺國」與「姜國」的鏖戰。

3　至今鹽井納西村遺有「納帕」（殺豬祭祖）的儀式，追思木竿王。

轄上鹽井、下鹽井、曲孜卡和木許 4 個鄉（以原來的 4 個公社為基礎），1983 年復設縣，轄 7 個鄉（在 4 鄉基礎上加入今徐仲、幫達、莽嶺 3 鄉），只試行了半年。1985 年 1 月 24 日，成立納西民族鄉。

　　納西民族鄉轄 4 個行政村，其中上鹽井、下鹽井和覺龍 3 村在瀾滄江東岸，加達村在西岸（見圖 4-1）。東岸有一條稱為「紮谷西」的峽谷，猶如一根繩子，上下鹽井和覺龍好比三個蚱蜢，這條呈西北東南走向的峽谷拴住了它們。覺龍村深入峽谷的北側，距離 214 國道約七八公里。上下鹽井一衣帶水，相距較近，紮谷西峽谷和瀾滄江聯合作用，在山麓上切割出兩塊臺地，高懸於江面。一個略大，約五六千平方公尺；一個略小，約四五千平方公尺。兩個臺地高差不到 30 公尺，上鹽井據高臺地，下鹽井據低臺地。紮谷西峽谷的西端入口為一條深塹，隔開了這兩個村落，而 214 國道又把兩村溝通。上鹽井是四村中面積最小、人口最少的村落，但富裕程度超過覺龍和加達，僅次於下鹽井。下鹽井因地勢較好，自鹽井開埠以來就是貨物集散地，縣（宗）署也設在那裏，現在又是納西民族鄉政府的駐地。常年人口多，商業發達，客流量大，在蒲丁街上經常可以聽見不同的語言。下鹽井因村民全部是納西族，故亦稱「納西村」。加達村位於瀾滄江西岸上鹽井對面的山麓，包括布地卡、嘎倉、拉貢、足龍貢、裏丁、松達、布農等村組。覺龍、加達和上鹽井為藏族村。

　　本地居民為藏族和納西族，藏族占總人口的六成弱，納西族占三成強，白、傈僳和漢三族較少。居民的族源可追溯到炯、吐蕃、氐羌、白、納西和傈僳六個源頭。

　　「鹽井」，藏語讀作「茶卡樓」（〔tʃɑːkaːˈlou〕），當地人靠風吹日曬製鹽，與早先吐蕃所用的「洗炭法」不同。據唐代使者描述：「昆明城有大鹽池，比陷吐蕃。蕃中不解煮法，以咸池水沃柴上，以火焚柴成炭，即於炭上掠取鹽也。貞元十年（794）春，南詔收昆明城，

今鹽池屬南詔。蠻官煮之，如漢法也。東蠻、麼些蠻、諸蕃部落共
食。」[4] 結合上下文閱讀這一段話，可得四點啟示：第一，吐蕃佔領
昆明城（鹽源）後，製鹽先將柴薪於鹹水中浸泡，復取出以火燒之成
炭，再從木炭表面刮下結晶體，說明他們不識煮鹽法；第二，公元
794 年春，南詔收復鹽源後，採用煮鹽法（灶上置陶罐或鍋釜，灶內
填柴薪）利用鹵水資源，表明洗炭法比煮鹽法落後；第三，南詔鹽官
採用的煮鹽法內地早已實行，如安寧和一平浪的白鹽井和黑鹽井用鐵
鍋熬鹽，而那裏的煮鹽法又是從蜀地傳入的；第四，鹽源一帶的居民
為東蠻（傈僳等）、麼些蠻（納西）、諸蕃部落（古宗等藏族各支），
這些古代部族的人畜用鹽來源於此。除此之外，也有幾點疑慮：一是
「鹽源」與「鹽井」相距不遠，早期的製鹽方法二地是否相同？二是
吐蕃擊敗炯人後佔有鹽井，風吹日曬法是否從炯人習得？三是吐蕃佔
有鹽源未用此法，可否當地不具備風高日烈的條件；四是曬鹽法在製
鹽中的地位如何認可，人類學著作只是提及，未有定論。[5]

　　鹽井為兵家必爭之地。自明代正統七年（1442）始，納西兵源源
不斷地開拔進溜筒江（瀾滄江流經鹽井至佛山的一段），軍民帶來先
進的製鹽技術。萬曆年間（1573-1620），木氏土司兵與藏軍對壘，拉
鋸戰耗時耗力，結果木天王兵敗垂成。據說他在江岸上用力勒住馬
嚼，戰馬舉蹄揣斷岩石，石頭翻滾下山，砸在一個巨堡上，現在古堡
早已凋零，但印跡仍依稀可辨。光緒三十二年（1906），四川新軍與

4　樊綽：《蠻書・卷七・雲南管內物產第七》，載《景印文淵閣四庫全書》第四六四冊
　　（臺北市：臺灣商務印書館，1986年版），頁25。

5　例如，《人類學的詢問與記錄》說：「鹽要麼以開採的方法從鹽礦中獲得，要麼汲取
　　鹽池中的鹵水煮沸，或者讓鹽鹵自然蒸發，還有一種方法，把某些植物燒成灰燼，
　　再將其置入水中浸泡，獲取底層沉積的鹵水。」參閱Royal Anthropological Institute
　　of Great and Ireland.*Notes and Queries on Anthropology.*London: Routledge and Kegan
　　Paul Ltd., 1951:230-259.

臘翁寺僧兵激戰在此，新軍毀掉幾十個碉堡[6]。

　　清朝兩次與川滇藏劃界。康熙五十八年（1719）將巴塘等劃歸四川，雍正四年（1726）在邦木與南登之間的山頭，寧靜山頂立界石，南登以西至碩般多賞給達賴，邦木以東自巴塘收於囊中。邦木、南登在鹽井北面，與幫達鄉、紅拉山相隔，此間劃歸巴塘。初時巴塘正副土司委派一名協敖[7]，負責治安與鹽稅，至清末改設鹽井委員[8]。光緒三十一年（1905），趙爾豐收回臘翁寺收控鹽稅的權利，設鹽釐局，鹽局大樓建在下鹽井，嗣後改為縣署，在上鹽井設卡收稅，屯兵一哨百餘人於天主教堂。光緒三十四年（1908）設鹽井縣，隸屬巴塘。宣統元年（1909）勘界，明確轄境，普查人口，建立稅收制度。民初復設鹽井治經委員，後改設鹽井縣[9]。1932 年 11 月簽訂的《崗托條約》規定以金沙江為川藏分界線，巴塘和鹽井為江所隔，於是巴塘屬川，鹽井屬藏，噶廈設置鹽井宗。駐守鹽井的藏軍為第九代本所屬的第三甲本 700 餘眾。1950 年 10 月 11 日，解放軍第 14 軍 42 師 126 團從南北方向（碧土、佛山和小昌都）合圍這股藏軍及其挾裹的民兵，解

6　劉贊廷在《鹽井縣志‧沿革》中引了幾份軍中電文，內有「毀碉十四座」及「焚毀大碉三座，大昭及余碉三十餘座」。參見《中國地方志集成‧西藏府縣志輯》（成都：巴蜀書社，1995年），頁358-359。

7　「協敖」為土司權力體系的基層代理，位元約縣級。該協敖駐地宗岩（今徐仲鄉甲中村），每年到較暖濕的鹽井過冬，故稱「宗岩協敖」。鹽稅為糧錢，按比例歸入臘翁寺和巴塘土司名下。

8　此乃「改土歸流」的核心內容。委員為「流官」，編制1人，相當於縣長，有任期，由上面委派內地漢人擔任，代替原來的土官（土千、百戶等）。委員之下設保正，地位相當於區長，由委員授薪，小縣設2人，中縣設5人，大縣設7人，並可酌情增設。保正之下設村長，村長人數根據縣境大小和人口多少而定。保正、村長都要完糧納稅。村長可免支差。保正、村長三年為屆，期滿重新推舉。

9　參見劉贊廷編：《鹽井縣志》，載《中國地方志集成‧西藏府縣志輯》（成都：巴蜀書社，1995年），頁353-390。

放了鹽井。[10]此後到 1955 年，鹽井名義上歸中央直轄。1959 年劃歸西藏，設立鹽井縣。

當地流傳著許多神話，代表著人們對某些事物的看法。下鹽井村一位名叫「斯郎」的老人，年近八旬，堅贊和韶明到他家，兒媳奉上酥油茶，納西老人侃侃而談：

> 很久以前，梅裏雪山的山神把女兒達慕榮雪山嫁給鹽井的山神尼秋，曲子卡[11]和鹽田是她的嫁妝。尼秋原是西藏龍王的兒子，投胎在今左貢縣美玉村一戶普通人家。母親懷上他以後丈夫去世，她生下遺腹子獨自撫養。尼秋幼年癡呆，母親守寡，家庭勢單力薄。一日，他幡然醒悟，不再胡言亂語，顯得格外聰穎，村民不知所然，認為是凶兆，逼寡母把兒子趕走。女人只好從命，請村夫將子縛於一頭白犛牛背上，推入瀾滄江。江水下面是王宮，龍王住在那裏。犛牛泅水，順流而下，載尼秋來到鹽井。當地人見牛嚼子和韁繩為蛇身所纏，恐騎者不凡，便收留他，好生款待。尼秋成仙後只保祐鹽井人，不喜歡美玉村民，寡母后悔不迭。
>
> 尼秋剛來鹽井時無妻。時逢乾旱，村民照例請納西巫婆做法，一日巫婆指著尼秋說傻子通靈。村人深信不疑，將其奉為山神的化身。又一日，巫婆在催眠狀態下用納西語假託神諭，說須給山神娶妻。經占卜，得知妻子來自東南方的太子峰。大喇嘛邀請各村男人輪值，於藏曆當月十三、十四、十五日到今鹽井中學後面的山腰平地迎接。大家帶飯上山，先焚香祭拜神靈，

---

10 參見蘇國柱、高永欣：《從南線進軍西藏——兼憶老團長高建興》，載《縱橫》2000 年第9期，頁16-20。

11 鹽井北面3公里處的瀾滄江邊有一溫泉，藏語稱「曲子卡」，本章開頭已提及。

再以歌舞娛神，儀式熱鬧，象徵神婚。

十五日早上，天上飛來兩隻蒼鷹，它們盤旋著，翱翔著，褐色的翅膀在清光中熠熠生輝。瞬間俯衝，消失在峽谷中。村民不知所向，也不知尼秋是否娶到神妻，遂讓女巫覡以卦探知。卦畢，巫覡說，山神婚成，已派蒼鷹犒賞。村民跑下山來到江邊，看見雌鷹停在右岸赭色的岩石上，雄鷹停在左岸白色的岩石上。人近鷹飛，依稀看見鷹喙銜著白色晶體[12]，一些撒落於地，遂用手指點來置入口中，異常鹹澀，原來是鹽巴。人們思忖八成是山神指點的財路，遂循鷹飛翔的路線尋找。據說鹽井以前是平川，在江水的切割下，土壤流失，岩石突出。鹽礦表面是浮土，鷹爪抓掉後，現出光滑的石壁，像是雌鷹產下的卵殼，此為鹽脈，循之打井，可見鹵水。納西語「勒媽」就是挖鹽井。

龍王告訴鹽井的土地神，讓右岸的莊稼七日一熟，人民忙碌不過來，怨聲載道，他便收回勅令，讓莊稼一年兩熟，鹽田的鹵水七日曬乾，成鹽一次。他又讓左岸的莊稼一年一熟，於是左岸的人們以農為輔，以製鹽為主。龍王是公平的，雨季來了，江水上漲，龍王讓右岸的鹽井隨著水位一道提高，左岸的鹽井則被江水淹沒。

四村各有自己的崇拜對象。納西村民的巫覡信仰是從麗江帶來的。尼秋是苯教的神明，為加達村民所信奉。上鹽井村民信奉上帝。覺龍村信奉印度傳來的佛祖。

下鹽井村與加達村一江相隔，住在東岸的人心腸好，故善得善

---

12 此地產的鹽呈顆粒狀，幾近正方，大如玉米粒，小如綠豆，甚至於呈粉末，鹹味不重。據說缺乏碘元素，但對於牲口沒有負面影響。

報，從未出現過啞巴、麻風。尼秋的夫人是龍女，本命和麻風相剋，此消彼長。西岸人的素質差，用心險惡，很多人得了麻風病，村民在江邊豎起木籠，用來分離病人，家屬每隔幾天打開木籠，給關在裏面的病人送飯。木籠的柱子豎在外面，家屬見人死去，就拔掉柱子，封住木柵門，連屍帶籠一道沉於江中，或者把屍體取出，投入江中，木籠留待以後使用。西岸原先建有一個神廟，敬奉司麻風病的瘟神……

斯郎老人娓娓道出一連串的故事，可看作傳說時代的鹽井。麻風是藏東南的地方病，流傳甚廣，鹽井有，宗西也有，今兩鄉都設有麻風病醫院。

二 農牧鹽的生計方式

表 4-1 的資料來源於納西鄉政府，表 4-1 有意選取了兩個時段的幾項資料，使資源略顯動態。其中，人口、勞力、耕地是 2007 年的資料，糧食產量、牲畜總量等項是 2004 年的數據。2007 年的人口是 4112 人 699 個家庭，男性略少於女性，耕地是 3153.8 畝，人均 0.767 畝。勞力有 2694 人，占人口總數的 65.52%，表明勞動生產力旺盛，老少人口僅占 34.48%，但男勞力略少於女勞力並不是一件好事。以上可見人口和勞力都是女性略多於男性，不構成所謂兄弟共妻制是男性缺乏的推論條件。從 2004 年到 2007 年，增加 40 人，減少 24.4 畝耕地，戶均 5.883 人，超過了五口之家這個常數。

表4-1　納西民族鄉資源概覽

（單位：人、畝、市斤、頭、匹、只、箱）

總人口 （4112）		總勞力 （2694）		耕地 （3153.8）				糧食總產量 （39305418）		
男	女	男	女	雙季地	一季半地	單季地	人均	畝產	人均	小麥
2039	2073	1293	1401	2151.2	200.6	803	0.767	1234	912	1479086
主糧		牲畜總量（11035）						其它		
玉米	青稞	牛	馬	騾	驢	豬	羊	雞	蜜蜂	
1817560	633894	2854	229	911	474	4137	2430	2511	243	

　　按順序，畜牧業是人類第一個食物生產的門類，它把灌叢、青草等人類不能消化的資源轉化為肉類和奶類。西藏的牛羊多，畜產品也多，奶類為其一，家居或外出，人們都離不開這種食品，最喜歡的首推優酪乳和奶渣。奶渣是從奶汁熬製酥油時的殘餘物，可用來製作奶餅、奶塊。鹽井的風味零食不多，奶渣製品可算作一種，大人常給孩子當零食。優酪乳是牛奶糖化之後的食品，更加營養，有助於消化，適合老人和小孩吃。優酪乳有兩種，一是乳酪，藏語叫「達雪」，用提煉過酥油的奶製作；一是直接用牛奶發酵，保留酥油的成分，藏語稱「俄雪」。還有一種乳製品，藏語叫「比瑪」，煮牛奶時，揭起奶皮便成，就像豆腐皮一樣，既好吃又富有營養。

　　既然肉、奶、皮毛為生活所需，因此全鄉的牲畜是比較多的。有大牲畜4468頭（只、匹），具體為牛近 3000 頭、騾 900 余匹、馬229 匹、驢近 400 匹；有小牲畜6567 頭（只），其中豬4100 頭，羊近 2500 只。人們採取半農半牧的生產方式主動適應自然。對「半農半牧」不能望文生義，以為是一半對一半，根據 20 個共妻家庭一年間的生產性支出計算，鹽井的農牧比值並不相等，也不是基本相等。

農業是第二個食物生產的門類，通過種植作物給人畜提供食物。在生產粗放的條件下，人們的生計很不穩定，最好使人民普遍地經營農業，此時投入耕地勞力不多，生產的衣食較多。有一個遠古的例子可作證明。1958 年，美國考古學家報告了墨西哥北部謝拉・德・塔毛利帕斯地方的發掘成果。當地文化的拉古納階段出現農產品顯著增加的跡象，不僅證明農業的產生，而且意味著文化進化的動力。[13]在精耕細作的條件下，犁、耙、灌溉、保水、間苗、施肥等需要大量的勞力，能夠獲得穩產高產。

一個地方農業起步的早晚和水準標誌著該地實現財富的潛能。「由打獵、捕魚或畜牧所獲得的東西，既不可能大量集中，也不可能大量保存，而使一個人有可能去腐化其它的一切人。」[14]剛才說的拉古納湖岸，農業為社會及其成員提供了 75% 的卡路里，還給人們帶來閒暇和剩餘產品，使古印第安人永久定居，繼之而來的是人口增長，社會分化和產生高級文明。早期農業不僅在文明起源階段顯示，也顯示在民族拓荒的歷史中。當氐羌係民族趕著牛羊，披著毛氈，沿著橫斷山民族走廊一波波南遷時，宗西沒有吸引住他們，鹽井倒令他們流連忘返。畜牧、種植和製鹽三者同時利用，使鹽井成為了聚落。社會財富的積澱可能是鹽井產生兄弟共妻家庭的基礎，這種家庭就是不分割家產，隨著財富的增長，後來又成為瓦解它的基礎，因為一夫一妻制的擴張需要更好的經濟條件。

耕地猶如一個集中了大量勞動力的巨型工廠。納西鄉的耕地散佈於河谷山間，距雪線較遠，因海拔較低，一年中無霜期較長，農作物

---

13 參見〔美〕湯瑪斯・C. 派特森著，何國強譯：《馬克思的幽靈：和考古學家會話》（上海：社會科學文獻出版社，2011年），頁136。

14 〔法〕孟德斯鳩著，張雁深譯：《論法的精神》（下冊）（北京：商務印書館，1982年），頁288。

成熟快，雖然人均耕地僅 0.767 畝，不及宗西鄉的人均值高，但播種面積達 5406.3 畝，人均接近 1.315 畝[15]，耕地的使用率高於宗西鄉，宗西的農作物一年一熟，人均耕地面積 1.29 畝，人均播種面積在這個數字上下徘徊。

農作物有小麥、玉米、青稞、蕎麥、油菜和元根。人們根據條件的不同而將耕地分為三等：雙季地、一季半地和一季地。雙季地占耕地總量的 68.2%，一季半地占 6.35%，一季地占 25.45%。一季地只能種青稞、麥子。一季半地指收畢青稞、麥子，可再種元根。元根外形象小蘿蔔或芥藍，營養成分比後二者高，常用來餵牲口，種元根接近種玉米的農時。收完青稞、麥子之後還可以種玉米的耕地就是兩季地。耕地與播種之間的關係由海拔高度決定，海拔直接決定著溫度和濕度，這兩個因素對作物的影響極大。不同的耕地對勞力的需求不一，勞力的使用講究搭配，農作物的種植亦然，故考查土地不能只重面積，還要看類型、構成和用途。

近年全鄉糧食總產 1965 噸（人均逾 900 市斤）。從耕地面積、作物種類、播種、田間管理，到收割和儲藏，各個環節都在吸收勞動力。

如果撇開近來不同年景的差異，以 2004 年為準，則農業支出為 13550 元（每戶 677.50 元），牧業為 9464 元（每戶 473.10 元），二者之比為 63:37。此處沒有計算扣稅和生產提留，因為稅收很少，僅 1015 元；生產提留 4100 元，裏面包含購買汽車的提留，20 個共妻家庭當中有 3 個運輸專業戶，這種家庭在鹽井不多，但稅額較大，擠佔了一般家庭的真實情況，因此，不計他們的納稅才能凸顯農牧業比重。據此可說鹽井的農牧比例為六成半/三成半。

---

15 雙季地2151.2畝（播種面積4302.4畝），一季半地200.6畝（播種面積300.9畝），單季地803畝（耕地面積等於播種面積），則4302.4+300.9+803=5406.3（畝），人均接近1.315畝。

　　農牧鹽三種生產門類都要靠天吃飯，要求從業者懂得一些曆法知識。鹽井使用藏曆，「十二月為一年，三年置一閏」[16]。一年所收穫的六成半來自田間的辛勤勞作，表明農業吸收的勞動力最多，農民一年忙到頭。雖然農業提供的衣食多於牧業，但不等於說農作刻板而單調。耕地遠近相間，土壤肥瘦不一，位置好的耕地方便照應，遠處的耕地勞作費時費力。不同的農時搭配不同的活動，一月至四月賦閒，五六月搶收搶種，兩季地多的家庭最忙，要收青稞、割麥子、種玉米；七月至九月忙在田間管理，採摘柑桔。從一個忙碌的高潮到另一個高潮，採集活動（撿松茸、挖蟲草和貝母等）穿插在「雙夏」（夏收、夏種）之間；九月底開始轉入輕鬆，十一月底收玉米，收畢要種小麥、青稞，又要忙碌一番。

　　牧業投入的勞動占家庭經濟活動的三成半。放牧生活表面悠然自得，實際比農作刻板，為了消除枯燥，也是節約時間，牧民們手拿紡錘，一邊照顧牲畜，一邊撚線。牛場（或牛廠）遠離村莊，那裏山峰林立，地勢險峻，如不小心看護，牛羊就可能掉下懸崖摔死，或者被掠食動物吃掉甚至被竊賊偷走。山頂泉水叮咚，綠草茵茵，灌叢稀疏，牲畜安然覓食，無需趕來趕去。除非季節性遷徙，冬天趕著畜群從山上下到河谷（有些冬季牧場的草料源於莊稼收割後的茬梗和剩餘物），夏天又回到高山牧場，人們風塵僕僕地走在牲畜前後。每過一段時日，牧人就要回家背糧，小住幾日再離家數周，獨自和牲畜呆在高山，一年中離家三五個月是常事。世界上有些地方，養殖戶只為獲得單一產品，幾個人就能放養大群牲畜。鹽井則不然，養牛是為了擠奶，必須一天擠兩次，養騾、馬、驢是為了代步和馱貨，養綿羊是為

---

16 段鵬瑞編：《鹽井鄉土志》，載《中國地方志集成・西藏府縣志輯》（成都：巴蜀書社，1995年），頁400-401。

了剪羊毛，養山羊是為了肉食，養豬是為了積肥和增加人體的動物蛋白。牧人必須接近畜群，多樣化的畜產品要求篤行的態度和複雜的技能，於是一個人放牧的牲畜極為有限。

川、藏、滇交界區，許多地方只有農業和牧業，即使在鹽井，也有一些家庭沒有鹽田，只從事農牧業，因此把這兩個門類作為各地生產相比較的基礎是恰當的。鹽井的比例常數是「六成半/三成半」。在農牧業之外，有些地方的百姓從事的經營不一樣，這些經濟活動帶來的收益可以稱為變數。在鹽井，有的家庭經營鹽業，有的經營運輸，有的經商。一個家庭的經濟活動既要考慮常數，又要顧及變數，在此情形下，兄弟共妻家庭便顯出優勢來，如前所述，就是它能夠提供較多的勞動力，家庭內部的分工大於社會分工，許多事情不假外求，而單偶制家庭則相反，社會分工大於家庭分工，許多事情要與其它家庭合作。

當地產的鹽有二色，東岸產白鹽，西岸產紅鹽，兩岸鹽井也有「紅」、「白」之分。東岸的上下鹽井與西岸的加達，三村皆臨江，有鹽田，唯覺龍無鹽田。

站在山坡上俯視，或者從江邊仰望，總可看到一種人間奇觀：鹽田從山腳疊至山腰，層層疊疊。鹽田實為依崖搭建的土木結構的平臺。製鹽是一項系統工程，包括探鹽苗，打井入礦層；砌井壁，井沿的高度超過江水上漲的警戒線；架鹽棚，棚下建鹵水池，棚上建曬坪（鹽田），曬坪下面用 20 多根碗口粗的樹幹支撐；從鹽井提取鹵水，背至鹵水池儲備，需要時從鹵水池以瓢舀入桶中，再背上棚，倒入平坦的曬坪。每塊鹽田 6-7 平方公尺，每塊鹽田注鹵水三桶，每桶 5 公升。之後任憑風吹日曬，鹵水自然結晶。風乾日燥時，兩天即可曬乾，再用木板刮攏，撮入背籮濾去水分，裝進袋裏，背至棚下，待家人趕牲口馱回家。鹽白如雪，紅似赭，每塊田掃攏可得鹽 3 公斤，濃

鹵與結晶鹽的比值為 5:1。粗鹽銷售時以百公斤為單位，不散賣，2005 年的價格為 50 元/100 公斤。白鹽的價格略高於紅鹽。藏曆年三月到六月春風蕩漾，桃花盛開，此間曬出的鹽稱「桃花鹽」，品質好，價格高。七月至十月為雨季，江水上漲，淹沒鹽井[17]，鹵水淡，天氣不利於曬鹽。隨著秋風送爽，又帶來曬鹽的好季節。從下井，背鹵水，到注水，再到刮鹽，掃沙清底，再注鹵水曬鹽，並收藏濾幹的粗鹽，整套工序全部由女性來做，男人不做這些工作，否則會遭到恥笑。男人專事銷售，趕馬幫馱鹽至川滇藏周邊市場交換，此為鹽業的社會分工。

上述描寫和 100 多年前的傳統似曾相識。錄者不同，情景相似。宣統元年（1909）十二月初五，四川新軍程鳳翔的幕客李介然代他記了一段實景[18]：

> 鹽井深不及丈，鹵盛若泉，夷民拙不能汲，架梯入井負水為鹽，四方商賈多戀遷焉。其取鹽之法不藉火力，江兩岸岩峻若壁，夷民緣岩構樓，上復以泥，邊高底平，注水於中，日曬風燥，幹則成鹽，掃貯樓下以待沽。夷名其樓「鹽田」。數田之間有鹽窩，狀類田而稍深，用以囤積鹽水，春夏雪融，江泛井淹，鹽戶取田泥浸諸其窩，以取鹽。仍與井水相若。鹽樓鱗比數千，歲產緡累鉅萬，誠天生利源也。[19]

---

17 兩岸的鹽井都在江邊，但西岸的鹽井位於百年一遇的洪水線以上，故有「水有多高，鹽井就有多高」之說。東岸的鹽井則在洪水線以下，所以年年都被淹沒。計劃中的瀾滄江水電站建成後，壩高300公尺，水位大為提高，古鹽井將不復存在。

18 程鳳翔：〈喀木西南記程〉（1911），載《近代康藏重大事件史料選編・第一編》（下）（拉薩：西藏古籍出版社，2001年），頁738-739。

19 本段有兩處語焉不詳：一為「夷民拙不能汲」，真實的情況並不是曬鹽女笨拙，而是鹵水有限，「汲」不起來。曬鹽女背著空桶從井筒內的斜梯爬下井，曲身用瓢在

　　臨江的村落，各自劃出一塊山坡和一片河灘為公地，本村人有權在那裏搭建鹽棚，去鹽井汲鹵。怎麼使用這些公共財產呢？這倒是個問題。從18號家庭——「旺達叢」的家名來歷也許能說清楚。

　　第三章說過，「叢」指「家」。而「旺達」即左手，意為一個左撇子用力扔石子，從他站立之處到石子落地之處，他不斷移動位置，連續扔幾次，然後把起點和落點用線段連結起來，就在山坡上畫出一塊碩大的幾何形圖案，這塊地構成他家搭建鹽棚的範圍，別人不能侵犯。「旺達叢」借用扔石子佔地盤（牧場、林場、鹽場等）的規矩一舉而成為家名。「擲石子占鹽場」這條古風印證了一位思想家對於私有制確立的解釋。他是這樣說的：「誰第一個把一塊土地圈起來，硬說『這塊土地是我的』，並找到一些頭腦十分簡單的人相信他所說的話，這個人就是文明社會的真正的締造者。」[20]「私有財產一旦被承認，初期的公正規則便隨之產生。……這樣年復一年地繼續佔有，便很容易使該土地轉化為私有。」[21]「旺達叢」佔有某塊土地的最初權利要得到認可，首先是這塊土地尚無人居住，其次是這個左撇子只能佔有為了維持他和其家庭的生存所必須的數量，最後是在缺乏法律觀念的情況下，只有憑他及家人的勞作和耕種才能保持有效地佔有，即擁有土地及其產品[22]，因此，對一塊土地的使用和居住的時期決定著它的歸屬，誰開發誰使用的原則像一塊「活化石」再現了公有向私有

井底石縫裏舀起鹵水，倒進木桶，背起桶從原路爬出井口，再沿著陡峭山路背回自家鹽棚的鹵水池儲存；二為「上復以泥，邊高底平，」其實曬坪分兩層，下面用木板和樹枝墊底，上鋪黏土（現為混凝土），四周築成邊，邊緣高3公分左右。

20　〔法〕盧梭著，李平漚譯：《論人與人之間不平等的起因和基礎》（北京：商務印書館，2012年），頁85。

21　〔法〕盧梭著，李平漚譯：《論人與人之間不平等的起因和基礎》（北京：商務印書館，2012年），頁95-96。

22　〔法〕盧梭著，李平漚譯：《社會契約論》（北京：商務印書館，2012年），頁26。

的轉化過程。此外，「旺達叢」的先祖是納西人，到鹽井已經 20 多代了，「擲石子占鹽場」的古訓暗示納西族對開發鹽井的貢獻。

古風早已消逝。1981 年實行包產到戶，耕地、鹽田等生產資料按人頭平均分配，耕地因位置（如交通、灌溉條件等）和肥磽程度不一，有的人得八分地，有的人得六分地。鹽田大小不同，一律分成三等，以 4 平方、5 平方、6 平方公尺計，只算使用面積，不算四周的邊緣。據堅贊等人調查[23]，2007 年全鄉產鹽 929.25 噸，上、下鹽井和加達三村各為 176.75 噸、233.1 噸和 519.4 噸。加達村的鹽田最多，故產鹽量亦最高。三村有鹽田 2955 塊，面積 20797 平方公尺，平均每塊鹽田 7 平方公尺。其中下鹽井有 666 塊，上鹽井 505 塊，加達 1784 塊。上鹽井村和納西村耕地狹小，沒有土地的家庭以曬鹽為生。

宗西有農、牧、商三業。鹽井有農、牧、鹽、商四業。剛才談到「鹽」，現在來說「商」。目前納西民族鄉有 104 戶個體商販，多數人來自外鄉，2007 年全鄉總收入接近 900 萬元，是四業齊飛的結果。鹽井有墟市，宗西則無，經常性的交易活動須到鹽井或巴塘。鹽井開埠較早，貿易使人講錢愛財，自然會腐蝕人心，玷污純良的風俗，但是，保護貿易的法律又使風俗純淨，破壞了野蠻的風俗，使殺人掠貨歸於消失。貿易者的動機是獲利，只有在平和的狀態下才能交易，故貿易的伴生物不是戰亂和封閉，而是和平與開放。趙爾豐引軍平定川滇藏，打擊夾壩（藏語「打劫」的音譯），整飭治安，保護商業。鹽井的蠻風在外力衝擊下日趨典雅與溫厚。實際上不難得出「哪裏有善

---

23 自2006年夏到2008年春，堅贊組織研究生高微茗和吳成立，本科生駱吉婷和崔維敏利用寒暑假赴鹽井調查，取得許多資料，有些資料與李旭寫博客的描述不吻合，比如，李旭稱，2000年下鹽井村有61戶專門曬鹽，213戶既曬鹽又務農。實際上下鹽井總共有206戶，不知多出的68戶來自何處？

良的風俗，哪裏就有商業。哪裏有商業，哪裏就有善良的風俗」[24]的
因果律。完全沒有貿易就有可能產生搶劫，地處三岩南緣的宗西便如
此，它沒有條件沾染商旅通衢的便利，卻飽受三岩人搶劫風氣的侵
擾，多米諾骨牌的效應，久而久之，自身也接受了帕措、偷竊和血親
復仇的習氣。

　　鄉間治安混亂，朝不保夕，共妻家庭兄弟眾多，能夠力克孟賊，
讓人畏懼三分，僅憑這一點，似乎可以理解宗西鄉此類家庭較多的原
委。此處當立一條界線，沒有圩市的地方不等於沒有商貿，只是從業
者少些而已。「商」是家庭經濟最活躍的要素，須專人從事。如果考
慮到果（水果、堅果）木（雲杉、柏木和紅松）竹（編制溜索）和採
集（野生菌和藥材）等，家庭對勞力的需求似乎是無止境的。

　　可見，農牧為鹽井居民提供的衣食最多，其它活動均附屬其上，
各種生計方式帶來的勞力產品可以交換，生產的多樣化確實是家庭渴
求勞力的源泉。

三　低度型的兄弟共妻制

　　全鄉 4 個行政村共有 40 戶兄弟共妻家庭。下鹽井有重吉、嘎
果、於嘎達、宗格、街上、根讓和魯仁 7 組，有 206 個家庭，其中 8
戶是共妻家庭，占 3.88%。覺龍有堆、亞重、崗達和色丁 4 組，有
164 個家庭，其中 12 戶是共妻家庭，占 7.32%。加達有加達[25]、比
得、裏丁、拉貢和布地卡 5 組，有 192 個家庭，其中 14 戶是共妻家
庭，占 7.29%。上鹽井有中巴、嘎堆、中堆、鹽業和加崩 5 組，有

24　〔法〕孟德斯鳩著，張雁深譯：《論法的精神》（下冊）（北京：商務印書館，1982），
　　頁14。

25　「加達」一為行政村名，一為村組名。

114 個家庭，其中 6 戶是共妻家庭，占 5.26%。

全鄉的兄弟共妻戶比例，覺龍村最高，加達次之，上鹽井第三，下鹽井居末。造成這一陣式可能是外力的碰撞。覺龍隱藏在山溝裏，外來的文化因素影響較小，舊俗保留較多，20 世紀 70 年代以前，鹽井至德欽不通公路，覺龍是「紅塵飛不到」的桃花源。

瀾滄江西岸與東岸的差別明顯，民初人記載：「江東地方為半同化，行見市場，有藥鋪、剃頭店、銀樓、小飯館、鐵匠、木匠、裁縫鋪……形同內地，惟江西各地仍守舊制，而亦知有兒種牛痘，有病請漢醫治療，較喇嘛符咒治病之有效也。」[26]江東地方，下鹽井有街道，上鹽井有教堂。江西東至江邊，即加達村，西至玉曲河流域（今左貢縣碧土鄉）全是農村，縣志臚列了 19 個寺廟，有畢（碧）土寺之名。儘管兩岸開化程度不同，但一衣帶水，文化教育乃至西醫已深入人心。西岸的加達村比上不足，比下有餘，兄弟共妻家庭排次席。

從鹽井中學的門前俯瞰，下鹽井盡收眼底，房屋鱗次櫛比，走小路下山，五六分鐘即到街道。沿著盤山公路上行，40 分鐘就抵達上鹽井，佇立村口，腳下是深壑，身後的天主教堂與遠處的藏式佛塔遙遙相望，陣陣晨鐘暮鼓，襯托出村莊的靜謐與安詳。無論在瀾滄江西岸還是東岸，均可看見白色的藏式民居（見版圖 4-3），聯想到宗西鄉的民居（見第三章，圖 3-3），兩處的形式、結構與質料相同，只是外部顏色不同而已，通過此等房屋，可想像家庭的空間劃分，看見出入的人們，有的臉上帶著和藹的笑容，有的顯得神情疲乏，調查員會設想他們在房屋的哪個部位入睡、烹飪、就餐、入廁……

上鹽井的兄弟共妻家庭的比例居第三，主要是受天主教的影響，後面將會論述。下鹽井是一鄉政治、經濟、文化的輻射中心，鄉政府

---

26 劉贊廷編：《鹽井縣志》，載《中國地方志集成・西藏府縣志輯》（成都：巴蜀書社，1995年），頁389。

設在那裏，那裏有中學、小學、醫院、市場、商店、旅店、舞廳和關卡，人煙稠密，工作的機會多，生活條件優越，於是婚姻的流向顯示出地緣性來。人往高處走，其它村的女青年首先想在下鹽井找對象，其次才考慮在本村擇偶。下鹽井的姑娘則喜歡在本村擇偶，不想嫁到上鹽井去，至於條件更差的加達村和覺龍村幾乎沒有姑娘考慮，她們倒是願意招贅上門，男女地位互換。而三村「嫁」進來的男性也挺多，這種情形之下，兄弟共妻的家庭肯定是極其有限的。

　　以下用舉證方式近觀各村組的共妻戶，年齡以 2005 年春堅贊的記錄為準。

（一）下鹽井村的例證

　　該村有 8 戶兄弟共妻家庭[27]，分屬重吉、嘎達和根讓三組。

　　重吉組，1 戶。戶主汪達江措，男性，全家 7 口人，6 個勞動力，家產值 8 萬元。妻子娘家在本地，其祖父母是異族通婚（納西人娶藏人）。根據「名人主人」的原則，其母自報藏族，她本人則報了納西族。

　　嘎達組，2 戶。戶主重果曲紮（73 歲），男性，全家 8 口人，2 個勞動力，家產值 5 萬元。這是一戶兄弟入贅，合娶一妻的案例。次仁卓瑪是本家唯一的女兒，她有三兄弟，他們都不聽勸阻，決意出家，父母只好招贅承襲家業，結果招到從雲南省來鹽井淘生活的兄弟倆，他們的老家在德欽縣佛山鄉腳卡村。哥哥本名「格桑曲紮」，弟弟叫做「赤勒旺秋」，「重果」是岳父的家名，為了突出家名，上門後把大丈夫的一半名字取出來與家名結合，組成新名，即「重果曲紮」，二丈夫的名字不變。

27　戶號為第 18、111、112、174、175、176、177 和 184 號（後五戶均在根讓），以鄉政府統一的編號為序。

　　根讓組，位於上鹽井村瀾滄江一側的山腳下方，是納西行政村兄弟共妻家庭最多的自然村，共有 5 戶，均為上世紀 90 年代結婚。各戶有親屬關係，各有一輛汽車從事運輸。各戶人口、勞力不等，人口511 人，勞力 34 個，人均收入差距不大。

（二）覺龍村的例證

　　該村有 12 戶兄弟共妻家庭[28]，分屬堆、亞重、崗達和色丁四組。

　　堆組，6 戶。戶主旺堆（67 歲），妻玉珍（68 歲），夫婦育有 3子 1 女，按常規讓二子合娶一妻，一子出家。老大尼瑪次仁（30歲）、老二達瓦（27 歲）和江秋（女 25 歲）為夫妻，3 人於 1995 年結婚，生育了 3 個孩子——長女（7 歲）、長子（4 歲）、次女（1歲），老三土登（25 歲）在拉薩當喇嘛，老四尼瑪拉嫫（24 歲）嫁到本鄉納西村。現家裏有 8 口人，4 個勞動力，家產值 2.5 萬元。

　　戶主洛松（47 歲），妻仁青曲措（35 歲），二人生育了 3 子。長子縶西丹珠（21 歲）、次子赤丹（16 歲）、三子赤列（14 歲，在讀小學）。2004 年，長次二子合娶次仁措嫫（21 歲），婚後兩個丈夫一人在家幹農活，一人出外打工。目前，家裏有 6 口人，3 個勞動力，家產值 0.9 萬元。

　　戶主次仁曲培，全家 6 口人，2 個勞動力，家產值 2 萬元。次仁曲培的長子是芒康縣財政局的幹部，他與弟共妻，詳細情形報導人不肯講。

　　戶主向巴（59 歲），2003 年喪妻，後與子（各為 27 歲和 25歲）、媳（32 歲）、孫合住。3 個女兒（37 歲、32 歲、30 歲）嫁在本村，均行一夫一妻婚。二子合娶本村的汪嫫，夫妻仨生育了 1 子（桑

28　戶號為第207、213、214、223、225、228、239、243、319、322、329和350號。

登，7 歲）1 女（拉珍，3 歲）。現全家 8 口人，3 個勞動力，家產值 2.5 萬元。二夫一人出外打工，一人留守在家。

戶主紮西次仁（48 歲）與弟貢秋次仁（40 歲）共妻，妻旺姆（46 歲）娘家在覺龍。夫妻仨生育了 1 女 2 子。兄紮西在家幹活，弟貢秋和長子多吉（19 歲）外出打工，次子貢嘎（14 歲）在讀小學。目前，全家 8 口人，3 個勞動力。

戶主斯朗紮西（50 歲），曾任村長，妻玉珍（54 歲），夫婦生育了 3 女 2 子：老大蘭仲（30 歲），老二斯朗卓嘎（27 歲），老三土登曲培（21 歲），老四洛松鄧登（18 歲），老五卓瑪（14 歲）。家產值 8.5 萬元。2005 年年初，三子和四子合娶本村的鄧增卓瑪（14 歲），婚後傍著父母過日子，土登外出打工，洛松放牧，鄧增幫助父母幹農活。長女和次女在姨媽的介紹下嫁往拉薩。老五成績不好，輟學在家。斯朗紮西本人行一夫一妻婚，卻給他的兩個兒子合娶一妻，以避免分家，積蓄勞動力，快些致富。

亞重組，2 戶。戶主次仁紮西（47 歲），妻素朗玉珍（45 歲），兩人生育了 4 個孩子：長女斯朗旺姆（26 歲），長子貢秋（22 歲），次子洛桑次仁（19 歲），次女曲珍（14 歲）。2000 年，兩個兒子合娶本村的措姆（22 歲），婚後生育了 1 個男孩（2 歲）。長女出嫁後家裏有 7 口人，5 個勞動力，家產值 1 萬元。

戶主土登（42 歲）和弟洛松（38 歲）合娶曲珍（37 歲），夫妻仨生育了 1 女（8 歲）2 男（5 歲，3 歲）。母親紮珍（70 歲）、姊擁宗（45 歲）在家，擁宗是覺嫫。目前，家裏有 8 口人，4 個勞動力，家產值 0.9 萬元。

崗達組，3 戶。戶主貢秋曲紮（55 歲），妻德欽拉姆（39 歲），夫妻倆生育了 2 子 1 女。女兒擁宗（12 歲）在讀小學。兒子土登（23 歲）和仁欽（19 歲）於 2000 年合娶仁琴旺姆（18 歲），婚後育

有 1 女（1 歲）。全家 7 口人，5 個勞動力，家產值 1.4 萬元。

戶主仁青（50 歲），妻貢秋拉姆（48 歲），兩人生育了 2 子 1 女。長子曲培（22 歲）、次子頓珠（19 歲）於 2002 年合娶本村的珍格（19 歲），暫無生育。女兒曲珍（14 歲）在讀小學。家裏還有祖母旺姆（73 歲）。全家 7 口人，4 個勞動力，家產值 0.6 萬元

戶主江措（55 歲）和弟曲紮（50 歲）合娶玉珍（55 歲），夫婦仨人生育了 4 個孩子：長子平措（22 歲）、次子紮西平措（19 歲）、長女加安（15 歲），幼子（13 歲）名字未詳。全家 7 口人，2 個勞動力，家產值 1 萬元。

色丁組，1 戶。這又是兄弟入贅，合娶一妻的案例。戶主尼瑪頓珠（25 歲），1993 年和弟弟多吉（22 歲）從加達組來此上門，給貢秋白珍（50 歲，老伴已死）家作贅婿，妻子是玉珍（26 歲），夫婦仨人生育了 3 個孩子：老大是個男孩，6 歲；老二是個女孩，4 歲；老三是個女孩，2 歲。全家 7 口人，3 個勞動力，家產值 0.5 萬元。

（三）加達村的例證

加達村有 14 戶兄弟共妻戶，此處介紹 373、430、532 和 654 號家庭。

先看加達組的曲仁帕卡家。本家之母達娃卓瑪（60 歲）過去嫁給旦登和赤央兩兄弟。2000 年，60 多歲的哥哥病死。2002 年，弟弟亦病死。兩人生前與達娃卓瑪生育了 4 子。長子梯保（34 歲），次子甲松（28 歲）。1989 年梯保和甲松合娶梯西（34 歲）為妻。三子尼瑪頓珠和四子多吉到色丁組上門（見前述色丁組）。梯西娘家在附近木許鄉的布那組，婚後夫婦仨人生育了 2 個孩子，老大從旺益（12 歲），老二洛松尼瑪（10 歲）。現有 6 口人，3 個勞動力，家產值 2.5 萬元。本家只有三分地，有兩塊鹽田，母親持家，梯西曬鹽，梯保務

農，甲松販鹽（以鹽換糧）。

再看拉貢組的格松達吉家。戶主格松達吉（60 多歲）和妻子次仁曲珍（58 歲）生育了 3 男 2 女。現長子江安次仁（35 歲），長女（33 歲），次子頓珠汪加（29 歲），次女（28 歲），三子（22 歲）。全家 8 口人，4 個勞動力，家產值 1.5 萬元。達吉和曲珍用長女給長子和次子換回了妻子次仁旺姆，她的娘家在鄰近的曲子卡鄉達許村。換親前兩家說好，次仁旺姆先嫁過來，1 年以後，大妹才嫁給次仁旺姆的哥哥，行一夫一妻婚。夫婦仁人生育了 2 個孩子（10 歲和 7 歲）。該戶耕地較多，沒有鹽田。江安次仁務農，有時外出做工，頓珠汪加放牧，妻子也務農。次女嫁本村拉貢組，也是行一夫一妻婚。老三在讀書。

繼而看裏丁組的洛追家。全家 7 口人，3 個勞動力，家產值 2 萬元。戶主是母親益西邊珍，59 歲，2003 年喪夫。夫婦二人生育了 3 個孩子，長子尼登（39 歲），次子倫珠（37 歲），三子尼森（33 歲）。1994 年尼登和倫珠合娶本組的白瑪拉措，現 37 歲。夫妻仁人生育了 3 個孩子：老大是個男孩，現 12 歲，未婚先育，可能是尼登的骨肉，未婚之前他就與白瑪有了關係；老二是個女孩，10 歲；老三是個男孩，8 歲。家庭分工為，益西邊珍持家、帶孩子，白瑪拉措曬鹽（家裏有 4 塊鹽田），尼登務農兼顧打零工，倫珠販鹽。2000 年，三子尼森在本組入贅，婚後蓋了房，偕妻單獨居住。

（四）上鹽井的例證

上鹽井共 6 戶兄弟共妻家庭[29]，集中在加崩組，占該組 28 個家庭的 21.4%。

---

29 這些共妻家庭的戶號依次為第651、656、657、661、666和667號。

白央南家。該戶為天主教家庭，主幹型，三代 7 口人：1 母、2 子（分別為 46 歲、40 歲）、1 媳（38 歲）、3 孫女（分別為 20 歲、15 歲和 12 歲）。兒媳原信佛，過門後改信天主教。

空色龍巴家。該戶全家信佛，三代 8 口人：父母、2 子（分別為 32 歲、30 歲）、兒媳（31 歲）、1 未嫁女（20 歲，）、2 孫（6 歲、1 歲）。父親是藏族，從下鹽井根讓組入贅到上鹽井加崩組，父母行一夫一妻婚。兒媳的娘家也在根讓組。空色龍巴是家名，民主改革時期被劃為地主成分。父母育有 4 子 2 女，1999 年，給長子和次子定親，2001 年兒媳過門。當時三子和四子正在讀書，年齡尚幼，不能共妻，他們表示長大後也不願加入共妻圈。家裏有 4 匹騾、5 頭犛牛和 4 頭豬。長子在家務農、養牲口，次子開車跑運輸。2004 年，家裏用十幾萬元買了 1 輛米爾斯牌二手車，載重量 8 噸，汽車還很新。兒媳在鹽田曬鹽。老父親打零工，老母親做家務，照顧小孫子。該戶經濟情況中等，有 6 人為文盲。

帕嘎叢家。該戶有 7 口人，全都信佛。第一代，魯生和老伴姝依迪，兩人已年過五十，平時他們做家務，打零工，下地勞作。魯生是上門女婿，來自它卡叢家。婚後魯生和姝依迪生兒育女，現在家裏留下 2 個兒子布瓊次仁（28 歲）和其敏旺堆（26 歲），他們合娶了白瑪（21 歲，娘家在鄰鄉徐仲），兒媳過門 1 年了，至今未生育，夫妻仨平日經營農牧。家裏還有一個叫做卓嘎的女兒在讀初中。該戶經濟情況中等偏上，文化水準較低，有 4 人文盲。

擁嘎家。該戶有 10 口人，擁嘎是本家的父親（58 歲），母親次仁松姆（61 歲），夫妻生育了 4 子 1 女：長子曲粲江措（32 歲）、次子尼瑪珠托（25 歲），三子尼瑪江措和四子尼瑪次仁，女兒布瓊（17 歲）。十餘年前曲粲江措和尼瑪珠托合娶了覺龍村的擁宗姑娘（現 31 歲），夫婦仨人生育了 2 子（分別為 7 歲和 5 歲）。家中除了次仁松姆

信天主，其它人信佛。幾年間家庭糾紛不息，兩個兒子和媳婦最終離婚，擁宗攜子而去。1 年後，兄弟 2 人在本村覓得 1 妻，生育了 1 女，3 年後他們又離婚，該女子攜女兒回了娘家。之後兄弟倆從加達村復娶 1 妻，他們和她共生育了 3 個孩子，但第三個妻子也受不了兩兄弟打老婆的陋習，多次向村長哭訴。這家人為村民所不齒，大家都嘲笑他們家不和睦，沒有勞力去放牧，由於無耕牛，就用騾子犁地。堅贊曾聽見村長訓斥擁嘎沒有管教好大兒子和二兒子，說要是再離婚就讓他倆去當喇嘛。在輿論的壓力下，兩兄弟打老婆的壞脾氣有所收斂。這個家的兩個小兒子漸漸長大了，一個 21 歲，一個 19 歲，在外打工，估計擁嘎夫婦很快就會給兩人安排婚事，但不可能在家合娶一妻，而是要他們上門，就像前述曲仁帕卡家的三子尼瑪頓珠和四子多吉到色丁組玉珍家入贅一樣。

旺姆家。全家 7 口人，全都信佛，成員是母親旺姆，兒子華生（41 歲）和次登（43 歲），妻子斯朗擁宗（36 歲）和 2 女 2 子（長女 9 歲，次女 7 歲，長子 4 歲，幼子 1 歲）。斯朗擁宗的娘家在下鹽井格讓組，夫家與妻家都行一妻多夫婚。她有四姊妹，她排行第二，上有一姊，下有二妹。華生和次登用自己的妹妹玉珍與斯朗擁宗的兄弟交換，兩家定親已 6 年，等到玉珍成年才過門，兩家同時辦嫁娶。這個家庭原是村裏最貧窮的，值錢的東西只有 1 匹騾子。窮則思變，父親韋色生前，為了攢錢娶兒媳婦，學開拖拉機，省吃儉用買了一輛解放牌舊車，父子輪流開，給人家運貨，逐漸富裕起來。當年家境清寒，韋色和旺姆給兒子合娶一妻。目前，家裏有 6 頭犛牛，1 匹騾子，還有兩輛米爾斯載重卡車，經濟上是村裏的上等戶。斯朗擁宗在家務農、放牲畜，旺姆帶孫子、做家務。兄弟倆還有一個小妹，在阿里地區工作。

亞然叢家。「亞然叢」的意思是從德欽縣雅拉鄉搬來的人家。當

時遷來的有 3 個人——兄弟倆和母親，母親早已去世。妻子現已年近七旬，兩位丈夫也都 70 多歲了。全家有 9 口人，全都是佛教徒，3 個老人和長子烏登夫婦以及 4 個孫輩（2 子 2 女）一起生活，烏登夫婦生育了 5 個孩子，老大在外工作，家景炎涼。

此處連帶介紹「它卡叢」家（654 號）的情況。全家 7 口人，信天主教，原是兄弟共妻，即榮生和保羅合娶旺珍，夫妻仨人生育了 3 個女兒。2003 年，榮生患胃癌去世，死時 55 歲，保羅（51 歲）和旺珍（50 歲）回到一夫一妻的生活。現在，長女魯西（29 歲）在本縣洛尼鄉中心小學工作，次女林蘭（25 歲）在本縣宗慧鄉中心小學工作，兩人都已婚。三女蘇利亞（21 歲）招贅在家，贅婿為本村的華生（25 歲），二人生育了 2 個子女（子：丟阿勒，3 歲；女：瑪鳩達，1 歲）。華生過門之前，保羅放牧，榮生務農。榮生死後，華生務農，保羅繼續放牧。2004 年家裏有 4 頭耕牛，3 頭犛牛，2 匹騾子，5 頭豬。家裏還有母親瑪仁（84 歲）。

四　納西民族鄉共妻家庭的特點

第三章第三部分提出緯度為基準橫向描述兄弟共妻婚在芒康縣的強弱表現，根據北高南低的勢態將全境分為程度不等的三片區域，便於分析和比較。此處以南部一鄉的情形來說明。

（一）數量低、規模小

鹽井位於低度型區域，全鄉近 700 個家庭中僅 40 戶行兄弟共妻婚，均為兩兄共妻，無姊妹共夫家庭，占兄弟共妻家庭總數的 5.436%，而一夫一妻制家庭占家庭總數的 95.5%。兄弟共妻數量低、規模小，本身就是一個特點，100 多年前已見端倪。

鹽井開發較早，17世紀時已呈多種語言並存局面，19世紀中葉，天主教與漢族人帶來西南官話。目前會說西南官話者占70%，會說普通話者占20%。早先吐蕃與納西的交融衍生了本地文化，後來在與外來文化的碰撞中又吸收了一些東西，於是兄弟共妻的舊婚俗顯現出「東風無力百花殘」的徵兆。清末游跡此地的劉贊廷記述：下鹽井（村）有百餘戶（納西族），「蒲丁」街呈南北向，兩旁「漢蠻商店十餘家」，周邊漢夷雜居，全境有客籍三百八十四戶，流傳百家姓。[30]漢人的來源頗雜，若非商旅、鏢局、軍隊、教會等人員光顧，怎會如此！當時曾任鹽井流官（鹽釐委員兼學堂總理），後任寧靜縣委員（縣長）的段鵬瑞也寫道：鹽井習俗與巴塘同，但因地接滇邊，又習染漢風。[31]無獨有偶，二人對於兄弟同妻風俗，不是避而未提，就是語焉不詳。程鳳翔率兵克臘翁寺，其與麾下兩哨清兵先駐西岸，後移至東岸，他在隨軍日記——《喀木西南記程》中談到鹽井見聞，但未及此風。將三位親歷者的描述綜合起來判斷，似給人一種鹽井共妻婚式微的印象。

（二）基本功能和協助工具一體

積蓄勞力、避免分家是兄弟共妻家庭的基本功能，此外有多種協助工具。

---

30 蒲丁街的百家姓，有詩為證：「江水通昌都（指小昌都，鹽井北界的一個聚落——堅贊按），邊黎樂利儲。嚴關危古石，汲井富通渠。滿郭牛羊牧，平林燕羽舒。秋花明客路，黃葉冷山居。匡國須諸葛，宣勞賴工蓬。習應彭濮易，風慕夏商初。粟麥陳葰庚，皮毛廣澤茹。池田成陸海，廉惠湛龍魚。懷戴京都盛，來歸步武徐，宗周仰文郁，喬岳慶安車。」見劉贊廷編《鹽井縣志》，載《中國地方志集成・西藏府縣志輯》（成都：巴蜀書社，1995年），頁365、頁379-380。

31 參見段鵬瑞編《鹽井鄉土志》，載《中國地方志集成・西藏府縣志輯》（成都：巴蜀書社，1995年），頁400-401。

共生共育，充分給予後代關愛即為一種。有人質疑父親對子女不能同樣地疼愛，認為只是在親子關係能夠確認的前提下才有父愛。[32] 此觀點放在兄弟共妻制這裏並不適應。實際上父親們在後代的問題上從未想過從生物學角度把孩子和某個兄弟聯繫在一起，即使某個兄弟知道自己的親子，也不會對孩子表現出明顯的偏愛，而是一視同仁地看待他們。反過來，即使孩子知道了自己的生父，也不會妨礙他們把生父的全部共妻兄弟看作是自己的父親。

社會保障亦為一種，人有生理缺陷，父母為了使人照顧他，往往要求兄弟與其同婚；安全又是一種，在一個充滿歧視甚至敵意的社會，沒有強壯的男性就會被人家欺負，環境的壓力可能會作用於婚姻，促使共妻制傳遞。[33]

類似的功能還可舉出很多。由於渴求勞力，發家致富幾乎是普遍性的原因，所以說不同的婚制代表家庭單位對社會產品和社會勞動力的不同獲取管道。雖然有人質疑這一點，而認為一夫一妻制家庭也可以搞好經濟，但人們普遍認為，兄弟共妻家庭致富的速度更快，抵禦天災人禍的能力更強。

前面有選擇地介紹了 24 個共妻戶，現在從裏面挑選 20 戶，根據 2004 年的資料來統計。它們共有 154 口人，74 個勞動力，就是說鹽井的共妻家庭平均每戶有 7.33 口人、3.52 個勞動力，即使它們全部是一妻二夫的家庭，同樣說明這種家庭的規模要大於一夫一妻制的家庭。

---

32 參見〔法〕孟德斯鳩著，張雁深譯：《論法的精神》（上冊）（北京：商務印書館，1982年），頁202-203。

33 參見堅贊才旦、許韶明：〈論多偶制和家庭文化特質的傳遞：兼談婚姻效用的協商分配理論〉，載《西南邊疆民族研究》第6輯（昆明：雲南大學出版社，2009年），頁36-39。

　　下面從 20 個共妻家庭[34]的生產情況來看勞力與產業之關係。

　　20 個共妻戶擁有耕地 211.3 畝，大牲口 191 頭（匹、只），小牲畜 180 頭（只）。戶均耕地 10.57 畝，大牲口 9.55 頭（匹、只）、小牲畜 9 頭（只）。可以設想，一個家庭如果沒有足夠的勞動力怎能做到充分使用並使之繁殖。要是具體分析上述數字，那麼，我們對人力資源的寶貴更加深信不疑。68.3% 的耕地是兩季地，大牲口當中的黃牛（66 頭）家家都有，12 家有犏牛（48 頭），8 家有耕牛或犏牛（13 頭），13 家有騾子（28 匹），17 家有馬（24 匹），12 家有驢（12 隻）；小牲畜中 19 家有豬（71 頭），4 家有綿羊（52 隻），3 家有山羊（57 隻）[35]。

　　具體來說，馬能在平路上馳騁，爬山能負重，具有坐騎及運貨的價值。坐騎象徵身份，俗語「人靠衣裳馬靠鞍」，馬襯托出人的地位、能力和家境，正因為如此，農民非常寵愛馬匹，馬主互相攀比成風，這種情形在西藏各地均如此，農區與牧區（如羌塘草原參見[36]）差不多。人們對待馬，不擠奶，不吃肉，不騎著它放牧，只用來馱貨物。馬是嬌嫩的，需要穀物和乾草，得花錢配馬具（如鞍、墊、鐙等），除了中等經濟水準以上的家庭，一般人是養不起的。馬的力氣沒有騾子的大，故養騾子的家庭也不少。而豬呢，幾乎是家家都養的，可見農業之重要，積肥離不開豬，何況還可以提供肉類。羊是經濟價值較高，也很脆弱的家畜。堅贊曾描述過，羊群的大小決定著放

---

34 編號為174、175、176、177、184、207、213、214、223、225、228、239、243、319、322、329、350、373、430和532號。

35 兩種羊都養了的有兩家，其中一家人（430號）有綿羊20只，山羊30只，差不多占羊的總數一半，這家人的大牲口特別多，有19頭（匹、只）。

36 〔美〕梅爾文・C.戈爾茨坦、辛西婭・M.比爾合著，蕭文譯：《今日西藏牧民——美國人眼中的西藏》（上海：上海譯文出版公司，1991年），頁17-19。

牧的行程，羊群越大，越不容易吃飽，需要專人看管（見第二章第二部分）。

再來看 20 個共妻戶在一年間為自己所提供的食品，這裏有意只列出實物收入，以便在通貨膨脹的年代具有可比性。仍以 2004 年為例，肉類 2400 公斤，20 戶都產肉，戶均 120 公斤，人均 16.371 公斤；奶類 1500 公斤，18 戶產奶，戶均 83.33 公斤，人均 11.39 公斤；糧食 78510 市斤，20 戶都產糧，戶均 3925 市斤，人均 535.54 市斤；油料 650 公斤，7 戶產油，戶均 92.86 公斤，人均 12.67 公斤；蔬菜 3500 公斤，19 戶種植，戶均 184.21 公斤，人均 25.13 公斤。從這組數位可以看到兄弟共妻家庭的確不愁吃穿，有 3 戶擁有汽車，有幾戶有鹽田，或者有飼料基地，極少數共妻戶雖然不能生產自身所需的基本食品，但通過交換也可以獲得。

由於牧業的特殊性，因此，牧的成分較大的家庭所需要的人手更多。山溝裏的覺龍村比山溝外的上鹽井村、納西村及加達村的牧業成分多，其共妻家庭的比例也高於後三村。在後三村內部，上鹽井和加達的牧業成分又多於下鹽井，故前二村的兄弟共妻家庭多於後者。這裏只談牧業成分，不談政治（鄉政府駐地）、宗教（天主教堂）、信息（便利的交通和通訊）等因素，就可以看到生產方式對於儲存勞動力的需求，從而理解共妻家庭的經濟成因。還可以考慮採集、製鹽和運輸等更為複雜的經濟因素，也要考慮季節因素，勞動力交換往往在不同季節發生，不一定非要採取兄弟共妻方式來解決。例如，從藏曆六月始至十月，天氣多雨，停止曬鹽，婦女加入採集行列。七月進入挖蟲草的季節，至八月止，僅 20 多天。八月進入撿松茸的季節，九月止，又是 20 多天。接著開始挖貝母。這些採集工作是由男女共同完成的，唯獨曬鹽一項，專由婦女進行，販鹽則由她們的丈夫負責。

（三）兄弟入贅式的共妻婚

本書第一章第三部分曾提到國內有人認為康區藏族的兄弟共妻家庭均為娶妻式，沒有入贅式。可這裏全鄉 40 戶兄弟共妻家庭，其中 4 戶（10%）是兄弟入贅婚型。下面擇要介紹，重點談旺達叢家的事例，本家兩代都出現兄弟入贅婚。

目前本家 9 口人，呈三代主幹型，戶主紮西江措，弟弟紮西楊培，妻子次仁林珍，3 人分別為 54 歲、52 歲和 59 歲。1961 年年初，母親白追為唯一的兩個兒子定親，本村的次仁林珍為兒媳。當時次仁林珍 15 歲，江措 10 歲，楊培 8 歲。白追認為老婆年長於老公，於夫妻關係無礙，反而有利於調教丈夫，她和原夫就是這樣的。次仁林珍年底過門，緩解了家庭勞動力的不足。夫婦仨人生育了 2 子 3 女。長子紮西青林（32 歲）在芒康中學任教，一表人才，卻一偶難求。紮西江措、紮西楊培和次仁林珍希望他趕緊找到對象，快點結婚，他們對紮西青林有兩個願望，一是父母攢錢不易，如果未來的兒媳有工作，兩人就可少向父母伸手；二是如果找個有固定職業的兒媳婦不成，希望紮西青林屈尊俯就，跟弟弟土登夫婦結成共妻圈一起生活，避免家產分割。長女紮西拉仲（30 歲）嫁到芒康縣城，女婿朗加（34 歲）在縣林業局開汽車；次子紮西土登（27 歲）初中畢業後在家種地，兒媳次仁邊追比他小 5 歲。次女紮西白珍（23 歲）在拉薩師範大學讀電腦專業。三女次仁擁宗（18 歲）在昌都第一中學讀高二。

1983 年，紮西江措從生產隊分得 4 塊大鹽田和 5.53 畝耕地，鹽田每塊 9 平方公尺。經過數年，家人用石頭和木架順坡壘砌起 3 塊鹽田。若將 7 塊鹽田一字形連結，長度不及 25 公尺，只是用左手扔小石子的 1/3 那麼遠，但這些鹽田給家裏帶來不少實惠。翌年，扣除作

為禮物贈與和自家留用的鹽巴，存貨還可賣 1200 元。同年收穫糧食 7000 市斤，主要品種為小麥、玉米和青稞。由此直到 2004 年，鹽巴和糧食產量都在這個數字上徘徊，雖然鹽巴收入 3500 元，但包含有物價上漲的泡沫。家裏現有 8 頭（匹）大牲畜（騾子、犛牛、黃牛都有）、4 頭豬，還有 1 臺飼料粉碎機、1 臺電動機、2 臺電磨（麥磨和玉米磨）、1 輛東風牌 10 噸載重汽車。

農牧產品表現為實物，自給有餘。運輸與糧食加工是家庭收入的主要來源，表現為貨幣。白追的二兒子紮西楊培早年在生產隊開手扶拖拉機，經常出車在外。包產到戶以後，自費到昌都學習駕駛技術，1984 年家裏專門買了一輛汽車給他。2004 年春他賣掉舊車，花 4.4 萬元買了一輛東風牌二手車（即剛才提到的那輛車），仍然一人駕駛，可以拉更多的貨物，一年下來，毛收入 2 萬多元，扣除成本，獲純利 1 萬元，等於賺回了 1 萬元。

白追的長子紮西江措在家務農，兼管家產，家裏的經濟大權交給他，用錢得跟他支取。土登任護林員，按月如數將 400 元工資交給大爸爸。媳婦次仁邊追已懷孕，家裏不久就要增添人口。紮西白珍在拉薩讀書，家裏每月給她寄 1000 元。土登說，現在全家支持兩個妹妹讀書，等她們畢業找到工作就好了。林珍曬鹽。白追做家務，於 2000 年去世。

母親白追生前接納過一對入贅的兄弟——達娃和基督，他們是納西族人，老家在雲南省德欽縣松頂村，1953 年來到下鹽井時舉目無親，到處打聽哪家需要招姑爺，就這樣入了旺達叢的家門。三人行多偶婚，紮西江措與紮西楊培是他們生育的，1956 年年底紮西楊培出生不久，達娃和基督趕著 13 匹騾馬，與同村人相約，駄著由麗江販來的茶葉去拉薩，賣掉茶葉後又購入羊毛到印度販賣。白追在家每日倚門望夫。1959 年拉薩發生政治事件，難民湧到國外，他們的騾馬

被牽走了，邊境也關閉了，兩兄弟回不來，只好留在異域──麥酥熱，那是北印度的一個集鎮，他們和一個叫做次仁擁金的藏族婦女住在一起，以種田、養牛、做小生意維持生計。夫婦仨人生育了 3 男 3 女。在這次事件中鹽井有 10 多人滯留印度，其中 9 人來自納西村。

1984 年 3 月，54 歲的達娃回鄉省親，見到白追。白追也 56 歲了。兩人共同生活了一年。白追平靜地看待婚變，她寬恕了原夫，把印度那個共妻戶的全家福連同自家人的照片放入同一個相框，要是有來客感興趣，她會娓娓道出其中的故事。

次仁林珍已年邁，不能像過去那樣清早去到江邊，太陽西沉時從鹽場趕回來，吃點東西又下地幹活。她已膝下有孫，做起婆婆，有時和兒媳一道製作酥油，釀造青稞酒，操持烹飪。曬鹽工作由媳婦做，莊稼活由二兒子土登做。

印度的旺達叢家，孩子生得晚，又生得多，達娃和基督生活擔子很重。1985 年，達娃返回印度後，時隔 9 年才攢夠路費讓弟弟回來。基督在下鹽井住了 9 個月，1996 年 2 月離開。兩個省親的兄弟回來先後有別，顯露的寒酸無別。他們做著發財夢，帶了珠石回來販賣，賺錢不多，丟人現眼，有些人推測兄弟二人在印度混得不好，否則怎麼會利用這麼一點機會？兩位爸爸離開時，鹽井的旺達叢家贈送了紅包，達娃得了 5000 元，基督得到 3000 元。兄弟倆十分感慨，鹽井生活便利、氣候宜人、物產豐富，而麥酥熱酷暑難挨，生活昂貴，掙錢機會又少，正所謂「月是故鄉明」啊！

另一對入贅下鹽井的兄弟格桑曲紮和赤勒旺秋，二人來自云南省德欽縣佛山鄉腳卡村，成為第 112 號家庭赤珍卓瑪的丈夫。夫婦仨生育了 15 胎，養活 9 個孩子（6 男 3 女）。成活的孩子中，5 男 1 女參加了工作，2 女嫁出，家裏僅剩長子。死掉的 6 個孩子，年紀最大的 4 歲，2 個死於天花，4 個生下來就死了。這個家庭有 6 個男孩，照

理說具備行一妻多夫婚的條件，但他們沒有行藏俗，而是讓 2 子分別在本村入贅，鼓勵 3 子讀書，考取外面的學校，畢業之後分配工作（1 人在芒康，1 人在左貢，1 人在昌都），避免了分家產。村民比較讚賞這家人，他們說該戶的經濟不低於旺達叢家，夫婦仁人生育了那麼多孩子，死了 1/3，養活了 2/3，兒女都有去處，父母身體健康，懂得設計自己，子女配合得好。村民對這戶家庭總結出兩條成功秘訣：一是家庭和睦、勤儉，頭腦靈活，搞好經濟；二是孩子聽父母的話，懂得爭氣。

還有兩例。一是第 225 號家庭的紮西次仁和貢秋次仁兄弟，他們於 1974 年到覺龍村色丁組入贅，合娶一妻；二是第 350 號家庭的尼瑪頓珠和多吉兄弟，他們於 1993 年從加達組來覺龍村色丁組入贅，合娶一妻。

（四）宗教的正負反饋作用

西藏境內的宗教場所都要接受政府的管治，建立寺管會，定編定員，不論住寺還是雲遊，都要有證件。目前鹽井境內有 5 個宗教場所，其中拉貢寺有僧人 74 人，持證者 50 人，無證者 24 人；崗達寺僧人 51 人；天主教堂 5 人。

近代鹽井出現了五教（東巴教、苯教、佛教、天主教和禮教）並立的局面。5 個聚落崇拜的對象有別，前述神話提到的巫婆屬納西先民帶來的東巴教系統；尼秋是本地神明，為加達村民所信奉，屬苯教系統；上鹽井村民信奉上帝，自不待言；覺龍村民信奉藏傳佛教；下鹽井蒲丁街的漢商和四川新軍眾將士信奉禮教。禮教是清末川邊改土歸流時進入的，始終未形成氣候。鹽井縣志提到關帝廟，在鹽釐局大樓北面，是光緒三十四年至宣統元年（1908-1909）程鳳翔駐兵下鹽井時，率兩哨部下（200 餘人）修建的，主祀武神。漢地的觀音閣、

龍王廟、土地祠、萬壽宮等悉數不見，說明漢族文化式微。關帝崇拜雖不完全屬於儒教，但其人格信義與儒家經典的宣揚相應。五教並立的局面較為短暫，禮教進入時，東巴教和苯教還未壽終正寢，縣署、鹽釐局、駐軍三位一體，承擔了貫穿禮法於庶民生活之中的任務，不久東巴教和苯教就退隱了，二教與共妻制的關係怎麼樣不得而知。

　　天主教在傳入西藏時遇到許多困難，當時設在康定的善牧堂（教會辦的托兒所、育嬰堂、孤兒院、孤老院的總稱）收養了一些藏族孤兒，將其培養成信徒，嗣後依靠他們在雲南鐸區發展藏族教徒，這才打開了傳教的局面。上鹽井老修女德仁撒的父親就是康定善牧堂收養的孤兒，後來成長為教會的骨幹。1866-1869 年，呂耶司鐸在上鹽井開辦教堂，時有信徒 342 人，揭開巴黎外方傳教會向川滇藏邊區發展的序幕。教堂初時為土木結構，不僅是禮拜堂，也做過兵營、教室，經過多次修葺，顯得富麗堂皇。

　　清末佛教在全縣境建有 19 寺，黃、紅、黑三教並立，住寺僧尼近千人。各寺依僧尼人數分為五等，規模最大的是臘翁寺，有僧尼 300 餘人；次等和三等為中間者，次等為覺馬寺，僧尼 110 餘人；三等有 5 寺，各為剳宜寺、打金寺、剛達寺、朔和寺、畢土寺[37]，各有僧尼 90 人、80 人、70 人、60 人和 50 餘人；四等規模最小，有 12 寺，為南康寺（40 餘人）、納葛寺（30 餘人）、絜古、紫來、阿剳和登都 4 寺各有 20 餘人，色竹、曲登、鳴吉、甲乙哀、克哀和益魯 6 寺，每寺有 10 餘人。[38]在普及文化、組織民眾方面起著重要的作用。

---

37 劉贊廷作《鹽井縣志》時將「碧」寫成「畢」，此處沿用舊志的習語。其實，無論「碧」，還是「畢」均為藏語音譯，但從漢字的字面意思來看，「碧」的含義更接近「碧土寺」的典故。

38 參見劉贊廷編《鹽井縣志》，載《中國地方志集成・西藏府縣志輯》（成都：巴蜀書社，1995年），頁387-388。

　　禮教是宗教、法律、風俗和禮儀相混合的箴規，過去內地的識字本寫的都是禮教，人從小認字，等於就在學習禮教，又因為禮教沒有莫測高深的哲理，只是一些踐行的規則，無須動腦筋鑽牛角尖，操作性很強，容易為群眾所掌握。禮教和禮貌都是模式化的規則，二者的不同點在於功能，禮貌是粉飾邪惡，教人斯文的，而禮教則是發揚人的善性，防止並剋制惡性的。「禮」當中有儒家倫理的成分，兄弟共妻違背倫常，被視為「非禮」，貞女誓言、婦女在教堂集會、和教士往來，她們參加聖餐、秘密懺悔，臨終的塗油式，一妻多夫制——所有這些行為也都逆反聖人的教導，屬於「勿視、勿聽、勿言、勿動」禁區。禮教和天主教的意識形態相對立，但組織對立並不大，早先天主教從四川鐸區帶來一批漢族信徒，而信奉禮教的基本上是漢人，加上天主和禮教在鹽井初期均為弱勢，彼此相安無事。禮教和藏傳佛教倒有若干相同點，如主張多偶制，不過禮教主張納妾，不苟同兄弟共妻制，故與佛教也有矛盾。堅贊在調查中遇到不少藏/納報導人，他們自稱祖上是漢族，是漢族商人和軍士在鹽井娶妻生子傳下來的後代，他們的前輩代代習染漢風，以至他們一代都不行兄弟共妻婚。

　　現在鹽井只有藏傳佛教和天主教。二教的對立較大，由信仰的隔閡發展到組織的排斥，甚至流血衝突，成為歷史教訓。

　　上鹽井村受兩種宗教的浸染。全村 114 戶，有 52 戶信天主教，41 戶信佛教，21 戶混合信仰，即有的家庭成員信天主教，有的信佛教，三種情形占家庭總數的比例依次為四成半強、三成半強和兩成弱（45.6%，36% 和 18.4%）。表明兩教的和諧與通融（它們並存於同一個村莊，甚至於在將近一成的家庭內部並存），同時顯出兩教的界限（信天主與信佛的家庭占家庭總數的 91.6%，近於五五分成）。就教義而言，佛教不反對多偶制，保證人丁旺盛和家庭富裕對於寺廟招納出家人，攫取勞役、賦稅也是有利的。天主教鼓吹單偶制，全村只有

2 戶天主教家庭行兄弟共妻婚，占天主教家庭總數的 3.846%，這不是偶然的。全鄉兄弟共妻戶的平均值是 5.436%，行兄弟共妻婚的天主教家庭與之相比，低於 1.59 個百分點。

　　全村兄弟共妻家庭寥寥無幾，行兄弟共妻婚的 6 戶家庭集中在一個地段（見圖 4-1 右下角的放大圖）──加崩（組），他們彼此是親戚，依靠血緣、地緣聚成一股力量，似乎在與教會宣揚的一夫一妻制教義抗爭。這種貌似孤立實則互相維繫的現象與天主教有關，要是教會鼓勵教徒沿用舊俗，上鹽井的共妻家庭何止這 6 戶，也不會集合在一個孤島似的小村莊，說不定會擴散到全村。

　　有 1 戶因感情緣起而進行共妻婚。本家有兩兄弟，原各有妻室，兄承父業；弟入贅本村，承岳父業，妻家篤信天主。不幸老婆另有所愛，夫婦感情無法彌合，在危機面前，岳父母偏袒女兒。人爭一口氣，佛爭一炷香，弟思之再三，毅然離去。歸家後仍有人提親，為兄的不願弟再次上門受氣，為嫂的也心生憐憫，兄嫂商議之後，邀弟一起生活，為弟的默然接受。他們悄悄行事，一年之後鄰里才知道，很快傳遍全村，在這種情形下，教徒們誰也沒吭聲，畢竟事出有因，大家覺得可以接受。

　　此事包含兩層意義：第一，天主教堅守教義固然重要，靈活實行更加重要，允許兩戶教徒按舊俗行婚正說明教堂突破了教義的限制；第二，兒媳是否每天清晨起來燒水、打酥油茶，侍候公公婆婆，為丈夫斟茶，她在這件事情上盡的義務似乎是微不足道的，如果我們看到，正是這些細小的義務促成她在關鍵時刻挺身而出──接納叔叔，這一個或那一個特殊的義務就不是無關緊要的了，它們喚起一種久已銘刻在家庭成員心中的感情，正因為一家人彼此相愛，才構成分享的基礎，這種感情和天主教宣揚的博愛難道不是一致的嗎？

　　沒有一種宗教不關心婚姻，或者說無論信仰什麼，教徒結婚都要

循規蹈矩。禮儀方面，女孩子十五六歲出嫁，年底擺酒結婚，此時大家都有閒空。媳婦過門產子，嬰兒滿月或滿周歲，也要擺酒慶賀。新人如是天主教徒，按一夫一妻製成規行婚禮，兄弟倆選派一個代表（通常為兄），夫婦二人騎馬去教堂，請神父證婚，弟弟在家等候，待他們回家後夫婦仨再參拜灶牆上的耶穌聖心十字架，天主教對夫妻之間的忠貞要求很高，不能輕易離婚。孩子滿月或滿周歲時要到教堂受洗，讓神父給孩子取名，如神父不在，就讓德高望重的教徒取名。子女不論親子關係，一概稱兩兄弟中的年長者為父，年幼者為叔。新人如是佛教徒，請喇嘛到家證婚，丈夫們可一人為代表，也可以都參加，一齊參拜灶神。孩子降生後，請活佛吹氣賜福，保祐孩子安康，乞求護身符，請喇嘛開光，給掛繩打結。

人事方面，婚姻由父母做主，媒人提親，徵得當事人同意，而媒人提親時不能向女方隱瞞嫁幾兄弟的事實。鹽井有個風俗：從定親到過門，不超過當年。納西村嘎達組的 112 號家庭女主人次仁卓瑪，17歲定親，1 個月內過門。定親時，她知道自己即將嫁給兩個男人，認為是命運的安排，也就認了。大家都說兄弟共妻可避免分家，由於共同勞動，分工合作，發家致富快，其實這一婚制也有局限，假如不注意生育，子女眾多，反而成為致富的障礙。風俗要求妻子公平地對待每一個兄弟，要求丈夫克己守禮，家庭和睦，才能致富。加崩村的 6戶兄弟共妻家庭中，有 3 戶（656 號家庭、657 號家庭和 666 號家庭）的經濟搞得好，其中 1 戶特別好，還買了汽車，村民都說他們會搞團結，印證了家和萬事興的道理。另外 3 戶的經濟稍差，家庭成員經常鬧彆扭。

第五章
南北麓鄉村社會的開放性

　　人們經常把他們的行為歸咎於習俗，無論如何都要按這些習俗來辦事。但一個社會愈是開放，原有的舊俗保留得愈少，反之，它愈是封閉，傳統愈不容易喪失。從第三章、第四章的描述可以看到宗西鄉和納西民族鄉兄弟共妻制的相似性，其強弱表現也是明顯的。版圖不僅襯出家庭結構，而且看得出人們的衣著等物質因素和面目表情等心理因素，略顯一縣南北的差異，而經濟是基礎，其它是協從，各項因素必然共同營造出社會的開放程度。本章分析比較多方面的動因，概括一些規律性的現象，以期揭示兩鄉的社會開放度對於兄弟共妻制的影響。

一　自然條件和文化張力

下面綜合自然、地理、古風遺澤、貿易、宗教、教育、外來人員的影響等因素展開論述。

（一）宗西和鹽井：比較的起點

宗西與鹽井有諸多相同點和相似之處，信手拈來可得一摞，主要如下：

第一，地理上，同處橫斷山脈，屬於一個生態系統。

第二，人種上，宗西的藏族群眾和鹽井的藏族群眾均屬於康巴，其族源遠可追溯到古代的羌係部落，近可搭上沿西北走廊南遷的北方游牧民族，如 13 世紀隨元世祖西征的蒙古鐵騎與沿途土人的混血。

第三，生存上，兩地直線距離短，又處於兩條茶馬古道（川藏/滇藏）邊緣，信息交換便捷，生計方式相同。

第四，歷史上，8-9 世紀，吐蕃勢力東擴，兩地成為吐蕃、中原和南詔的邊緣，經歷的重大事件大體相當，各自處在政治漩渦的不同位置而已，兩地的境遇基本相似。

第五，行政上，兩地的歸屬幾經變化，元代歸中原王朝，明代歸木氏土司，清初回歸西藏，襄屬喀木圖，宗西由江卡卸管，鹽井歸巴塘（至 1908 年設縣自立止），宣統二年（1910）改土歸流成功，醞釀建省，宗西歸寧靜，鹽井維持縣制，二地統屬昌都府，建國後同屬芒康，兩地享受的政策待遇相同。

第六，物質文化上，兩地極為相似。物質文化是制度文化乃至精神文化的基礎。如前所述，宗西鄉男女交往的嚴謹與寬鬆並存，鹽井也有類似情形，青年男女隨處打鬧，動作親昵，除了年齡因素以外，文化因素是很重要的，從濡化角度來說，房屋結構影響著人的習性，

孩子自幼跟父母睡在大廳，兄弟姊妹同居一室，彼此之間沒有什麼秘密可言，一個人從小受此薰陶，絕不會產生男女授受不親的觀念。

在宗西，許多家庭沒有閨房，妻子在廊道隔出一個空位，地板上鋪上卡墊即為寢室。人們慣於睡樓板，鞋子方便地放在枕頭頂處（除非睡硬沙發，才放在沙發前面），躺下熄燈，摸黑起夜，以免驚醒他人。兄弟都在家時，打地鋪並排睡，欲跟妻子行房事者，須伸手摸一下頭頂上方的鞋子，發現少了一雙，表明可能有人找妻子去了，如果鞋子都在，自己就可單獨前往。要是兄弟之間出現誤會，後行者來到妻子床前，先去者可低語：「我在此！」要麼他聽到有響動，提前咳嗽一聲。後去者即止步返回。至於妻子方面，不論是哪一個兄弟與她睡，都有義務接受，除非身體不適。在鹽井，居住條件稍好，大屋裏隔出不同的小房間。

再舉一例：宗西與鹽井，兩地處於高山峽谷，山勢陡峭，峰巒之間溪河流淌，站在山腰，雙手合攏喊話，對面能聞其聲，步行到對岸要大半晌。沿著羊腸小路下到谷底，洶湧的急流似從天而降，要渡河，橋是唯一的工具。橋樑溝通兩岸，帶旺了人氣，凡有橋之處，就有村落。內地的橋樑工程師來到河岸現場勘察，發現一無施工機械，二無堅固輕便的材料，就打退堂鼓了。他們難以想像藏族木匠架橋的方式：在河岸兩邊築起結實牢固的石墩，然後用木料從橋墩一層擺一層，步步移向河心，當兩邊橋身在河面上相距 67 公尺時，再用兩棵長木料橫架在中間，鋪上木板，用竹溜索固定，這樣的橋樑沒有一顆鐵釘。從橋樑上跨過一條條湍急的河流，低頭瞧，橋下是白浪翻滾的流水；仰頭看，兩側黝褐的山岩迫向中間，似將傾倒，頂上的峽谷現出一線天空。地理和交通限制了交往，影響著婚姻形態，家庭在此環境中作用顯著，兄弟共妻確有必要，姊妹共夫則是沒有辦法的選擇。故兩地都有單偶婚與多偶婚。

第七，精神文化上，居民的語言與信仰習俗（除了天主教）相同，鹽井的納西族已完全藏化，藏納民族共用同一個文化體系。

以上七點說明兩個社區頗為相通。只不過兩地的兄弟共妻制強弱不同。一般之中有特殊本屬正常現象，有必要深入探討的是為什麼這一婚制會出現強弱？從中也許會發現若干奧秘。

（二）地緣關係和歷史境遇

不能說兩地兄弟共妻制的強弱是由經濟制度造成的，因為兩地的經濟制度基本相同。但是，說兩地的經濟結構和經濟水準使然，卻有幾分道理，因為兩地人民均依賴於半農半牧維持生計，只不過鹽井的產業更複雜，農牧成分與宗西相比有差距，如果這正是原因之一，就要考慮家庭與土地、生計方式和人口的關係。

學者曾形象地指出，土地、生計模式和人口是一條鏈子上面的三個齒輪，三者依順時針方向一個決定一個，同時又按逆時針方向一個反作用於一個。[1] 家庭是婚姻的容器，一方面青年男女在家庭中完成婚姻，另一方面他們通過生殖完成人口和財產的代際傳遞，家庭成員通過勞動獲得所需。家庭確實像一條傳動鏈，發揮著特殊的功能，整合三個齒輪的作用力，消除不平衡。但是，家庭和土地、生計方式與人口的互動不是機械的，生計方式與土地制度的互相適應始終是決定性的因素。因此，婚姻家庭形態歸根到底要從其所承載的生計方式來尋求答案，不僅不同形態的婚姻家庭要這麼做，同一形態的婚姻家庭，由於有再生產周期的長短，發生頻繁的高低以及規模大小的問題，所以也要從其所承載的生計方式來尋求答案。如果這麼看問題，就可以說，兄弟共妻制在宗西表現為高度型，在鹽井表現為低度型，

---

[1] 參見何國強〈居山農耕的基本生計方式——客家族群生存策略研究系列之二〉，載《廣西民族研究》2002年第3期，頁35。

主要是根植於兩地的生計方式差別。例如，宗西比鹽井海拔高，沒有鹽業，不靠近國道，沒有納西族、漢族，沒有水電站等等，這些條件使得兩地人民的生計方式出現了差異，而差異必然反映到兄弟共妻的婚姻與家庭中來。

為了避免落入經濟決定論的俗套，還須尋求其它視角來補充解釋，下面從市場關係、兩樁歷史劫案和別卓洪風俗談起。

婚姻和地區市場有關，無論是交換婦女還是文化傳承，都要受到地區格局的制約，任何社會只是開放程度的不同，因為我們實在難以找到一個自我封閉的區域，所以說地區市場對婚姻家庭的影響不同。

社會開放度的大小與歷史機遇及地緣政治相關聯。自從鹽井被發現以後，周邊氏族開始湧入，逐漸形成聚落，交換的需要使外商走進來，本地居民迎上去，社會漸漸具備了開放的局面。不僅如此，在民族走廊的作用下，北方游牧民族的薩滿教、衛藏地區來的佛教、滇西北高原的東巴教、川西和北緬來的天主教[2]先後進入，也許要加上白族人攜來的土主崇拜，漢族人帶來的道教，四方文化輻湊。

作為商旅通衢，鹽井的驛路、棧道、溜索、藏橋四面輻射，瀾滄江上下一段溜索眾多，故稱「溜筒江」。商賈雲集之地大多比較富裕，勞動力需求量大，謀生相對容易，於是人口漸多，設學堂、興教育、開風氣、育人才。寺廟也分佈於附近，以引施主、招香客。富裕之處連盜匪都要覬覦啊，於是產生駐軍衛戍，設置政權，徵兵收稅，威懾盜賊，維持治安之需。地方精英脫穎而出，在溝通官民、疏導民眾、區分良莠、移風易俗等方面發揮作用。這樣的氣候必然於兄弟共妻的舊俗不利。

2　一條路是從打箭爐西挺，經理塘到達巴塘後進入鹽井，清末川西成為天主教的大本營；另一條路是沿伊洛瓦底江到上緬甸，再入雲南，溯怒江和瀾滄江而上，抵達鹽井。先有前路，才有後路。

　　宗西偏於一隅，道路不通，出入困難，清末的「大石包案」和「核桃園案」[3]；即發生在此。光緒五年十一月（1879 年 12 月 13 日）庚午，皇帝詔成都副都統兼維慶副都統為駐藏幫辦大臣，限令由川入藏。翌年（1880），維慶在大石包地方，被數十人劫搶，殺死引馬人夫。地方官帶領土目緝拿，仍敢施放槍炮，肆行抗拒。光緒諭令川藏地方官緝捕，從嚴懲辦。光緒七年（1881）閏七月，巴塘教堂司鐸梅玉林前往鹽井，行抵核桃園被斃，劫去騾馬、箱只、茶包。奏摺稱「三岩野番」為肇事者，其實與三岩無關，核桃園距大石包 20 華里，兩地均屬宗西地界。

　　宗西有一種古老的遺風，藏語叫做「別卓洪」。「別」指青岡樹，西南各地都有，在環境好的地方，長得煞是高大，在岩石裸露、表土稀薄的地帶，生長低矮。青岡樹一年四季綠油油的，給松茸等野生菌提供了庇護，因此採集者喜歡光顧青岡叢林。這種樹的生命力極強，砍去主枝，不久就長出嫩枝，在灌叢稀少的地區，農民常用來製作肥料。「卓」，即五穀豐登、吉祥如意。「洪」是取得、想要的意思。「別卓洪」三字連起來就是「砍青岡樹枝作綠肥，求得來年豐產」。堅贊調查時恰是藏曆年前後，看見各家各戶積肥忙。這項工作主要由婦女承擔，她們一起上山修剪青岡樹，把一捆捆新鮮的枝條運回家，院子裏埋下若干臉盆粗的木樁，高及人腰，頂端當作砧臺。在晴朗的天氣，婦女磨快鋒利的柴刀，每人立於一根木砧旁，一手擎枝條，一手揮刀，連枝帶葉剁成 45 公分長的小截小塊，然後將這些短棍、碎屑運到畜欄墊圈，待到春暖花開、大地開凍之時，便進行出圈肥的工作（此時男女都可以參加），將漚熟的肥料清理出欄，一筐筐送到地

3　參見《清實錄・藏族史料》卷五（北京：民族出版社，1983），頁1378；卷六，頁29-56。又見趙爾豐：〈三岩匪眾劫毀公文殺掠客商雲防勇派兵剿辦摺〉，載劉贊廷編著《邊藏芻言》，民族文化宮圖書館複印本。

裏。「別卓洪」是一種促進生殖的儀式，帶有交感巫術的性質。剝枝條猶如田間除草一樣，是非常單調的工作，為了消除乏味，婦女們邀約同伴，嘰嘰喳喳，邊幹活，邊說笑，想像出谷神媽媽與情侶交媾的場景，所說之言越粗俗、放蕩，越能夠表達儀式的功能。在一個節令中，婦女勞動時，若有本村和鄰村女性進入，儀式沒有受到玷污，如有男人前來造訪，需預先招呼，使婦女有所準備，在思想場域安排一個空缺，於是儀式沒有受到破壞。但由於交媾的環境既是放蕩的，又是隱蔽而安全的，因此婦女幹活時不喜歡陌生男子闖入，假如碰巧外人不期而至（辦正經事除外），她們認為擾亂了男神女神正在進行的「好事」，降低了儀式的功力，最終會惹得穀神媽媽生氣而遷怒於田園的主人。為了彌補來年可能的減產，婦女會要求陌生人留下 510 元錢，作為給每位婦女的賠償，不然休想離開，得讓其嘗嘗捏拿的味道，在想像中補償了「神靈交媾所受的損失」。

　　從以上的描述可以想像，「別卓洪」儀式現在比較斯文了，過去未必如此。經典人類學著作中有個「約薩」（yausa）習俗的記錄，可以說明我們窺視原生態的「別卓洪」儀式。「約薩」是婦女對陌生男子施加性暴力的集體活動，19 世紀上半葉在英國託管下的特羅布裏恩德群島南部還有殘餘，島上有一個風俗，婦女在不該出現陌生男人的時間和地點見到陌生男子，就要行使強暴他的權利。這時她們會群起而攻之，將此人按倒，摘除他用樹皮布做的遮羞套，七手八腳地蹂躪他，粗暴地猥褻他，還把屁股對著他的臉，用陰蒂摩擦他的鼻子和嘴唇，有些婦女在自娛過程中會情不自禁地尿得他一臉一身；或者抓住他的手指和腳趾來摩擦自己，借用他身體的任何突起部位來發洩性欲。[4]宗西鄉的強壯女勞力很多，她們在幹農活、擠奶、割草、做家

4　參見〔英〕馬林諾夫斯基著，王啟龍、鄧小詠譯：《原始的性愛》（下冊）（北京：中國社會出版社，1990年），頁286-290。

務上獨當一面，可以想像在早先農村公社的時代，「別卓洪」儀式正
在進行中，某個外鄉男子誤入院宅會遇到什麼樣的歷險。

堅贊有一位張姓報導人曾在宗西、鹽井兩地派出所工作，他回憶
了自己在員警學校讀書時得到的一次教訓：他垂涎一位藏族女同學的
美貌，遭其嫉恨，被耍弄了一番。那天，他向這位「波美」（宗西方
言——姑娘）示好，波美將計就計，將覬覦者誘到宿舍，事先隱藏的
波美們接到信號，一捅而上，把他的衣褲扒光，七八雙嫩手在他的私
處亂揉，還拍了照片，使他尊嚴盡失，此事傳開，師生皆作笑料，他
感覺到無地自容。據聞，嘎托鎮派出所一位男警員也被幾個女警員脫
光了衣褲。這些警員同事之間連這點起碼的尊重都沒有！要是在北京、
上海、廣州等城市發生這樣的事情，肯定會控告肇事者妨礙公務。芒
康縣有這樣的民俗：女人可以脫光男人的衣服，男人則不能這麼做。
堅贊在四川省白玉縣山岩鄉做田野工作時曾得到鄉政府人員善意的警
告，要求下村時帶些零錢在身，以免碰到類似情況好花錢消災。

考慮到漢族和某些少數民族文化模式的差異，對上述古風應取理
解的態度。但不一定人人都有文化相對論的觀點。民國人士劉贊廷談
到藏族的飲食男女時說：「男婚女嫁須憑父母之命，媒妁之言為主，
並應一夫一婦，不得一男子而娶數婦人，尤不得以一婦人而嫁弟兄數
人苟合。」[5]這番話符合他的身份——新軍中營一介幕客，必須執行
朝廷教化庶民的任務。正統文人在講到漢與夷，中央與地方，京城與
邊陲時，經常會突出「大傳統」，貶低「小傳統」，這個大傳統無非是
儒家之道，小傳統自然是異族風俗。從上可見兄弟共妻的藏俗並不是
孤立的，而是有一定的風俗為基礎，清末民初國家權力在川滇藏邊區

5　劉贊廷編：《貢縣志》，載《中國地方志集成・西藏府縣志輯》（成都：巴蜀書社，
　　1995年）頁115。

與地方文化碰撞不僅是要革除某一兩種陋習，而且要改良所有的陋習，問題是「良」與「陋」怎麼區分，一個社會的良俗，在另一個社會可能是陋俗。

各種文化相比較而存在，相鬥爭而發展，雙方平和地取長補短（共融）與一方激烈地排斥另一方（擠壓），兩種方式都是存在的，繼而出現勢均力敵或強弱分明的勢態。在文化碰撞的過程中，一個民族只要失去榮譽感、自尊心和往日的獨立不羈，本文化便成為弱勢，從而為外文化的入侵敞開大門。[6]凡是認識到藏族文化優越性的人們皆認為兄弟共妻婚合乎道德，有的人還挪揄地說，它比起一夫一妻制和一夫多妻制來更加符合倫常。因為後兩種婚姻中的男人獨佔一個或數個婦女，顯得更自私，窒息了他們應有的利他主義和社會良知。男人通過一妻多夫制學會了共用，即使對待自己的所愛——妻子兒女——也不含糊，這種共產、共妻、共子的做法有利於增強公民意識，更好地理解人們的社會責任。這番洋溢激情的講話，不禁令人想起一妻多夫研究專家——希臘和丹麥的王子彼得在錫蘭的首都可倫坡60 裏外的拉特納普勒（Ratnapura）鎮調查僧伽羅人（Singhalese）時也有類似記述，當地人褒揚共妻習俗，表現出相當的民族自豪感。[7]

鹽井處在兩個民族居住的邊界，民族貿易由來已久，牽動了文化各層面的接觸。明代的吐蕃與納西交手，清末天主教與佛教碰撞，發生了震驚中外的教案。衝突的根源並非兄弟共妻制，而是爭奪對地方的控制，但兩教對該婚制褒貶不一，不排除給教案火上澆油的可能性。鹽井發生的教案並不孤立，而是與瀾滄江下游的維西，金沙江峽

6　參見〔英〕克里斯托夫·馮·菲尤勒—海門道夫著，何國強譯：《在印度部落中生活：一位人類學家的自傳》（澳門：國際炎黃文化出版社，2009年）譯序頁7。

7　Prince Peter of Greece and Denmark. The Polyandry of Ceylon and South India, *Man in India*, 1951 (11):170.

谷的巴塘，怒江峽谷的貢山等地的反抗活動相連（由於列強的壓力，清廷派來軍隊保護教堂，天主教捲土重來，紮根鄉野，確立地位）。在川藏滇交界區發生了這樣的運動，必然會給兄弟共妻制帶來負面影響。與此同時，進入鹽井的外地人帶來新的語言、生活方式、社會秩序、現代教育和思想信仰，這些東西匯合成一股勢力，潛移默化地腐蝕了當地人對待共妻制的優越感，復成為這種婚俗萎縮的原因。

順便提到藏傳佛教扮演的雙重角色。在青藏高原，家庭資源貧乏，妯娌間的矛盾引起兄弟隔閡，互相掣肘，甚至打架動刀的事情時有發生。共妻制是避免兄弟惡性競爭的最佳方式，許多家庭選擇這種方式給兒子成婚，為什麼鹽井的共妻制是低度的？可能是藏傳佛教宣揚無為、出家、忍讓，消蝕了人們的競爭意識，弱化了家庭矛盾，一定程度上抹殺了兄弟共妻制所具有的避免家庭內訌的功能。但藏傳佛教宣傳共用，也可能助長了兄弟共妻家庭的建立，為什麼這一作用在鹽井沒有帶來高度型的共妻制呢，可能是天主教的抵禦和商衢人流的衝擊以及其它因素。對藏傳佛教的雙重角色不能機械理解，有時無為、忍讓會促進共妻制，有時共用則會使某些兄弟心生厭惡感，進而逃避共妻婚。

（三）婚俗文化叢

社會越開放，傳統婚俗就越淡薄，反之，社會越封閉，傳統婚俗就越淳厚。因此，可將一個地方的婚俗看成彼此牽連、互相維繫的一組文化特質。奢談任何一種婚俗，都要考慮與之共存的相關特質，否則就會離開具體的敘述和分析，陷入抽象的議論。

1 婚姻決定權的分享

在鹽井，婚事由父母和子女共同操心已不足為奇，父母扮演為子

女挑選對象的任務，子女則行使投票權，表示同意或者否決。在入戶調查的 20 個家庭中，只有 3 對夫妻通過自由戀愛結合。子女臨近談婚論嫁的年齡，父母便開始物色合適的人選。人品是最重要的考慮，外表是第二考慮的因素。做兒媳的人要性格平和、口碑好。做女婿的人要勤勞節儉，有責任心。至於外貌，五官端正、腰板挺直就可以了。俗語：「看的是眼睛不同，吃的是嘴巴不同」——是說審美的主觀性。哪裏都會滋生出花花公子和好漢類型的男人，他們在姑娘的想像和心目中佔有一定的地位，鹽井也一樣。父母不允許女兒挑選這類人作為未婚夫，生怕她們認錯人，與他們糾纏上，給自己和全家帶來不幸。聰明的父母還會結闔家庭背景來考慮未來的兒媳或女婿，包括他們家長的品行和外貌。當地有句話：「捉牛犢看母牛，養馬駒看母馬。」反映了一個淺顯的道理：孩子是父母生育的，不但在基因的傳遞上，而且在性格和品行的薰陶上都會受其影響。從人品、外表和家庭三個維度來考慮，可獲得一項綜合指數，成為最後表態的有力證據。可憐天下父母心，為了自己的孩子幸福，通盤考慮問題，而年輕人往往不領情，他們更看重個人的外表。有一個案例驗證了父母和子女的共同作用。婚姻當事人名叫索朗旺姆，十七八歲時奉父母之命與本村一男子成家，她自己心儀的對象被擱在一邊。「天涯何處無芳草」，那人也移情他者，不久喜結良緣。索朗旺姆婚後很久培養不出感情，最後負氣出走。父母憐其遭遇，痛下決心，說服索朗旺姆和女婿協議離婚，之後再次搭線，讓女兒與一名外來木匠結婚，兩人生育了 2 女，生活基本美滿。

　　新觀念的影響一代比一代強。老一輩人包辦婚姻較多，年輕人出外開闊了眼界，追求個性、自由。父母對不同的孩子有不同的期望值，他們要求在家務農的孩子早婚，對於外出就業的孩子，則只抱良好願望，並不硬性要求，因為外面的條件不是他們所能左右的。父母拜託媒人穿針引線，與子女自己選擇伴侶並不矛盾。

2 離鄉就業的道路

新中國成立以來，男青年通過升學、當兵、招工等途徑在外工作，女青年通過升學和出嫁離開家鄉，這些方式漸成時尚。

鹽井的現代教育可追溯到 19 世紀 60 年代中期，巴黎外方傳教會在西藏教區建立了自教會小學（屬於善牧堂性質，識字班水準）。1907 年，趙爾豐設川邊學務總局，轄 4 個學區，鹽井為西學區，學務總理由委員（縣令）兼任。翌年 6 月，又在鹽井建立官話學堂 10 所，教學點分佈於上鹽井、蒲丁（下鹽井街道）、加達、覺龍（有兩處）、宗崖、八頭人地、甲日頂、擦壘、小昌都等村落，男女學生354 名。這些機構本著學以致用的原則，為地方（政府、教會和學校）培養了許多人才。民國元年（1912），學務總局由巴塘遷至康定，次年解散，形成 38 年的空白，只有教會的識字班在運作。

1951 年，解放軍以上鹽井天主教堂為校址（時已勒令洋教士歸國）創辦了鹽井小學，為川、藏、滇交界區輸送了大批人才。後來學校移交給地方。20 世紀 80 年代，鹽井小學搬遷到下鹽井新建的校舍，原校舍恢復為教堂。

經過 1 個多世紀的新學洗禮，有條件的父母大多會憧憬孩子讀書有成，繼續升學，循著「升學—就業—擇偶—成家」的步調走下去，家中只要有一個孩子考出去，便被譽為爭氣，鞭策著弟妹努力。父母對孩子的期望是「讀出書來，有了工作，帶回工資」。社會鼓勵什麼，人們就要去爭取什麼。改革開放以後，升學就業的路子越走越寬廣。男孩的升學率通常較女孩高，而讀書成器的女孩子又有「就高不就低」的心理。有固定收入，就能獨立養家，這種人基本上是行一夫一妻婚。一個人如果有向外發展的心態，就不會安於兄弟共妻，除非他在外面栽了大筋斗，退回家鄉，不想再出遠門。

　　納西村乾道兩旁錯落著衛生院、派出所、供電所（管松達電站）、電信局、郵局等企事業單位，中小學也在附近。它們為女性提供了工作崗位。公務員隊伍裏兩性基本平衡，教師與醫務人員則女性略多。女子有了穩定的收入，會在熟人面前賣弄自己「有工作」，家人也常炫耀她們是「女幹部」。拿工資的家庭不愁錢用。反之，即使莊稼蓋滿溝，牲畜遍山坡的家庭，如果沒有人捧「鐵飯碗」，遇事也有一個湊集現金的問題。堅贊多次聽到抱怨，說家裏親戚多，都是農民，不頂用。一位報導人就這麼振振有詞地說：「假如我家有個親戚在縣裏當官，每年拿回一兩萬元不成問題！」當人們看到街上那些白領女性，聯想到正在讀書或者畢業在外地工作的孩子，相信眼前的情景是屬於他們的。總之，凡是升學就業的男女，無論是否走出家鄉，都有一個夢想，這對於行舊俗的同齡人是一種心理折磨。

3　族際通婚與兩地通婚

　　民族的外婚與民族內婚，不論形式如何，都是衡量社會開放程度的指標。但對民族內婚要作具體分析，鹽井本地的民族內婚（夫婦雙方都是納西族、藏族或漢族），其意義不大。要是兩地的同一個民族通婚，意義就大了，不過就家庭之間的分工協作而論，在本地結婚顯然要比和外地人結婚方便可靠。隨著改革開放的深入發展，鹽井與異地的民族內婚現象增加了，族際通婚現象也增加了（見表5-1）。

表 5-1　鹽井 20 年間嫁出娶入和族外婚例數*（1990-2009 年）

年代	1990	1991	1992	1993	1994	1995	1996	1997	1998	1999
例數	1	5	1	3	—	—	4	±	2	3
％	1.67	8.33	1.67	5.00	0.00	0.00	6.67	0.00	3.33	5.00

2000	2001	2002	2003	2004	2005	2006	2007	2008	2009	總計
4	5	2	5	4	3	4	4	5	5	60
6.67	8.33	3.33	8.33	6.67	5.00	6.67	6.67	8.33	8.33	100.00

注：「*」表示資料來自納西鄉政府婚姻登記表。「—」代表該年缺乏登記的資料，
　　「±」表示該年全是本地人通婚。

　　表 5-1 不含當地的民族內婚，如藏族、納西族、漢族等民族的內
婚（共有 18 個婚例），亦不含短期在鹽井工作的外地人和其帶來的異
性登記結婚（有 5 例），如施工人員帶來女朋友開證明結婚。20 世紀
90 年代的鹽井，登記結婚不普遍，農民重風俗結婚（擺酒請客），不
看重法律結婚（辦手續領結婚證）；故前 10 年（19 例）與後 10 年
（41 例）的數據相差 1 倍多。嫁出與嫁入相比，嫁出率高於嫁入
率，表明婚姻市場的價值規律左右著婦女的流向，而嫁出者選擇的地
方，大多比鹽井的條件好。登記和舉辦婚禮多集中在每年 10 月至翌
年 3 月。在表 5-1 的 60 個婚例當中，年齡最大者 35 歲，男女各 1
人；年齡最小者 19 歲，女性。本地納西族和藏族女性嫁給的漢族男
性，男方是從內地來的手藝人或生意人，如重慶萬縣市忠縣扒山區廟
埡鄉插花村的兩個木匠到鹽井謀生，二人是堂兄弟，給人做贅婿，先
後與納西族姑娘結婚，堂兄的妻子比他本人小 25 歲。表 5-1 還包含
一定數量的異地民族內婚，如本地藏女外嫁佛山鄉巴美村藏男，本地
納西女外嫁昌都藏男，本地藏男娶徐仲鄉藏女，等等。

　　應該指出，兩地同一個民族內婚和一地不同民族通婚，無一例外
地受到語言、習俗和民族心理的影響。藏族和納西族平等通婚，除了
毗鄰而居以外，更重要的是彼此享用一個共同的「文化基因庫」。漢
族則沒有這個條件，他們一不會講藏話，二不喜歡穿藏裝，三不愛吃
當地的飲食。因此，漢族與藏族、納西族通婚的事例少之又少。即使

有一些，在這類「團結戶」家裏，妻子大都是藏族人或納西族人，意味著漢族總是扮演接受妻子的角色，藏族、納西族兩族則扮演給予妻子的角色，體現了族際通婚中的不平等。堅贊好不容易才打聽到鹽井派出所所長尼瑪歐珠與小學教師徐麗敏結婚的案例，他們倆屬於漢女嫁藏男，至於漢人涉足當地的多偶婚，則聞所未聞。而這種情形在藏族納西族通婚中都有，你娶我嫁，或者你嫁我娶，兄弟共妻的雙方來自兩個不同的民族。

4　婚儀和婚後居住的選擇

20 世紀 60 年代以來，交通、電力、通訊、醫療、教育等開始發展，一批批施工隊開進鹽井，內地來的工人修路、架橋、蓋房、建電站，出現了漢族人和藏族人，漢族人和納西族人通婚，有的漢族人還入贅當地，對一妻多夫制有衝擊。90 年代以來，鄉政府和企事業人員到內地學習的機會增多，漢文化通過商品、傳媒頻繁地進入當地人的日常生活，按傳統舉行婚禮和採用新潮方式並行不悖。前者講究排場，吃喝玩樂，盡情高興，本地人異常重視。後者婚禮簡樸，外地人樂意採用。下面擷來兩張請帖，請帖內容為邀請親朋好友光顧家中或甜茶館一聚。

親愛的紫西：
我倆定於 2005 年 2 月 11 日（星期五）中午 12 時半在旺堆家舉行婚禮。屆時恭候光臨。

多吉、德吉措姆敬邀
2 月 4 日

納西鄉××××同志：

我們定於 2005 年 11 月 25 日（星期二）中午 1 時在下鹽井街
道的電信餐廳為幼女舉行滿月酒。屆時恭請光臨。

尼瑪歐珠徐麗敏謹邀

11 月 20 日

這兩張帖子從街上買來照格式填寫，帖子是商家從大理或昆明批
發來的。兩個家庭，一是藏族，一是團結戶（夫為藏族，妻為漢
族），採用漢地的做法來知照親朋好友，而給孩子辦滿月酒，原是漢
族的風俗。

下鹽井的男女結婚之後，居住方式有三種：從夫居、從妻居與自
立門戶。人們平等對待從夫居和從妻居及自立門戶者，在鹽井嫁女娶
媳與贅男招婿同樣受歡迎。堅贊隨意訪問了 13 戶人家，其中 6 家從
夫居（46.15%），4 家從妻居（30.77%），3 家自立門戶（23.08%）。
婚後居住方式是社會文化人類學考察性別地位的重要指標，後兩項的
比值相加超過了從夫居的規模，有力地說明鹽井正處在轉型階段，兄
弟共妻制在這樣的氣候下必定受到干擾。

二　男女交往的舊俗與新潮

男女交往的方式與評判社會的開放度相關。就男女交往的顯性與
隱性空間而言，宗西的情形大抵為男女在顯性的場合接觸極為限制。
鹽井的情形是納西族比藏族開放，而鹽井的藏族又要比宗西鄉的藏族
開放。鹽井的納西族、藏族亦常在朗瑪廳一起跳舞娛樂。中年夫妻，
各有朋友圈，慣於幾個家庭共同活動，聚會中彼此間相處輕鬆自由，
男女相互嬉鬧，即使對方妻子或者丈夫在場，也無需顧忌。堅贊在幾
次家庭聚會中看見一些夫婦交叉與彼此的配偶戲耍，身體不時親密地

接觸，如搭肩、依偎等。鹽井確實開放，連喇嘛都可以在大街上與女子調笑，岡達寺的江措喇嘛經常下山，常與女子逗樂，氣氛輕鬆。

現在來說婚外異性接觸。在鹽井，男女（尤指已婚者）之間的交往分為普通、模糊和親密三型。

先說普通型。指雙方懷著良好的動機公開、平等地交往。堅贊在下鹽井村有一位報導人叫做索朗旺姆，她是一位中年納西族婦女，堅贊回到工作單位，偶而會接到她的電話。因經濟拮据，她每次打通電話就掛斷，再由堅贊打回去，這樣她就既可以和外地人談話，又不用付話費。她的言行可作為觀察和說明問題的一個視角。在某些農村，已婚婦女主動結識男人是不好的，容易引起誤解，甚至會招惹罵名。但下鹽井的婦女不那麼看，她們有一套價值標準，類似於魯迅所說：「要敢愛，敢恨，敢說，敢追求！」[8]——如果說那是文學家的座右銘，為了抽象的真理，而村婦之愛，卻是為了身體和感情，這倒有些真實。她們從不做作，感情自然流露，相信多一個心儀者就多一分資本，外地男子也無妨，人家看得上，說明自己有過人之處。堅贊在田野工作時，隱約地觀察到年輕婦女投向男子的目光，似乎帶著朦朧的嚮往和羨慕。

再說親密型。交往對象既有未婚者，也有已婚人士，雙方建立了感情基礎，互相熟悉，且男方有一定的經濟能力，有些已婚的女方結紮過，不怕出軌。當地有一種結交情人的風氣最能體現這種關係。

下鹽井的蒲丁街人來人往，每日客流量千人次左右，大部分是本地人，就是那位索朗旺姆某日對堅贊說：「上午我帶著你在蒲丁街走一回，如果你硬要我隨意在行人中指出哪一個沒有情人，我只能指出四五十個人來！」這句驚世駭俗的話不禁令堅贊想起雅魯藏布江流域

8　參見魯迅散文詩集《野草》第一篇——〈秋夜〉。

的類似現象（第二章第六部分第三點）。索朗旺姆所理解的親密型，不能說是顯性的，只能是隱性的，其實是情人關係。堅贊不便在旺姆面前及她的小圈子裏探討這個話題，因為很容易遭到嘲笑並陷入窘境，故未能獲得多少資料，但在蜻蜓點水式的訪談中也獲得一些鮮活的材料，使他信了人類學的「隔離」概念所指：「在某些情形之下，人們需要拉下帳幕把自由暫時遮蔽起來，像在習慣上遮蓋神像一樣。」[9]第三章敘述的一樁事情屬於同類：當宗西行政村瓦西組次仁卓嘎的父母要把她許配給通古行政村赤頂組的兄弟倆時，為使她順從，並使別人看不出破綻，讓其匍匐在馬背上，履以錦袍，掩蓋了她的憤怒表情和手腳被繩子拴於馬肚下面的真情（見第3章）。我們確可從中找到合理的解釋，婚姻有可能因為某種原因而無視個人的感情，至少是暫時中止了感情的作用，等到婚禮完畢，客人退去，生活回覆到常軌，再來培養個人感情，如果培養不出來，就訴諸於情人制度來寄託感情。移情的問題——譬如，丈夫緩解感情和性欲、夫婦關係的補充機制等等——在個體婚家庭中存在，也在多偶婚家庭中存在，多妻的男人羨慕別人的妻子，多夫的女人也會給大家交際上的快樂，在一些民族那裏古往今來莫不如此，儘管許多細節我們既不能證實，也無法證偽，更不好量化，但不少情景屬實，用來增添婚俗叢的闡釋點還是有意義的。

當地人認為「婚姻」和「戀愛」是兩回事。情人尚屬於戀愛關係，婚姻則已進入家庭的外殼。一個已婚者在家庭之外尋求戀愛，並非他們夫妻不和才如此，建立與維持情人關係是豐富生活的一部分。有的夫妻各有情人，只向密友透露，後者也替他們保密。但長期不曝

9　〔法〕孟德斯鳩著，張雁深譯：《論法的精神》（上冊）（北京：商務印書館，1982年），頁204。

光的戀愛是沒有的，萬一人家知道怎麼辦？不要緊，當地人不喜歡捕風捉影。下鹽井地方狹小，完全是一個熟人的社會，有些情人其實是配偶的同事、朋友或熟人。即使事情曝光，引起彼此的不快，也不願意公開。一位德高望重的人士暗示了一條做人的底線：「知情者不亂說，說閒話者要負責任！」人們譏笑的是處理方式不妥當。女性固有的性情（敏感、慍怒、妒忌⋯⋯）會推動著她們去爭寵或報復，做出極端行為。即使如此，人們的良心並未泯滅，勾引別人妻子（或丈夫）的人被罵作「雜媾則黴」，這個詞是比較惡毒的。

不難看出，當地人將情人風與家庭並置，反映了情人風不是群婚，也不是淫婚的認識水準。一如馬克思在批評拉伯克把群婚和淫婚等同起來的觀點時所說的：「實際上清楚得很，淫婚是一種以賣淫為前提的形式（賣淫只是作為婚姻——不論是群婚之類的婚姻還是一夫一妻制的婚姻——之對立物而存在的。」[10]人們對於賣淫是強烈反對的。

下鹽井有一對夫妻，女的曬鹽，男的賣鹽。妻子知道丈夫在外發展感情之後大為惱火，找上門辱罵那位婦女，並在家裏與丈夫打罵，街知巷聞，迫使丈夫與那位婦女斷了來往。後來丈夫又在本村有了一位情人，消息不脛而走，傳到妻子耳中，面對丈夫的花心，她沒有勃然大怒，但茶飯不思、輾轉反側的樣子已經表明她對先後騷擾自己的兩個女性多麼憎恨，她不動聲色地考慮出一個方案。

在鹽井，常常過完春節又過藏曆年，每逢雙節並行時，「鍋莊」舞夜以繼日，盛裝的女性圍成一圈，不斷有人加入，舞者中 1/4 是男性，當舞者太多時，200 多人的大舞圈就分成若干小舞圈。元宵是熱

---

10 參見馬克思〈約・拉伯克《文明的起源和人的原始狀態（1870年倫敦版）》一書摘要〉，載《馬克思恩格斯全集》第45卷（北京：人民出版社，1985年），頁661。

潮的頂點，遠近的鄉民都來了，燈光下，有舞者，有觀者，氣氛不凡。舞者相約而立，依性別、年齡排隊，擠佔舞圈的一段圓弧。歌聲此起彼伏，弦子如泣如訴。婦女舞得優美，男人舞得熱烈。最為可人的是年輕婦女，她們身材頎長，頭髮梳得溜光，盤起髮髻，戴著頭飾。她們穿戴名貴，衣裳上掛滿銀飾，長袖擺動，婀娜多姿。隨著她們的舉手、投足、轉身，銀飾發出嘩嘩的響聲。

　　第一輪舞畢，人們稍為休息，第二輪開始。當第三輪「鍋莊」開始舞時，這位妻子輕巧地移到那位女人旁邊，弦子剛拉響，步伐才邁出，她便抬高嗓門，面對丈夫的情人大聲吆喝：「你為什麼勾引我老公！」說著一掌揮去，對方立刻捂著鼻子，定睛一看，原來是情人之妻，但也不能怯陣啊，兩人扭作一團，眾人趕緊將她們分開。

　　第二天，全鄉都知道了這件事。雖然那位女人沒有達到身敗名裂的地步，而且有幾個姊妹同情她，不斷地呵護她，但她除了顯得有些冤枉，還露出膽怯、抬不起頭來的樣子。而那位氣急敗壞的丈夫對於妻子的做法顯得無可奈何，他是贅婿，從貧窮的覺龍村來富裕的納西村，靠著岳父母在經濟上翻了身。想到自己出身寒微，又做了不光彩的事，所以脊樑骨硬不起來。妻子在燈光球場鬧完，坦然回到家裏面對丈夫。堅贊聽到報導人的說笑：「這位悍婦，搞得老公三天不敢出門。」

　　鹽井的社會開放程度還不高，父母包辦，有早婚、無早戀的現象還很多。男女結合缺乏瞭解，婚後進入疲勞狀態較早，由於傳統還很穩固，社會對婚外戀持默認的態度，故情人風有一定的市場。在家庭之外結交情人，這樣的人愛把生活喻為飛馳的火車，把婚姻與情人看作永不相交的兩條鐵軌，要求兩個輪子並軌是做不到的，在婚姻和情人之間維持平衡也很難。目前還不能從離婚登記的資料中找到情人風俗對家庭的瓦解作用，因為當地人很少到鄉政府登記離婚，1997 年

至 2002 年只有 3 對 26 歲至 31 歲的夫妻辦理了離婚手續，平均每年
0.5 對，它們都是漢族人和本地人的離婚案。

　　情人風的代價是婦女做出犧牲。瑪仁住在鹽井，年過五旬，至今
未婚。姑娘時代她猶如一朵鮮花，惹得一些男子千方百計地想接近
她，但她不是那種輕浮的女性，她夢想著遇到一位英俊沉穩的男人，
好把終身託付給他。土登絮堆便走入了她的心中，兩人陷入愛河，越
陷越深。土登是外鄉人，在鹽井小學教書，當時小學設在天主教堂。
土登絮堆向瑪仁示好，表示要跟老家的妻子離婚，然後跟她結婚，瑪
仁懷孕了，肚子一天天大起來。土登絮堆覺得再也不能耽誤了，正式
提出離婚。但妻子不同意，到學校告狀。輿論同情她，指責瑪仁，說
人家已有三個孩子，日子過得挺滋潤的，何必去破壞別人的家庭？如
果離婚，只會使兩人幸福、四人痛苦。藏族的風俗允許一夫多妻，土
登絮堆是公職人員，在風俗和法紀出現矛盾的時候肯定要服從法紀。
領導考慮了群眾的輿論，不批准離婚，把土登絮堆調走了。瑪仁產下
一男嬰，取名榮旺，依靠父母和弟弟魯生幫忙，她含辛茹苦地把孩子
撫養成人。招聘幹部時，土登絮堆離開了教師隊伍，先後擔任芒康縣
文教局長、芒康縣副縣長、八宿縣縣長，他的事業如日中天。榮旺也
長大了，在昌都邦達機場工作，已年近三十。他和瑪仁蓋了房，母子
住在一起。堅贊不知道榮旺到機場工作，是否獲得土登絮堆鼎力相
助，但知道他做這件事情並不難，何況榮旺是他的親骨肉。

　　這個事例耐人尋味，仔細分析下來可得到五點啟示：

　　第一，情人風的基調是健康的，因為結交的人是普通勞動者，雙
方追求彼此理解、幫助、相憐相惜，雖然如此，情人風不可避免地染
上一些惰性，但是與風流情場中的惰性不同，風流情場中的交際者是
物質生產的閒人，男性善於阿諛奉承女性，女性善於挪揄挖苦男性，
雙方喜歡把無聊的東西當作有價值的東西，在自己未墮落之前就成為

使人墮落之人。[11]

第二，情人風不會帶來，也從未帶來社會淫亂，因為淫亂是和奢侈不可分的，二者的關係是如影隨形、互為因果的，解除了思想武裝的人才能隨心所欲，這種人怎能夠壓制自己的弱點呢？川、滇、藏交界處的鄉村，男子頭頂一塊紅布，腰別一把鋼刀，樸實無華；婦女身著布衣，不塗脂，不抹粉，日日在陽光下勞作，她們的妝奩適中，過年期間的穿戴才略顯奢侈。

第三，輿論導向體現了一個標準——尋求大多數人的幸福。在兩個人的幸福會帶來四個人的痛苦的預期面前，人們不贊成土登絭堆與原配離婚之後與瑪仁結婚。假設土登絭堆原是行兄弟共妻婚，那麼事情的結局可能有兩種，一是他和瑪仁成為眷屬，因為兩個人的幸福不會帶來四個人的痛苦；二是同樣不能成為眷屬，因為這麼做照樣會給土登的家室帶來痛苦。可見情人風潛存著對兄弟共妻制度的危害，但有時輿論不會讓這一作用實現。

第四，情人風是婚姻制度的修正（既補充又破壞）。在人類早期的母系社會，父親身份的不可確認使養育子女的義務只能由母親及其兄弟來負擔，在後來出現的父系社會中，舅舅承擔的義務回到父親身上，婚姻在高度文明的民族中是隆重的，體現了社會對於人口再生產的嚴肅態度，因為婚姻制度（包括婚禮和滿月、周歲酒等禮儀）起著確立和強化父權的作用，凸顯負有養育之恩的人物角色，宗西和鹽井的婚禮是最好的說明，相反，不正當的結合由於無法確定父權，難以甄別撫養責任，對人種的繁衍沒有什麼好處。土登絭堆由於特殊的身份，不能跟瑪仁結合，但他們的愛情創造了新的生命，產生了一定的社會後果。

---

11 參見〔法〕孟德斯鳩著，張雁深譯：《論法的精神》（上冊）（北京：商務印書館，1982年）頁104。

　　第五，男歡女愛本是兩人的自覺自願，後果卻由瑪仁一個人承擔，不僅是生理後果（懷孕和生產），更有社會後果（養育），由於事情的見不得人和悔恨自責，也由於女性謀生的不易，她所面臨的困難和受到的束縛是不可想像的，所以說瑪仁從一開始就是一名受害者。假設她不是未婚產子，就不會獨自撫養榮旺，靠著丈夫的幫助，她可以減輕勞作，孩子也有父愛，她還可以多生幾胎，可是，這樣的單身母親連一個孩子都不容易養活，怎能再生幾胎呢？可見，瑪仁不僅承擔了男歡女愛的直接後果，還承擔了間接後果，即在生育量上她也是受害者。這種情形在行兄弟共妻的佛教社會是普遍的。戈爾斯坦調查了尼泊爾西北部利米（Limi）峽谷，那裏已婚婦女平均每人有 3.3 個孩子，未婚婦女平均每人只有 0.7 個孩子。[12]戈氏的資料襯托出西藏的情況，其實瑪仁如同宗西鄉的覺嫫一樣，被排擠到剩餘婦女的佇列。

　　情人風不是藏族文化的主流，儘管它在宗西也不例外，第三章提到的多擁便如此，他和旺青發展了情人關係，由於已有妻室，不能娶她，後來把她介紹給自己的兒子，這個兒子也有妻室，他高興地接受了，他與旺青相好，兩人還生了孩子（見第三章第五部分）。

　　下面說模糊型。此為一種新潮的男女關係，鹽井人稱「找小姐」。本來不值一提，但它借著改革開放的某些不正之風從沿海傳到內地，由漢區到民族地區，瘟疫般地蔓延，影響了民風，就有必要留意了。這種活動幾乎沒有感情，以金錢和生理刺激為導向，一方引誘，一方附合，即時交易，類似於吃速食。它既不像情人關係那麼隱蔽和持久，也不像常人之間的交往那麼公開，而是介於兩者之間的灰色地帶。

---

12 Goldstein, M. C. Fraternal Polyandry and Fertility in the Himalayas of N. W. Nepal. *The Tibet Society Bulletin*, 1977. (10):16-17.

　　如果說情人風是民族文化肌體上的贅瘤，為能夠分得一羹粥的中青年人所認同，那麼鹽井的藏族和納西族婦女對待妓女的態度便不同了，經常惡毒地咒罵她們，稱其為「搜卡雞米徽」，相當於「不要臉」的意思，甚至於毆打她們。巴比的老婆是納西村出名的悍婦，她三番五次勸巴比不要去朗瑪廳，巴比不聽，仍和裏面的一位小姐要好，甚至私訂終身，妻子遷怒於對方，帶著刀子去報復，將小姐刺傷，她本人也被拘留。這些小姐來自川、滇、湘三省，在蒲丁街的五六家甜茶館工作，她們所帶來的新潮娛樂方式擾亂了居家人的平靜生活，與情人風俗搶地盤，引得離村較近的岡達寺喇嘛下山光顧，給僧俗關係帶來負面影響，因此當地人很不歡迎。小姐們來到偏遠的民族地區，語言、飲食、文化不同，本來就不習慣，何況遇到懷有對立情緒的群體。有人開玩笑說，現在只是來了一群「雞」，當地人就受不了了，倘若以後再來一群「鴨」（性工作者中的男性），他們又該怎麼辦？不僅婦女將面臨新的考驗，男人也會捲入問題。

　　以上三型之間沒有不可逾越的鴻溝，由「普通型」可以進入「模糊型」或者「親密型」，反之亦然，「親密型」或「模糊型」退回到「普通型」。三者之間存在著欺詐行為，一個在外走江湖的人應該好自為之，不然就會誤入陷阱。

　　堅贊在田野工作中與雲南省鶴慶縣的金匠張志安相識。那天清晨，55歲的張師傅正要乘車經芒康到巴塘給開首飾作坊的兒子送原料，在候車的過程中，他談起一件趣事：1978年，他從部隊復員回鄉操起了舊業——挑著貨郎擔在滇藏公路沿線走村串寨，為村婦打製金銀器。當時鹽井還很封閉，村落破舊，全是灰色的平房，不像現在到處是白色的樓房。外來的藝人最招年輕女性喜歡，姑娘媳婦圍著看做工，久久不肯離去。有一次他在彼村借宿，房東想使美人計詐他的錢財，11點光景，他讓女人來送水，藉故留下，被他轟走了。半夜

張師傅在地鋪上睡著了，幸好沒有熟睡，突然感覺身邊一股冷風，有人把一件物品放在他頭頂的地板上，然後躡手躡腳退出房間。張師傅等那人離去，打開手電筒一照，原來是一雙繡花鞋，便提到窗臺外面。天將曉，男主人進門假裝尋找東西，見張師傅臥床不起，不見女鞋，便沒聲張。如果他看見張師傅臥榻旁邊有女鞋，一定會大吵大鬧，威逼張師傅承認跟自己老婆發生關係，交錢私了，看來房東妄想謀他的錢財不成。

從上可以看到鹽井的開放程度。反觀宗西，男女交往比較沉悶，婚姻叢略顯單調，少有強勁的風俗與兄弟共妻制抗衡。

三　大眾化教育

鹽井是西藏現代教育的開拓地之一，與兩次土地革命戰爭時期的蘇區相類似，許多民族幹部從這裏走向四方，故有「西藏老區」的稱譽。

納西鄉完全小學的校址在下鹽井，並在上鹽井、覺龍和加達三村各設有一個教學點。可是在教育傳統悠久的鹽井，現在仍有 15 至 30 歲的文盲 1879 人，其中女性 693 人。堅贊捕捉到教育與兄弟共妻家庭的關係。上鹽井加崩村的 6 戶兄弟共妻家庭，全為主幹型，人口不算少，孩子的養育不成問題，但家庭成員的文化水準不高，文盲較多，平均每個家庭有 4.17 個文盲，而那些一夫一妻制家庭的文盲比例則沒有那麼高。正因為如此，當家長想讓自己的子孫倣仿兄弟共妻的行為時，孩子們反應冷淡，因為他們好歹讀了一點書，有了知識，視野開闊了。

加達村的格松羅佈在察隅縣當了 8 年兵，漢語能說會寫，還立過兩次三等功，獲得一次軍旗照像。1984 年他轉業，當時政策規定不

安排工作，他就回鄉務農，兼做小生意，在心灰意冷之下放棄了研習漢文。1988 年，芒康縣民政局根據新政策安排他到洛尼鄉工作，從此在尼增、木許等地當鄉長或書記。2002 年，他年近 50 歲，不想在外奔波，組織上便調他任納西鄉人民代表大會主席。他有 3 個孩子，長女在鹽井中學讀初二，長子讀小學六年級，幼子讀五年級。妻子不識字，管不了孩子的學習，他調回家鄉來對孩子的學習有好處。可以預見這個家庭的孩子將來不太可能行兄弟共妻婚。

鹽井有所西藏唯一的鄉級初中，成立於 1975 年 5 月 1 日，2006 年秋建成一座 5 層樓教學部，是鹽井最雄偉的建築。教師 60% 為漢族，40% 為藏族，全都是外地人。招生覆蓋六鄉（納西、徐仲、幫達、莽嶺、曲孜卡、木許），學生在 13~18 歲之間。2004 年只有 10 個班，344 人（男 187 人，女 157 人），呈金字塔結構，初一有 5 個班，初二有 3 個班，初三有 2 個班。近幾年實行九年義務教育政策，加大了教育投入，招生率大幅度提高，每年招生約 1500 名。

宗西鄉的小學遲至 1961 年才建立。現代教育沒有到來之前，孩子通過家庭、寺廟和社會獲得知識。凡有家名的人家都比較注重教育，教導孩子懂禮貌，注重人情世故。

宗西鄉的完全小學設在宗西村知多組，另有 4 個教學點分散在其它 3 個行政村：達拉、宗榮各一個教學點，通古有兩個教學點。達拉村因與完全小學距離最遠，一至五年級，設置了 5 個班，每個年級 1 個班。其它 3 個教學點，一至三年級，各設置 3 個班，每個年級 1 個班。每個教學點有 2 名教師。教學點屬於民辦性質，完全小學屬於公辦性質。宗西行政村的孩子從一年級開始就在完全小學讀書，其餘 3 個行政村的孩子，因路途遙遠，入學時先在本村的教學點讀書，從教學點畢業後，再到鄉里的完全小學，先復讀一年。例如，達拉村來的孩子復讀五年級的課程，通古村和宗榮村來的孩子復讀三年級的課

程。之所以如此，是由於教學點和完全小學的教學品質不同，對學生的要求亦不同。復讀過程中，選拔成績好的學生升入上一個年級，成績不好的學生繼續復讀一年，如果是特別優秀的學生，不用復讀，到完全小學之後，直接升學。

克珠江措出生於瀾滄江邊的如美鎮，出嘎托鎮沿 318 國道北行，翻過海拔 4500 多公尺的拉鳥山埡口就到了。1976 年來到宗西鄉任教至今。據他介紹，學生全部來自農村家庭，個別孩子的父母是鄉幹部；學生的父母，70% 行一妻多夫婚，25% 行一夫一妻婚，行一夫多妻婚的為零，5% 的學生是有母無父的單親家庭；這種家庭背景下的學生，大多不愛動腦筋，做作業沒有耐心，愛上勞動課和體育課，不喜歡上專業課。

宗西鄉派出所有個警員喜歡逗孩子，孩子貪玩，手、臉、衣服髒兮兮的。為了引導孩子講衛生，他抓了一把糖果對孩子說：「去，到小河邊洗乾淨手臉，就給吃糖。」孩子面面相覷，無人應答。

內地的孩子都知道「不讀書就沒有出息」。宗西的孩子則認為不讀書照樣有出路。「出息」與「出路」，一字之差，導致了不同的行動綱領。老師在課堂發問：「如果不讀書，將來你們幹什麼？」有的孩子不假思索地回答：「上山放牛！」是啊，斗大的字不識，山裏人不是一樣的放牧、採薪、種地嗎！唯有眼界狹窄的家庭才願意低層次迴圈。孩子怕讀書，想辦法蹺課，家長明裏暗裏幫助他們，譬如不帶他們去衛生院打針吃藥[13]，以免暴露家裏有幾個孩子，因為學校與衛生院有聯繫，據此會下入學通知書。在人民公社體制下，一個勞動力每天能掙 7 個工分，分值很低，還有一些家長不讓孩子入學，寧願讓孩

---

13 家長可以不讓孩子入學，卻不能限制孩子打預防針或吃預防藥，就是說，家長非常愛惜孩子的生命。

子輟學去幹活，掙工分。公社後來嘗試用經濟手段鼓勵適齡兒童入學，每人到校一天記 2 個工分。即使如此，有些家長倔強得仍不回頭。家長有自己的託辭：宗西小學辦學品質差，建校 50 年了，考上內地藏族中學的人寥寥無幾。這確實是事實。宗西鄉完全小學一個孩子都考不上內地的藏族中學，沒有榜樣的力量，這種情形下，還叫群眾支持孩子讀書，他們的家裏有很多工作還等著人去做，於是他們就有些不情願。這雖然是事實，但家長把責任完全推給學校，只知道讓孩子種地、放羊、割草、做生意，助長他們的學習惰性，家長沒有配合好學校教育不也是一個原因嗎？有的家長對此無所謂，輕鬆地說：「孩子不去上學，每天無非丟掉兩個工分；不去挖蟲草，丟掉的就是幾十元錢哪！」

若說全部家庭都不重視教育似乎不近情理，有一部分家庭還是重視教育的，表現在兩種方式上：一是普及式，凡是適齡兒童就讓其讀書，這種家庭占比例相當少；一是提高式，保重點，每家只供一個孩子讀書，犧牲其它，讓讀書的孩子將來升學就業，掙工資回來，這種家庭的比例稍微多些。無論是宗西還是鹽井，都存在上述兩種類型。

學生父母的婚姻狀況會在學校反映出來。上課教師點名，有時會問：「令尊的名字叫什麼？」如果這個孩子的父母是行兄弟共妻婚的，他可能會說：「我有×個父親。」繼而把他們的名字全部說出來。他也可能只說出一個父親的名字，此人通常是父之兄，即母親的大丈夫，亦即孩子面稱為「阿帕」（爸爸），背稱為「大帕帕」（大爸爸）的人。但也可能只說出母親的二丈夫或者三丈夫的名字（當這個家庭是三兄弟共一妻時），即孩子面稱為「阿庫」（叔叔或小爸爸）的人。如果孩子說出一連串父親的名字，而教師只須記一個父親的名字時，通常記的是孩子母親的大丈夫的名字。教師詢問的時候，其它學生不會發笑，因為他們當中絕大多數人來自這樣的家庭，一夫一妻家庭的

孩子反而居少數，多數孩子有兩個父親，有三四個父親的居少數，有五六個父親的更少。對於母親的丈夫，孩子喊兄為父，喊弟為叔，如果做兄的不務正業、弔兒郎當，做弟的規規矩矩，祖父母就會叫孫輩改口，叫前者叔，叫後者父。風俗就是這樣！

　　不同家庭的孩子沒有顯著的悟性差別，也很少互相歧視。不過，有的孩子學習自覺，顯得聰明；有的孩子學習不自覺，顯得愚笨。學生尊敬老師，不妨礙他們對師言有所取捨，越懶惰的孩子越難教。教師嘔心瀝血，到了期末，差的孩子成績依舊，看著差等生那麼多，教師的苦衷難以言表，有的教師茶飯不香，睡臥不安。因此，不能說教師主觀不努力。關鍵還是學生素質太差，家庭不配合。長期在厭學的環境中執教，很難保證教學熱情不會衰退。教師不做家訪，每學期開一次家長會，表揚好學生的家長，學校與家長的聯繫僅此而已。

　　我們已經看到，孩子的讀書興趣與學校關係極大，與家庭關係亦不小。有的家庭，丈夫外出（經商或打工），見過世面，懂得讀、寫、計算的重要性，積極鼓勵孩子讀書。兄弟共妻家庭丈夫的外出率是比較高的，儘管有例外，而一夫一妻制家庭的丈夫外出率則比較低。丈夫外出的家庭，家長懂得教育的意義，孩子受其影響，學習的自覺性高一些。孩子的學習成績與父母重視教育相關，某種程度上也與家庭形式相關。

　　隨著「普九」政策的推行，學生的優惠條件又進了一大步：上小學和初中不用交學費，吃飯、住宿均不要錢，而且發衣服，筆墨紙張一概免費。[14]即便如此，入學率仍然不高。不過，芒康縣的初級教育要比鄰縣做得好[15]，縣教育局規定，入學率達90%的學校才算合格。

14　所謂「三包」（吃、住、學費），是在完全小學實行，教學點不搞「三包」。

15　只需舉鄰縣貢覺便可略作證明。2003年，該縣小學入學率僅30%，初中僅10%，屬於西藏教育最落後的縣份之一，為了扭轉局面，連續數年全縣把60%的精力用於教育。

2004 年，納西民族鄉完全小學的入學率 98%，宗西鄉完全小學的入學率達 96.7%。將入學兒童與適齡兒童加以對比，百分數可能會縮小，因 96.7% 是根據公式算出來的。甚至鄉衛生院打預防針、吃預防藥的孩子也有遺漏，全鄉適齡兒童 577 人，在校學生 541 人，這個比例算不錯了。與衛生院打預防針、吃預防藥的統計不同，其中男多女少，表明家長不注意女孩子讀書，三年級以前重男輕女的傾向不嚴重，四年級以後開始明顯。

四　幾個待深入探討的問題

（一）多餘婦女的出路

以前堅贊在分析這個問題時，著重於社會的吸收與緩和機制，譬如庵堂、外嫁（通婚圈大小）、情人風俗等[16]，未指出家庭本身的吸收作用，此處專門分析這一點。

藏傳佛教有出家與在家之分，男性出家者稱「喇嘛」或「活佛」，女性出家者稱「尼姑」，男性在家者稱「紮巴」，女性在家者稱「覺嫫」。絕大多數人都奉行獨身主義，少數人因教派要求、個人修煉的程度不同而有所不同。例如，藏傳佛教不同教派的教規寬嚴有別，紅教活佛可以娶妻，家就安置在寺院，夫婦共同修行，甚至可以娶幾個妻子從事人口生產，孩子長大，兒子當喇嘛，女兒當尼姑。故男子娶妻之後才出家，入寺修行一陣又返家是常事，返家之後每天都在念經，也過夫妻生活，沒有徹底還俗；有的男子在家自學佛經，從未出家，參與兄弟共妻，由這兩點觀之，紮巴不一定獨身，並且有的

---

16 參見堅贊才旦：〈論兄弟型限制性一妻多夫家庭組織與生態動因：以西藏山南貢嘎縣真曲河谷為案例的實證分析〉，載《西藏研究》2000年第3期，頁18-19。

紮巴還可娶妻生子。由於不是同等地踐行獨身原則，故不能僅從數量上判斷尼姑和喇嘛、覺嫫和紮巴是否互相抵消（第九章提出瞭解釋模型，此處暫不論述），還要從功能上看他們在多大程度上脫離人口生產。在出家人中，通常喇嘛多於尼姑，在居家人中，又是覺嫫略多於紮巴，總體上佛家男弟子略多於女弟子，因此，從數量上說，多餘的婦女沒有被抵消。從生殖功能來說，紮巴的淨身沒有覺嫫做得好，因此，佛家男弟子和女弟子脫離人口生產的程度總體持平。

通過以上解釋，就可將女佛徒——無論她們是出家者還是在家者——統統視為脫離人口生產的人們，如果她們的數目過多，勢必影響到人口的增長，而她們的數目過多，又與社會在女佛徒這個類型的長期運作過程中的行為有關，具體到婚姻形態的變化（如一夫一妻制增加，分家大量發生），使人口與資源處於不協調的境地，於是迫使出家的男性增加，在家的兄弟改行共妻婚，這就造成連鎖反應：一些男人退出人口再生產的行列（喇嘛必須獨身，共妻兄弟犧牲了部分授精權），一些女性找不到配偶，從而引起過剩婦女的增長，下一步是她們當中一部分人當尼姑或覺嫫。此與 18 世紀的一位思想家描述的正常情景截然相反，「唯中國和日本有為數不多的尼姑」[17]——之所以「為數不多」，與西方「修女太多，一國人口就會減少」[18]的道理一樣。

可見一妻多夫制對於抑制生育率是有益的，同時它又有副作用，因為它與藏傳佛教一起帶來多餘的婦女，只不過一般情況下這種副作用不大，因為川、滇、藏交界處許多地方的一妻多夫家庭比率不高，社會上多餘婦女有限。至於局部地區一妻多夫家庭的比率較高，它和

---

17 〔法〕伏爾泰著，梁守鏘、吳模信、謝戊申、邱公南譯：《風俗論》（中冊）（北京：商務印書館，2003 年），頁654。

18 〔法〕伏爾泰著，梁守鏘、吳模信、謝戊申、邱公南譯：《風俗論》（中冊）（北京：商務印書館，2003 年），頁653。

藏傳佛教一起造成大量的多餘婦女，譬如，第三章講到宗西鄉的婦女3/5 處於生育期，女性比男性多 850 人，其中 2/7 是本地找不到配偶的剩餘婦女，全鄉有 240 余名尼姑和覺嫫（見第三章），對於這樣一個高比例的人群，本地消化不了，附近地區會參與到消化過程中來。也就是說，局部地區的一妻多夫制的顯著消極作用會為更大範圍內的某種機制所克服。

（二）雙邊家庭：共妻制的調色板

母親是天生的教育者，但教育者先要接受教育，如果她們沒有讀過書，沒有出過門，其教育作用就很有限。出門的人流中有男性，也有女性，他們的去向是昌都、拉薩、日喀則、阿里等城市，前面說過，很少人去內地，主要是不懂漢語，而上述城市有批發商，可以解決進貨問題；有名剎，可以解決朝佛問題。兄弟共妻家庭的勞力較多，有條件外出做生意，做生意需要跑腿，算帳，與人打交道，沒有靈活的頭腦和大方的態度是不行的，故做生意以男人居多。女性外出者多數是朝佛，她們有兩條路線：一是藏族聚居區的名剎，一是印度和尼泊爾的名剎。因國家出入境管理較嚴，個人來回一趟費時費錢，故走第二條路線的人不多。綜上所述，男人的作用不可低估，他們給家裏帶回錢財，成為共妻制的維繫力量；他們接受了新思想，又成為瓦解它的力量——當他們追求個體婚，厭惡共妻婚的時候便如此，無論如何，男人的言傳身教對孩子的影響極大。

如果經商的兄弟在外面單獨娶一妻，生兒育女，便獲得三重身份：他既有大家庭（原來的身份），又有小家庭（新建立的身份），客觀上形成雙邊家庭（新舊身份的合一）。雙邊家庭本身就是一種新類型，它擾亂了原有的家庭秩序。例如，宗西鄉的兄弟共妻制屬於高度型，貨真價實、表裏一致，由於一個兄弟安家在外，高度型便成為假

象，如果是兩兄共妻，一兄走後，原來的共妻戶徒有虛名，實際降為一夫一妻家庭。在外另娶的這個人踐行著一夫多妻制的原則。第三章的貢嘎尼瑪、羅布旺堆和阿其的家庭就是活例（見第三章）。

研究者不約而同地注意到，藏族社會的生存機制需要男人經常外出，這種短暫的缺位給輪流同房提供了便利。[19]如果一個女人嫁的是兄弟倆，他們輪換上牧場，就可掌握與妻子同房的時間。如果嫁的是兄弟仨，則一人外出做生意，另外兩人依舊輪換上牧場。而做生意則不太可能輪換，它是一門技術，需要潛心嚮之，還需要長期離家，住在店鋪裏，對於老家而言，這就不是短暫的缺位了，勢必顛覆原來的家庭結構。

基層幹部行兄弟共妻婚屢見不鮮。某縣檢察院辦公室主任旺堆是復員轉業軍人，過去在部隊是連級幹部，妻子白瑪央宗是該縣法院幹事，雙方父母都是行一妻二夫婚的，旺堆和央宗各有兩個父親。宗西鄉黨委書記頓珠原行一妻多夫婚，兄弟仨共一妻。頓珠開汽車跑運輸，經常外出，後來脫離了家庭，跟一位離異的藏族婦女結婚，此人的原配是某鄉鄉長，她給他生育了兩個孩子。鄉黨委江成副書記的老家在朱巴龍，他與兄合娶一妻，妻子比江成大 5 歲，夫婦仨育一女。由於兄已去世，二人回到一夫一妻婚狀態。

雙邊家庭可能存在於這些人當中。縣法院的鄧增副院長是宗西鄉人，他在家鄉時行兄弟共妻婚，參加工作後重娶，對外宣佈脫離了原先的夫妻關係。宗西鄉政府的小車司機斯郎多吉老家在徐仲鄉，距離鹽井幾十公里，仨兄弟共一妻。1996 年他應徵入伍，在四川資陽駐防，服役期一直保持夫妻關係。8 年的軍旅生活，他逐漸習慣了一夫

---

19 參見〔美〕梅爾文‧C. 戈德斯坦著，黨措譯：〈當兄弟們共用一個妻子時〉，載《世界民族》2005 年第2期，頁68。

一妻制，對原來的婚制日益反感。行將退伍那年，他邂逅了 35 歲的小宋，這位漢族婦女和原配育有一個 13 歲的女兒，離婚時判給了原夫。斯郎多吉把小宋帶回芒康結婚，兩人相敬如賓。處於共妻婚的兄弟如果開始對現狀不滿，並想要分開時，他只需離開大屋自立門戶就可以了，他走後，其它兄弟和所有的孩子仍然留在大屋，即使這個離開的兄弟是其中一個或幾個孩子的生父。

（三）換親行為引起親屬稱謂變動

換親在宗西鄉較為常見，鹽井也有好幾例，比如，上鹽井村加崩組的天主教徒它卡叢家[20]。斯朗和梅朵夫婦生育了 4 子——榮生、魯生、嘎之和保羅，父母讓魯生到帕嘎叢家入贅，讓嘎之到亞然叢家入贅。家裏留下榮生和保羅共妻，所共之妻是嘎之入贅亞然叢家後換回來的絨珍。嘎之的妻子是絨珍的姊姊——多妮。430 號和 654 號家庭也是換親，前者是姑換嫂，後者是弟換嫂。

加達村拉貢組的江安次仁（大哥）和頓珠汪加（二哥）用大妹換回了鄰鄉曲子卡達許村的次仁旺姆。換親時兩家說好，次仁旺姆先嫁過來，一年以後，大妹才嫁給次仁旺姆的兄弟。雖然是換親，雙方仍然要送嫁妝。嫁妝是騾子，沒有給錢。

話說回來，斯朗和梅朵見長子榮生有病，擔心自己百年以後此子難以為繼，為了讓他的生活有保障，長期有人照顧他，想讓保羅和他一起娶妻過日子。由於家庭貧寒，要娶到一個媳婦必須花一筆聘禮，就像嫁女兒需要嫁妝一樣。怎麼辦？考慮再三，終於定出一計，那就是換親！於是請巴巴幫忙，相中了亞然叢家的女兒，該戶同樣貧寒，

---

20 「它卡叢」的編號為654，原為兄弟共妻家庭，堅贊抵埗不久前榮生兄去世，遂蛻化為一夫一妻家庭。

有幾個女兒，可謂門當戶對。靠著巴巴的穿針引線，兩家父母約定兒女互換。因交換對象的年齡較為接近，兩家兒女沒有太多的抱怨。換親對兩家可謂雙贏，解決了家庭因貧困和成員身體殘疾等問題，不能順利地完成子嗣傳遞的困難，且沒有違背倫常。

　　換親主要有三種：以女換女（姑換嫂），以子換女（弟換嫂），或者以女換子（以姊或妹換妹夫或姊夫，此為「弟換嫂」的逆反解釋，其實是一回事）。三種換親方式均以主動方為區分標準，並且只限於平行的一代，圖 5-1 顯示的是兩個家庭的兄弟用各自的一個姊妹給自己換回共同的妻子，如果是異代，情況更為複雜。

　　「以女換女」指兩家互為對方提供兒媳。「以子換女」是此家為彼家提供贅婿，彼家為此家提供兒媳，嘎之到亞然叢家入贅便負有這樣的使命。「以女換子」則是「以子換女」的顛倒敘事，亞然叢家用絨珍換回嘎之做上門姑爺便如此。換親把平輩親屬（兄妹、姊弟）的婚姻紐結在一起，將兩個家庭的利益相復合，考慮落實家庭責任和減少婚姻破裂的可能性較多。譬如，上輩延續下來的權利義務關係，婚姻當事人延續下去的血親與姻親關係（如三代返祖現象[21]），較少考慮婚姻當事人的思想感情和身體狀況，帶有濃厚的包辦色彩。當婚姻複合體所包含的關係變得豐富時，換親就有了更大的基礎，增加了家庭的穩定性，由於婚姻當事人需要更多地考慮別人的利益，而不能只顧自己，就不會輕易地放棄婚姻。

　　換親造成親屬關係的疊加，通過稱謂固然可以反映雙重的親屬關係，但是，為了不至於誤解，同一個時間地點稱呼同一個人，不能使用兩個以上的親屬稱謂，只能選擇一個。譬如，某人在平輩中既是是

---

21 此為一種婚俗，指甲戶一子入贅乙戶，雙方維持友好關係，兩三代之後，乙戶派遣一子到甲戶做養子或入贅，觀念上好像借一子還回一子，兩邊家庭的換親活動持平。

兄弟，又是姐夫或妹夫，而他在異輩中既是晚輩的叔伯，又是姨丈，那麼，平輩和晚輩應該怎麼稱呼他呢？是兩種稱謂都可以呢，還是只能使用一種？這就要考慮約定俗成的規則。

實際上這個規則的第一根據是血緣，第二根據是姻緣。「血緣具有雙重性，既有遺傳基因的基礎，又有社會關係的內容。」[22]不能只從生物屬性來看。在以子換女（某家讓兒子入贅，給另外的兒子換回兒媳），或者以女換子（嫁出一女，給本家換回一贅婿）的場合，通過換親，一方面含有正常的嫁女或娶妻性質，不存在血緣關係的轉換；另一方面含有將外血緣的人認同為本血緣的傳人的意思──此乃入贅婚的文化功能之一。在兩種含義下，換親都造成了新型的親屬關係，因而需要相應的親屬稱謂來表述。在前述個案中，絨珍是嫁進它卡叢家的（或者說是它卡叢家的兩兄弟──榮生和保羅娶進來的），而嘎之是榮生和保羅的同胞，儘管絨珍的無償「娶入」是用嘎之的「嫁出」交換來的，但沒有改變三兄弟之間的血緣關係，父系社會的人們是按照父方的世系來確定己身位置的，由此決定了親屬稱謂上的「主」與「客」，或者「內」與「外」的關係，榮生和保羅是家裏的人，居於「主」的位置，絨珍是外來的人，居於「客」的位置，婚後是行從夫居，三人所生的子女必須按照「主」位稱呼，故稱嘎之為「叔」或「伯」（見表 3-3[23]）。哪怕嘎之入贅離開了這個家庭。反之，在絨珍的娘家，即亞然叢家，絨珍的姊妹的孩子稱多妮（嘎之的妻子）為「姨」（阿妮），稱嘎之為「姨丈」（蘇美杜若）；絨珍的兄弟

---

22 堅贊才旦、許韶明：〈論青藏高原和南亞一妻多夫制的起源〉，載《中山大學學報》2006年第1期，頁57。

23 鹽井話和宗西話均屬於藏語康巴方言，兩地用詞和語音大體相同。例如，「伯伯」一辭，宗西話喊「阿庫」或「阿庫其娃」，鹽井喊「阿擴」。「庫」和「擴」，語音差別不大。

的孩子稱多妮和絨珍為「姑」(阿妮)，稱嘎之和絨珍的兩個丈夫——
榮生和保羅為「姑丈」(阿妮杜若)，差別在於，由於嘎之是贅婿，而
榮生和保羅是娶妻，因此絨珍的姊妹的子女可以稱嘎之為「上門
舅」，稱多妮為「姑」。也就是說，入贅改變了嘎之原有的身份，使他
屬於另外一枝血緣。於是在稱謂上就很容易理解了，等於是岳父母把
贅婿看作自己的兒子，妻子的兄弟姊妹把贅婿看作自己的兄弟，他們
的孩子把贅婿看作自己的舅舅。這只是觀念上的反映，與真實的兒
子、兄弟或舅舅有所不同，於是用「上門舅」(「翁波麻擺」或「阿波
麻擺」，「麻擺」即入贅)的稱謂來區別，表達「類似於兒子」，或
「類似於兄弟」，或者「類似於舅舅」的意思。所以說，藏族社會的
入贅婚這麼盛行，除了功能性的需要，還有親屬稱謂的掩護，否則這
種婚姻形態所包含的重組社會關係、繼承家產、傳遞子嗣的願望就難
以實現。

　　換句話說，兄弟姊妹是社會最基本的親屬關係之一，究竟是兄弟
間的關係親近，還是姊妹間的關係親近，或者是兄弟姊妹間的關係同
等地親近？三者雖然不能一概而論，但可以在一般意義上區分，這就
是兄弟間的關係和姊妹間的關係都是同等的親密、同等的重要，而兄
弟姊妹間的關係(如兄妹、姊弟)則顯得次要。正因為如此，日常生
活中我們經常看到姊妹(或兄弟)之間容易親近，乃至她們的孩子也
容易親近，而兄弟姊妹之間則多少有些距離。

　　換親與「兄弟娶姊妹」的性質有所不同。兄弟娶姊妹的婚俗指兩
個婚例中各自的配偶互為兄弟或姊妹，鹽井有俗。比如，甲戶有兩三
個女兒，乙戶有五六個兒子，乙戶將兒子分為兩三個組別，甲戶將女
兒分別嫁給乙戶的這幾個組別，每個女兒嫁給一組，一組等於一個共
妻圈，於是，甲戶的女兒成為乙戶的兒媳，她們互為妯娌，乙戶的兒
子成為甲戶的女婿。在操辦婚事方面，可以同時為兩個組別舉辦婚禮

（乙戶同時娶兩個媳婦，甲戶同時嫁兩個女兒，同時請喇嘛來證婚），更經常的是不同時，即單獨為兩個組別舉辦婚事。兄弟娶姊妹的共妻婚與換親不同，它主要是在「娶」和「嫁」的意義上講的，即男娶女嫁，而很少是從入贅的意義上講，即男嫁女娶，兄弟到同一戶人家上門，各跟該戶的一個女兒結婚。

兄弟娶姊妹也會造成親屬關係的重疊，因此需要規範親屬稱謂。

在平輩眼中，兩個男人既是兄弟，又是連襟；兩個女人既是姊妹，又是妯娌。理論上，在前者既可叫「兄」或「弟」，也可叫「姐夫」或「妹夫」（康巴藏方言，姐夫等同於兄，讀作「阿波」，妹夫等同於弟，讀作「哈雷」），在後者既可叫「姊」或「妹」，也可叫「嫂子」或「弟媳」。在真實的場景中只能叫一種，究竟應該喊哪一種呢？

在卑輩眼中，兩個男人既是他們的叔伯，又是他們的姨丈；兩個女人既是他們的姨，又是他們的嬸。在這種情形下怎麼稱呼？一個人雖然承擔了兩種親屬關係，但在一個確定的場合，稱呼上不能既是 A 又是 B，這樣容易引起混亂，稱呼的不一致體現了身份的不一致。究竟應該怎麼叫？

解決的辦法是使兩種親屬關係一個成為顯性，一個成為隱性，即掩蓋住一種親屬關係，暴露出一種親屬關係，於是問題得到瞭解決。具體可按「先入為大，後入為小」的原則操作。即誰先在家裏，誰的認同程度更大，就按照附身於誰的慣例來喊。這條原則也就是關係的持久性。例如，在兄弟娶姊妹的婚俗中，兄弟關係和姊妹關係都要早於夫妻關係，在彼此結婚之前，他們就具備了這種關係，因此兩個女人互相稱呼「姊」或「妹」，她們的孩子稱之為「姨」，兩個男人互相稱呼「兄」或「弟」，他們的孩子稱之為「叔」或「伯」。

剛才說了以女換女，或者以子換女的方式，中間插入了與兄弟娶姊妹婚俗的比較，現在回到換親的話題，來說以女換女（雙方家庭的

兄弟用自己的姊妹向對方家庭交換，給自己換回妻子）。圖 5-1 為兩個實行換親的一妻二夫家庭晚輩面臨的稱謂情況。只要我們回到尋常的婚姻就可以解決問題。如果幾個男女的結合[24]不包含換親行為，其所生育的孩子應該叫父親的姊妹為「姑」，叫母親的兄弟為「舅」。如果裏面發生了換親，父親的姊妹和母親的兄弟結為夫婦，等於是己身的「姑」和「舅」結合，屆時如果保留「姑」就得稱「舅」為「姑父」，如果保留「舅」就得稱「姑」為「舅母」，日常雖然兩種親屬稱謂都可以使用，但往往會造成不必要的麻煩，因此，不需要把姻緣關係造成的所有親屬關係都表現出來，只需要用一個確定的稱謂來表現其中的一種親屬關係。為了防止類似的混亂，當地人就作了規定：「有姑就沒有丈（姑丈），有舅就沒有母（舅母）」，這種暴露一種親屬關係，掩蓋一種親屬關係的做法，並不是以父系還是以母系為主，而是按照「先入為大，後入為小」的原則各取一方來保持平衡。如此一來，答案也就不言而喻了。

---

24 此處不用「對」的概念，是避免落入一夫一妻制的敘事窠臼。「幾個」至少指三人以上，否則不能構成多偶制的一個婚姻實體。

芎野東南民族叢書 A0202012

青藏高原的婚姻和土地：引入兄弟共妻制的分析　上冊

作　　　者	堅贊才旦、許韶明
主　　　編	何國強
責任編輯	蔡雅如
發 行 人	陳滿銘
總 經 理	梁錦興
總 編 輯	陳滿銘
副總編輯	張晏瑞
編 輯 所	萬卷樓圖書股份有限公司
排　　　版	林曉敏
印　　　刷	百通科技股份有限公司
封面設計	曾詠霓

出　　　版　昌明文化有限公司

桃園市龜山區中原街 32 號

電話　(02)23216565

發　　　行　萬卷樓圖書股份有限公司

臺北市羅斯福路二段 41 號 6 樓之 3

電話　(02)23216565

傳真　(02)23218698

電郵　SERVICE@WANJUAN.COM.TW

大陸經銷

廈門外圖臺灣書店有限公司

　　電郵　JKB188@188.COM

ISBN 978-986-94605-6-9

2018 年 1 月初版二刷

2017 年 3 月初版

定價：新臺幣 380 元

如何購買本書：

1. 劃撥購書，請透過以下郵政劃撥帳號：

　　帳號：15624015

　　戶名：萬卷樓圖書股份有限公司

2. 轉帳購書，請透過以下帳戶

　　合作金庫銀行　古亭分行

　　戶名：萬卷樓圖書股份有限公司

　　帳號：0877717092596

3. 網路購書，請透過萬卷樓網站

　　網址　WWW.WANJUAN.COM.TW

大量購書，請直接聯繫我們，將有專人為您

服務。客服：(02)23216565 分機 10

如有缺頁、破損或裝訂錯誤，請寄回更換

國家圖書館出版品預行編目資料

青藏高原的婚姻和土地：引入兄弟共妻制的
分析 / 堅贊才旦, 許韶明著. -- 初版. -- 桃園
市：昌明文化出版；臺北市：萬卷樓發行,
2017.03　冊；　公分. -- (芎野東南民族叢
書；A0202012)

ISBN 978-986-94605-6-9(上冊：平裝). --

1.少數民族　2.民族研究

535.408　　　　　　　　　　　106004094